全国高等会计职业教育系列规划教材

财务会计实务

第二版

主　编　陈丽琴　周　萍　刘世荣
副主编　黄佳佳　王艳霞　刘洪海

WUHAN UNIVERSITY PRESS
武汉大学出版社

图书在版编目(CIP)数据

财务会计实务/陈丽琴,周萍,刘世荣主编. —2 版. —武汉:武汉大学出版社,2015.2
全国高等会计职业教育系列规划教材
ISBN 978-7-307-15132-1

Ⅰ.财… Ⅱ.①陈… ②周… ③刘… Ⅲ.财务会计—会计实务—高等职业教育—教材 Ⅳ.F234.4

中国版本图书馆 CIP 数据核字(2015)第 021742 号

责任编辑:柴 艺　　责任校对:汪欣怡　　版式设计:马 佳

出版发行:**武汉大学出版社**　(430072 武昌 珞珈山)
(电子邮件:cbs22@ whu. edu. cn 网址:www. wdp. com. cn)
印刷:崇阳县天人印刷有限责任公司
开本:787×1092 1/16　印张:14.75　字数:344 千字　插页:1
版次:2011 年 8 月第 1 版　2015 年 2 月第 2 版
2015 年 2 月第 2 版第 1 次印刷
ISBN 978-7-307-15132-1　定价:30.00 元

总　序

我国高等职业教育经过十年的发展，取得了举世瞩目的成就。特别是经过三年的示范建设，我们在校企合作、工学结合、人才培养模式改革、师资队伍建设、课程建设、教材建设等方面取得了一定的成绩，但也存在一些不尽如人意的地方。作为高职战线的一线工作者，我们一直在实践，一直在思考，一直在探索。

高职教育发展到今天，必须进行改革，这是大家的共识，改革的路径怎么选择？就是按照教育部2006年16号文件《关于全面提高高等职业教育教学质量的若干意见》(以下简称教育部16号文件)的精神和高职教育“十二五”发展规划的要求进行。但怎么改？只有靠我们一线从事高职教育的老师去实践，去探索，不能人云亦云，不能断章取义，不能望文生义，不能浅尝辄止，更不能玩花架子。我们要把老师的心思真正用在教学改革上，要把老师的时间、精力真正用在教学改革上。改革不可能一蹴而就，改革是要付出代价的，改革是要有点精神的！

教学改革的依据是什么？我个人认为，我们必须充分考虑以下四个问题：一是高等教育大众化的背景；二是教学对象的实际(现有认知结构)；三是产业结构的调整与发展；四是科学技术的发展，在教育上就是现代教育技术手段的应用。只有将这四个问题研究透了，分析透了，我们的教学改革才能落到实处，才能有成效。

教学改革的目标是什么？提高教学质量！我们一切工作的出发点和落脚点就是提高教学质量，这是永恒的主题！提高教学质量的关键是教师。换句话说，改革的意识、改革的观念、改革的思路必须在一线的教师中真正生根发芽，必须由一线的教师认真地加以实践，只有这样改革才能成功。不依靠一线教师而进行的改革，是形式主义，是空中楼阁。由此看出，对一线教师改革意识、改革观念、改革思路的培养与提高就显得非常重要。教育部16号文件精神不是一次两次会议就能够理解透彻的。我们必须在理解文件精神的实质上下苦工夫，在改革的实践上下苦工夫，在改革的系统工程上下苦工夫。因此，我们必须通过课程建设、教材建设以及其他平台，让教师在实践中深刻理解教育部16号文件精神的实质。

教学改革改到深处，改到痛处，是课程改革，是教材改革。我们只有真正研制出特色教材、精品教材，才能为人才培养模式改革与创新提供支撑，才能为教学方法的改革提供支撑，才能为精品课堂提供支撑。

教材建设是专业建设中的一项基本建设，我们必须高度重视。教材是教学指导思想、培养目标、教学要求、教学内容的具体体现。教师通过教材全面、具体地理解教学要求与教学内容，以它为依据进行讲授并组织教学活动。学生以它为依据进行学习，通过教材掌握规定的知识和技能。实践证明，选一本好教材对提高教学质量至关重要。我们现在搞的课程建设与改革或者说精品课程建设，最终还是体现在教材建设上。同时，教材建设也是把精品课程转化为精品课堂的关键环节。

教材是什么？这个问题似乎有点老套！但最近对教材的讨论和争议比较多，有不同的观点！“教材是道具”这是我个人的观点。道具好一些，精一些，演出效果会好一些，这是毋庸置疑的。教师上课依纲据本固然没错，但我认为要是把教材看成是死板的、没有生命力的、单纯为完成教学目标而使用的一种介质就有问题了。著名的教育家叶圣陶老先生曾经说过：“教材无非是个例子。”作为教师是用教材教，而不是教教材。我们一定要注意这个问题。从这个角度讲，教材一定要经典，不是花里胡哨，不是加这个，加那个，搞得五花八门。

高职高专教材建设的现状令我们不是很满意。纵观我国高职教育十年的发展，配套教材可以说是百花齐放，五花八门，既涌现了一批优秀的、有特色的教材，也出现了一批粗制滥造、滥竽充数的教材。具体存在以下问题：

1. 功利性太强，作者队伍参差不齐。最大的功利性表现在纯粹是为了评职称而参加教材的编写。有些作者对教育部16号文件精神和高职教育改革的最新理论成果一知半解，生搬硬套，贴标签；还有些作者对一些基本概念、基本知识和基本技能把握不准。这反映了高职教育十年的快速发展，导致师资队伍不能满足高职发展和改革的需要。

2. 教材版本一是多，二是乱，不成体系，不配套，导致我们无法选出顺手的、满意的教材。近年来，我们选用教材换了多种版本，总是看起来花哨，但是错误和漏洞百出。有的是教材没有配套的习题和技能训练，有的虽有习题和技能训练，但与教材内容又不配套，让我们非常苦恼。导致这个现状的原因主要有两个：一是出版社的问题，对一套教材的编写缺乏规划，缺乏专业编辑，缺乏科学的组织，缺乏资金的投入。二是学校的问题，缺乏对教师参加教材编写的统筹、组织与协调。教师参加教材的编写基本上停留在个人行为上，甚至出现大量的作者只参加教材的编写、学校不使用教材的现象。这样是不可能编写出高质量的教材的。

3. 教师参加教材编写的积极性不高或者积极性没有得到充分发挥。一是虽然职称评审需要编写教材，但不是考核的主要指标。现在对高职教师职称的评审主要关注教师的企业工作经历和课程建设情况，但没有教材编写也不行。因此，有些老师不愿意在教材编写上下太大的工夫，不愿意投入时间和精力。二是作者的劳动报酬与投入的时间、精力不匹配，觉得不划算。一本高质量的教材，往往需要作者或者一个教学团队数年甚至数十年的努力和积累，才能够研制出来。

4. 片面理解“教学做一体化”。教育部16号文件明确指出“改革教学方法和手段，融‘教、学、做’为一体，强化学生能力的培养”。结果，有些地方、有些老师对这句话进行了片面理解，有的甚至认为将习题与技能训练放在教材每章的后面就是教学做一体化了，甚至认为在人才培养方案中将实训课程单独列出来没有体现教学做一体化！这样，一方面人才培养方案不伦不类，另一方面教材不伦不类，弱化了学生的训练次数，严重降低了教学质量。

“融‘教、学、做’为一体”，应该有多方面的理解。一是在人才培养方案中怎么体现？二是在课程中怎么体现？三是在教材中怎么体现？四是在教学方法上怎么体现？五是在教学模式上怎么体现？六是在教学组织形式上怎么体现？七是在不同的专业上应该怎么体现？

在高职会计专业教材建设中，我们必须以会计专业的人才培养目标为依据。高职会计专业的培养目标是：以各类中小企业及其他经济组织会计岗位(群)的任职能力要求为目标，培养德、智、体、美、劳全面发展，掌握会计专业基本知识和职业技能，具备良好职业道德和操作规范、严谨细致的会计职业素养，在校期间取得会计从业资格证书，毕业后能够采用手工或者利用电子计算机技术从事中小企业的出纳岗位工作、会计核算岗位工作、财务管理岗位工作、涉税业务处理岗位工作和会计监督岗位工作，并具有可持续发展能力的高素质技能型人才。这个目标始终是纲，不能动摇，不能降低！降低了就不是会计专业了，就变成“收银员”培训班了。如果这样，放在培训机构就可以了，就不需要学校教育了。

我个人认为在高职会计专业教材建设中，以下几个问题必须认真抓好：

1. 按照工作过程系统化来开发课程和研制教材。第一，职业特征的课程或教材都来源于工作过程。知识来源于实践，人类知识是在长期的实践中不断总结的成果。第二，系统化就是一个加工过程，用时髦的话讲就是将行动领域转化为学习领域的过程。这个系统化的方法选择太重要了！以前，我们的课程和教材也是一种系统化，决不能说这种系统化的方法不科学，只是这种方法适合于抽象思维能力强的人群，而相对于高等教育大众化后抽象思维能力弱的高职学生来讲，这个系统化的方法要重新选择。这就是我们课程改革、教材改革的重点和难点。第三，会计工作过程系统化的重点和难点在哪里？在会计核算基本技术这门课程上！实际上，我们以前的财务会计、财务管理、审计、出纳业务、会计信息化等课程就是按照工作过程进行系统化设计的，或者说是按照岗位来设计的。我们没有必要把前人的经验全部推翻！

2. 校企合作共同开发教材。在教材的研制过程中，我们坚持“从实践中来，到实践中去”，就必须依靠行业、企业专家。只有这样，我们的教材内容、所采用的实训素材才能真正来源于社会实际生活，才能与社会实际生活相符。在此基础上，我们再进行提炼，做到来源于生活但又高于生活，从而达到理论和实践的完美结合。

3. 必须与行业标准和职业资格接轨。会计的行业标准，就是财政部制定的标准，不管怎么改革，我们必须围绕这个标准来做，否则，就是瞎折腾！

研制出一套能全面准确地阐述和把握会计专业最新的发展动态和理论成果，充分吸收本专业国内外前沿研究成果，科学系统地归纳知识点的相互联系与发展规律，反映高职学生的心理特点和认知规律的会计系列教材，是我们广大会计教育工作者义不容辞的责任和义务。基于此，2010年12月底，在武汉大学出版社和襄樊职业技术学院经济管理学院的大力支持下，我们组织了全国34所高职院校和部分本科院校的会计系主任、会计教研室主任和会计专业教师60多人，齐聚湖北襄阳，从讨论会计专业课程标准入手，共商编写一套体系完整、内容翔实、特色鲜明、质量上乘的会计系列教材。经过无数次的讨论、碰撞与磨合，我们取得了共识，并开始着手教材的编写工作。这些教材是老师们几十年教学经验的积累，是长期致力于教学改革的成果。有的课程是国家级精品课程，有的是教育部教指委精品课程，有的是省级精品课程，有的是院级精品课程。这次出版可共享教学改革的成果，同时也起到抛砖引玉的作用，希望后人能够不断创新，研制出更好的会计教材。

尽管我们在编写这套系列教材过程中进行了不懈的探索，付出了艰辛的劳动，并取得了一定的成果，但我们深感做得还很不够，需要我们改革的地方，需要我们突破的地方，需要我们创新的地方还很多，任重道远。加之时间仓促以及认识水平上的差异，这套系列教材不可避免地存在一些缺点和不足，我们恳请广大读者和同行不吝赐教。

一套精品教材，必须经过多次磨合、反复修改，才能逐步完善。路漫漫其修远兮，吾将上下而求索。在下一次修订出版时，我们会做得更好！

田家富

教育部高职高专工商管理教指委财务会计分委会委员

会计核算基本技术国家级精品课程负责人

国家级精品课程评审专家

湖北省高职学会财经教学组副组长

襄阳职业技术学院经济管理学院教授、院长

第二版前言

“财务会计实务”是培养高等职业教育会计专业学生综合能力和职业素养的关键课程，是会计从业资格考试和会计职称考试的重要内容，在整个会计专业课程体系中具有举足轻重的地位和作用。通过本课程的学习，学生将学会企业日常经济业务的会计处理，掌握企业会计核算岗位的特点、职能要求、工作程序和工作方法，具备根据会计准则、会计制度选择会计政策，对会计要素进行确认、计量、记录和报告的能力，能够胜任企业日常经济业务会计核算工作。

本书以财政部颁发的《企业会计准则》、《企业会计准则应用指南》、《企业会计准则讲解(2010)》为依据编写，在编写过程中，突出了以下特点：

1. 岗位适用。本书以培养从事会计核算和管理工作的高素质技能型人才为目标，以培养企业会计职业能力为重点，与行业企业专家合作共同开发，在对高职会计专业面向的岗位进行充分调研分析的基础上，按照会计核算岗位工作要求，确定课程目标，以会计核算岗位“企业经济业务核算”典型工作任务为依据选取教学内容，遵循学生认知规律和职业成长规律，序化教学内容，构建了财产物资核算、往来款项核算、职工薪酬核算、筹资核算、对外投资核算、资本核算、财务成果核算、财务报表编制八个学习情境。

2. 结合考证。会计从业资格证书和会计专业技术资格证书是会计专业知识、技能、素质的体现与证明，特别是会计从业资格证书是会计专业毕业生从事会计职业的凭证。因此，本书将职业标准融入课程标准，在教材内容的选取上，融入会计从业资格和初级会计专业技术资格考试内容，实现社会发展目标、人才培养目标和学习者发展目标的融合。

3. 动态发展。自2011年起，经国务院批准，财政部、国家税务总局联合下发营业税改征增值税试点方案，至2013年8月1日，“营改增”已推广到全国试行。2014年，财政部出台一系列准则，修订或新增了7项会计准则、一项准则解释，是继2012年会计准则修订后的又一次大规模修订。本书根据税法、会计准则的变化及时更新了教学内容。

本书由陈丽琴任第一主编，周萍、刘世荣任主编，黄佳佳、王艳霞、刘洪海任副主编。

具体分工如下：

陈丽琴(湖北工业职业技术学院)：学习情境一、学习情境三、学习情境七任务一；

周萍(苏州经贸职业技术学院)：学习情境八；

刘世荣(襄阳职业技术学院)：学习情境四；

黄佳佳(武汉商贸职业学院)：学习情境二；

王艳霞(河北地质职工大学)：学习情境六、学习情境七任务二、任务三；

刘洪海(苏州经贸职业技术学院)：学习情境五。

由于作者水平有限，书中难免存在缺点和疏漏之处，恳请专家、学者和读者批评指正。

编　者

2014年11月

第一版前言

“财务会计实务”是高等职业教育会计专业的核心能力课程，重点培养学生的专业通识能力、专业应用能力和会计职业岗位能力。本课程涵盖了会计工作各岗位及全过程基本的业务处理能力，是会计从业资格考试和会计职称考试的重要内容，在整个会计专业课程体系中具有举足轻重的地位和作用。

本书是以2006年财政部颁布的《企业会计准则——基本准则》和2010年财政部下发的《小企业会计准则》(讨论稿)为依据编写的，在编写过程中，突出了以下特点：

1. 课程开发采用基于工作过程系统化的课程设计与开发方法。本课程在国内率先应用国际上先进的课程开发方法——“DCCD”方法，用工作任务来描述实际的工作岗位。职业分析和工作过程分析采用BAG分析法，由校外实践专家、课程专家和专业教师组成课程(教材)开发小组。

2. 序化和重构教材内容。将学科体系下的内容进行序化和重构，按照实际会计工作过程和会计信息处理程序，构建了存货岗位核算、往来岗位核算、固定资产岗位核算、其他资产岗位核算、职工薪酬岗位核算、资金岗位核算、财务成果岗位核算、会计主管岗位核算八大学习情境。

3. 以会计从业资格考试和会计职称考试相关内容为参考。会计从业资格证书和会计职称证书是会计专业学生从事会计职业的职业标准和能力证明，因此，我们在教材内容的选取上，基本上对应考试大纲要求安排和组织教材内容。

4. 与行业企业会计实践专家合作进行教材开发。在教材编写过程中，我们选取具有代表性的民营企业、股份制企业、国有企业和会计中介机构作为合作单位，参与教材的规划与修正工作。

本书由周萍任第一主编，张绪娥、王艳霞任主编，何玉英、刘世荣、朱志勇、欧阳丽君、李杰、刘洪海任副主编。具体分工如下：

学习情境一存货岗位核算由周萍编写；

学习情境二往来岗位核算由朱志勇编写；

学习情境三固定资产岗位核算由李杰编写；

学习情境四其他资产岗位核算由刘世荣编写；

学习情境五职工薪酬岗位核算由张绪娥编写；

学习情境六资金岗位核算由何玉英编写；

学习情境七财务成果岗位核算由王艳霞编写；

学习情境八会计主管岗位核算由欧阳丽君编写；

最后，由周萍、刘洪海修改、统稿，总纂成书。

由于作者水平有限，书中难免存在缺点和疏漏之处，敬请读者批评指正。

编　者

2011年5月

目录

学习情境一

财产物资核算

学习情境描述

财产物资是企业用来进行或维持经营管理活动的经济资源，构成企业资产的主体，在企业资产总额中占有很大比重，包括原材料、燃料、包装物、低值易耗品、在产品、自制半成品、产成品、商品、机器、机械、设备、设施、运输工具、家具等。财产物资的收发、增减和使用业务，是会计核算中的经常性业务，有关的核算资料往往是单位内部进行业务成果考核、控制和降低成本费用的重要依据。此外，财产物资的核算还对保证各种财产物资的安全、完整有重要作用。本情境主要包括存货、固定资产、无形资产、投资性房地产和其他资产的核算。

任务一 存货的核算

◎ 任务描述：

了解存货的岗位职责及工作流程，掌握存货计价方法，掌握存货收入和存货发出的核算，掌握存货的期末处理及清查。

◎ 技能目标：

1. 能灵活应用存货的计价方法；
2. 能对存货的收入进行正确的账务处理；
3. 能对存货的发出进行正确的账务处理；
4. 能对期末存货进行正确的账务处理。

◎ 知识目标：

1. 了解存货的含义及特征；
2. 熟悉存货的岗位职责及工作流程；
3. 掌握存货常用的计价方法；
4. 熟悉存货的清查方法。

◎任务导入：

美国宝洁公司(P&G)是世界上最大的日用消费品公司之一，尽管已经建立了家化产品的帝国，它仍然居安思危，兢兢业业，在其日常经营活动中坚持以降低存货成本作为降低供应链成本的主要手段。

多年来，与其他企业一样，集制造商、供货商和批发零售商为一身的宝洁公司在经营管理方面坚持创新，尽管有些措施卓有成效，但无法从根本上保证存货水平与产品市场供销保持同步，常常发生产品供过于求或者供不应求的情况。

基于此，宝洁公司不断优化存货管理，通过建立卓有成效的信息系统和采用多种软件工具来预防供应链风险，实施制造商、营销商、供应商和批发零售商一体化经营管理机制，不断优化物资供应和产品配送系统，创新生产和营销规划，达到减少库存成本的目的。宝洁公司把优化存货管理视为企业生存发展的基础工作，积极投资以持续扩大信息系统的功能，招聘优秀经营管理人才充实企业机构的各个层面，全面汇集、更新、充实和分析存货信息以及市场动态，及时作出反应并正确解决有关存货的各种问题。凡是涉及存货的问题首先搞清楚存货类型，是原材料、零部件、成品、半成品还是其他。各个项目存货水平的准确数据是什么？应该保持的存货水平是什么？正在处理的存货是否属于存货战略的一部分？存货问题是战略性问题还是战术性问题？这些问题均一一搞清楚。

一、存货的确认与计量

(一)存货的确认

存货是指企业在日常活动中持有以备出售的产成品或商品、处在生产过程中的在产品、在生产过程或提供劳务过程中耗用的材料、物料等，包括可供直接销售的产成品、商品，以及需经过进一步加工后出售的原材料等。存货通常在1年或超过1年的一个营业周期内被消耗或经出售转换为库存现金、银行存款或应收账款等，具有明显的流动性，属于流动资产。

在许多企业，存货在流动资产中占有很大比重，是流动资产的重要组成部分。企业持有存货的最终的目的是为了出售，不论是可供直接出售，如企业的产成品、商品等；还是需经过进一步加工后才能出售，如原材料等。在企业生产经营管理过程中，有的存货被耗用后形成了在产品成本、产成品成本等；有的存货被销售后形成产品或商品的销售成本；有的存货以营业费用的形式被耗用；有的存货仍以原有形态存在。因此，存货会计所生成的会计信息是否真实、可靠，不仅影响到资产的价值是否准确，同时也影响到损益的确定是否正确。

存货同时满足下列条件的，才能予以确认：

(1)与该存货有关的经济利益很可能流入企业。在通常情况下，随着存货实物的交付和存货所有权的转移，所有权上的主要风险和报酬也一并转移。从销货方而言，存货所有权的转出一般可以表明其所包含的经济利益已不能再流入企业；从购货方而言，存货所有权的转入一般可以表明其所包含的经济利益能够流入企业。因此，存货确认的一个重要标准，就是企业是否拥有某项存货的所有权。一般来说，凡企业拥有所有权的货物，无论存放何处，都应包括在本企业的存货之中；而尚未取得所有权或者已将所有权转移给其他企业的货物，即使存放在本企业，也不应包括在本企业的存货之中。但在有些交易方式下，存货实物的交付及所有权的转移与所有权上主要风险和报酬的转移可能并不同步。此时，存货的确认经济实质重于法律形式，而不能仅仅依据其所有权的归属。

(2)该存货的成本能够可靠地计量。成本或者价值能够可靠地计量是资产确认的一项基本条件。存货作为企业资产的组成部分，要予以确认也必须能够对其成本进行可靠的计量。存货的成本计量必须以取得确凿的证据为依据，并且具有可验证性。

在会计实务中，应当注意以下几种情况下的存货确认：

(1)在途存货。在途存货，是指销货方已将货物发运给购货方但购货方尚未验收入库的存货。对于在途存货，购货方通常应根据所有权是否转移来判定是否应作为其存货入账。存货的交货方式可分为目的地交货和起运地交货两种。在目的地交货的情况下，货物运至购货方指定的地点并交货后，所有权才转移给购货方，此时，购货方才将货物确认为本企业的存货；在起运地交货的情况下，销货方根据合同或协议的约定，在起运地办理完货物发运手续后，货物的所有权即转移给购货方，此时，购货方就应将该货物包括在本企业的存货之中，并通过“在途物资”科目核算。

(2)代销商品。代销商品，是指在委托代销方式下，由委托方交付受托方、受托方作为代理人代委托方销售的商品。代销商品具体又可分为视同买断方式和收取手续费方式两种。在视同买断方式下，当委托方将商品交付受托方时，通常可以认为商品所有权上的主要风险和报酬实质上已经转移给了受托方，因此，委托方应作为商品销售处理，而受托方应作为商品购进处理，委托代销的商品应包括在受托方的存货之中。在收取手续费方式下，当委托方将商品交付受托方时，商品所有权上的主要风险和报酬实质上并未转移给受托方，委托方仍应将委托代销的商品包括在本企业的存货之中，并通过“发出商品”科目核算。

(3)售后回购。售后回购，是指销货方在销售商品的同时，承诺在未来一定期限内以约定的价格购回该批商品的一种交易方式。售后回购交易的实质是销货方以商品向购货方融通资金，虽然商品的所有权已转移给了购货方，但销货方实质上仍然保留了所有权上的主要风险。因此，在售后回购交易方式下，销货方通常并不确认销售收入，所销售的商品仍应包括在销货方的存货之中。

(4)分期收款销售。分期收款销售，是指商品已经交付，但货款分期收回的一种销售方式。从该项交易的经济实质来看，当销货方将商品交付购货方时，商品所有权上的主要风险和报酬实质上已经转移给了购货方，销售已经成立。因此，销货方应按照应收合同或协议价款的公允价值确认销售收入，并相应地结转销售成本，所售商品应包括在购货方的存货之中。

(5)附有销售退回条件的商品销售。附有销售退回条件的商品销售，是指购货方依照有关协议有权退货的销售方式。在这种销售方式下，如果销货方能够按照以往的经验对退货的可能性作出合理估计，应在发出商品时，作为一般商品销售处理，售出的商品不再包括在销货方的存货之中；对不能合理确定退货可能性的发出商品，不确认销售收入，已发出的商品仍应包括在销货方的存货之中，并通过“发出商品”科目进行核算。

【例 1-1】下列各种物资中，应当作为企业存货核算的有( )。

A. 库存材料　　B. 发出商品　　C. 低值易耗品　　D. 工程物资

【答案】A B C

【解析】工程物资并不是为生产经营过程中的销售或耗用而储备的，它是为了建造或维护固定资产而储备的，其用途不同，不能视为“存货”核算。

（二）存货的计量

1. 取得存货的计量

企业取得存货应当按照成本进行计量。存货成本包括采购成本、加工成本和其他成本三个组成部分。企业存货的来源不同，其入账价值的构成内容也有所不同。

(1)外购存货。企业的外购存货主要包括原材料和商品。外购存货的成本即存货的采购成本，指企业物资从采购到入库前所发生的全部支出，包括购买价款、相关税费、运输费、装卸费、保险费以及其他可归属存货采购成本的费用。

存货的购买价款，是指企业购入的材料或商品的发票账单上列明的价款，但不包括按规定可以抵扣的增值税额。

存货的相关税费，是指企业购买、自制或委托加工存货发生的进口关税、消费税、资源税和不能抵扣的增值税进项税额等应计入存货采购成本的税费。

其他可归属存货采购成本的费用，即采购成本中除上述各项以外可归属存货采购成本的费用，如在存货采购过程中发生的仓储费、包装费、运输途中的合理损耗、入库前的挑选整理费用等。这些费用能分清负担对象的，应直接计入存货的采购成本；不能分清负担对象的，应选择合理的分配方法，分配计入有关存货的采购成本，可按所购存货的数量或采购价格比例进行分配。

商品流通企业在采购商品过程中发生的运输费、装卸费、保险费以及其他可归属存货采购成本的费用等进货费用，应计入所购商品成本。在实务中，企业也可以将发生的运输费、装卸费、保险费以及其他可归属存货采购成本的费用等进货费用先进行归集，期末按照所购商品的存销情况进行分摊。对于已销售商品的进货费用，计入主营业务成本；对于未售商品的进货费用，计入期末存货成本。商品流通企业采购商品的进货费用金额较小的，可以在发生时直接计入当期销售费用。

(2)自制存货。自制存货的入账价值为其制造成本，包括制造过程中所发生的直接材料成本、人工成本以及制造费用。自制存货成本的确定实际上就是存货项目的成本计算。

(3)委托加工存货。委托外单位加工存货的成本，包括实际耗用的原材料或半成品的实际成本、加工费用(不包括一般纳税企业取得增值税专用发票的增值税)，以及往返过程中发生的运杂费、包装费、保险费、装卸费和应负担的有关税金及附加。

(4)投资者投入的存货。投资者投入存货的成本应当按照投资合同或协议约定的价值确定，但合同或协议约定价值不公允的除外。在投资合同或协议约定价值不公允的情况下，以该项存货的公允价值作为其入账价值。

(5)接受捐赠的存货，应当按以下情况确定实际成本：

捐赠方提供有关凭据的，按凭据上标明的金额加上应支付的相关税费作为实际成本。

捐赠方没有提供有关凭据的，按如下顺序确定其实际成本：

同类或类似存货存在活跃市场的，按以同类或类似存货的市场价格估计的金额加上应支付的相关税费，作为其实际成本。

同类或类似存货不存在活跃市场的，按存货预计未来现金流量的现值，作为其实际成本。

(6)通过非货币性资产交换、债务重组、企业合并等方式取得的存货。企业通过非货币性资产交换、债务重组、企业合并等方式取得的存货，其成本应当分别按照《企业会计准则第 7 号——非货币性资产交换》、《企业会计准则第 12 号——债务重组》、《企业会计准则第 20 号——企业合并》等的规定确定。但是，该项存货的后续计量和披露应当执行存货准则的规定。

(7)盘盈存货。盘盈的存货应按其重置成本作为入账价值，并通过“待处理财产损溢”科目进行会计处理，按管理权限报经批准后冲减当期管理费用。

2. 发出存货的计量

实际工作中，企业发出的存货，可以按实际成本核算，也可以按计划成本核算。如采用计划成本核算，会计期末应调整为实际成本。

在实际成本核算方式下，同一会计期间取得的同一品种不同批次的存货，由于进货渠道不同，每次入库存货的单位成本也有所不同。而存货一般是分批投入生产或发出销售的，企业在发出存货时，就必须采用一定的计算方法确定发出存货的单位成本，以计算发出存货的总成本。

企业应当根据各类存货的实物流转方式、企业管理要求、存货的性质等实际情况，合理地选择发出存货成本的计量方法，以合理确定当期发出存货的实际成本。

对于性质和用途相似的存货，应当采用相同的成本计算方法确定发出存货的成本。企业在确定发出存货的成本时，可以采用先进先出法、移动加权平均法、月末一次加权平均法和个别计价法等方法。

为了说明这几种方法的应用，特举例如下：

【**例 1-2**】A 公司 2014 年 10 月甲存货收发情况的有关资料见表 1-1：

表 1-1　**甲存货收发资料表**　单位：千克，元

2014 年		摘要	入库		发出数量	结存数量	
月	日		数量	单价		数量	单价
10	1	期初余额				200	2
	3	购入	200	3			
	5	发出			150		
	15	购入	250	4			
	20	发出			100		
	25	购入	100	2.5			
	27	发出			200		

(1)先进先出法。这种方法假定最先发出的存货是最先入库的，或先耗用的存货是先收到的，期末结存存货则是最后入库的存货。依据这种假定的存货流转顺序对发出存货和结存存货进行计价。

采用先进先出法确定 A 公司 2014 年 10 月甲存货发出成本及结存存货成本，如表 1-2 所示。

表 1-2　　**甲存货明细账**　　单位：千克，元

2014 年		摘要	入库			发出			结存		
月	日		数量	单价	金额	数量	单价	金额	数量	单价	金额
10	1	期初余额							200	2	400
	3	购入	200	3	600				200 200	2 3	400 600
	5	发出				150	2	300	50 200	2 3	100 600
	15	购入	250	4	1 000				50 200 250	2 3 4	100 600 1 000
	20	发出				50 50	2 3	100 150	150 250	3 4	450 1 000
	25	购入	100	2.5	250				150 250 100	3 4 2.5	450 1 000 250
	27	发出				150 50	3 4	450 200	200 100	4 2.5	800 250
	31	期末合计	550		1 850	450		1 200	300		1 050

一般情况下，先进先出法可使期末存货价值接近市场价格，资产负债表上所反映的期末存货比较有现实意义。但是这种方法计算起来相对繁琐，在物价不稳定特别是严重通货膨胀的情况下，会虚增企业利润；同时用较早较低的成本与现行收入相配比，造成收入与费用的配比不当。

(2)加权平均法。这种方法平时只登记购入存货的数量、单价、金额及发出存货和结存存货的数量，不确定发出存货和结存存货的单价及金额，月末以期初存货数量和本期收入存货数量为权数，一次计算其加权平均单位成本，并据以计算发出存货和结存存货的成本。其计算公式如下：

$$存货加权平均单位成本=\frac{期初结存存货成本+本期收入存货成本}{期初结存存货数量+本期收入存货数量}$$

$$本期发出存货成本=本期发出存货数量\times存货加权平均单位成本$$

$$期末结存存货成本=期末结存存货数量\times存货加权平均单位成本$$

采用加权平均法确定 A 公司 2014 年 10 月甲存货发出成本及结存存货成本，如表 1-3 所示。

表 1-3　　甲存货明细账　　单位：千克，元

2014 年		摘要	入库			发出			结存		
月	日		数量	单价	金额	数量	单价	金额	数量	单价	金额
10	1	期初余额							200	2	400
	3	购入	200	3	600						
	5	发出				150					
	15	购入	250	4	1 000						
	20	发出				100					
	25	购入	100	2.5	250						
	27	发出				200					
	31	期末合计	550		1 850	450	3	1 350	300	3	900

$$加权平均单位成本=\frac{100+600+1\ 000+250}{200+200+250+100}=3(元/千克)$$

(3)移动加权平均法。这种方法是指每一存货入库后，都要以入库前的库存数量和新入库的库存数量为权数，计算每次存货的移动加权平均单价，并据以计算每次发出存货和结存存货成本。

$$移动加权平均单价=\frac{结存存货成本+每次入库存货的实际成本}{结存存货数量+每次入库存货数量}$$

采用移动加权平均法确定 A 公司 2014 年 10 月甲存货发出成本及结存存货成本，如表 1-4 所示。

表 1-4　　甲存货明细账　　单位：千克，元

2014 年		摘要	入库			发出			结存		
月	日		数量	单价	金额	数量	单价	金额	数量	单价	金额
10	1	期初余额							200	2	400
	3	购入	200	3	600				400	2.5①	1 000
	5	发出				150	2.5	375	250	2.5	625
	15	购入	250	4	1 000				500	3.25②	1 625
	20	发出				100	3.25	325	400	3.25	1 300
	25	购入	100	2.5	250				500	3.1③	1 550
	27	发出				200	3.1	620	300	3.1	930
	31	期末合计	550		1 850	450		1 320	300	3.1	930

注：①移动加权平均单价 $=\frac{400+600}{200+200}=2.5$(元/千克)

②移动加权平均单价 $=\frac{625+1\ 000}{250+250}=3.25$(元/千克)

③移动加权平均单价 $=\frac{1\ 300+250}{400+100}=3.1$(元/千克)

移动加权平均法能使管理层了解存货的结存情况，而且计算的平均单位成本以及发出和结存存货成本比较客观。但采用这种方法，需要随时计算加权平均单价，计算工作量较大，不适用于收发货业务量大的企业。

(4)个别计价法，又称个别认定法、分批实际法，是通过逐一辨认各批发出存货和期末存货所属的购进批别和生产批别，分别按其购入时或生产时所确定的单位成本计算各批发出存货和期末存货成本的方法。采用这种方法计算的发出存货成本和期末存货成本比较准确、合理，但平时必须设置详细的存货记录，或对收入的存货附上标签、号码等，以便确认发出存货和期末存货所属进货批次，工作量较大，存货的保管和记录相当麻烦。

3. 期末存货的计量

会计期末，存货账面上一般反映的是存货的历史成本，但是由于存货毁损、陈旧过时或销售价格降低等原因，成货的价值会跌至历史成本以下，因此按照谨慎性原则的要求，期末存货应当按照成本与可变现净值孰低计价。资产负债表日，当存货成本低于可变现净值时，存货按成本计量；当存货成本高于可变现净值时，存货按可变现净值计量，同时按照成本高于可变现净值的差额计提存货跌价准备，计入当期损益。

二、原材料的核算

(一)原材料按实际成本计价的核算

原材料是指企业在生产过程中经加工改变其形态或性质并构成产品主要实体的各种原料及主要材料、辅助材料、燃料、修理备用件、包装材料、外购半成品等。原材料是企业存货的重要组成部分，其品种、规格较多，为加强对原材料的管理和核算，需要对其进行科学的分类。

原材料按实际成本计价核算时，无论总分类核算还是明细分类核算，均按照实际成本计价。

1. 账户设置

原材料按实际成本计价的核算企业应设置以下账户：

(1)“原材料”账户，为资产类账户，用来核算企业库存的各种原材料的实际成本。该账户的借方登记验收入库原材料的实际成本，贷方登记发出原材料的实际成本，期末余额在借方，表示库存原材料的实际成本。该账户应当按照原材料的保管地点(仓库)、类别、品种和规格等进行明细核算。

(2)“在途物资”账户，为资产类账户，用来核算企业已经购进但尚未到达或尚未验收入库的各种材料物资的实际成本。这里，已经购进的材料物资是指企业已经付款或开出已承兑的商业汇票或者虽未付款、开出已承兑的商业汇票但购货方给予延期付款商业信用的材料物资。该账户的借方登记已经购进但尚未到达或尚未验收入库的各种材料物资的实际成本，贷方登记验收入库各种材料物资的实际成本，期末余额在借方，表示已经购进但尚未到达或尚未验收入库各种材料物资的实际成本。该账户应当按照供应单位进行明细核算。

2. 外购原材料的核算

各种外购材料的采购地点和结算方式有所不同，材料验收入库和款项支付的时间也不一致，在会计核算上的处理也不相同。

(1)结算凭证已收到，材料已验收入库。企业对已验收入库的材料，应根据发票、结算凭证等单据上记载的实际金额借记“原材料”科目，贷记“银行存款”、“应付账款”等科目。

【例 1-3】A 公司购入甲、乙材料各一批，增值税专用发票上注明甲材料货款为 20 000 元，增值税额为 3 400 元；乙材料货款为 50 000 元，增值税额为 8 500 元。材料均已验收入库。甲材料货款已付，乙材料货款暂欠。

该企业应编制以下会计分录：

借：原材料——甲材料	20 000	
应交税费——应交增值税(进项税额)	3 400	
贷：银行存款		23 400
借：原材料——乙材料	50 000	
应交税费——应交增值税(进项税额)	8 500	
贷：应付账款		58 500

(2)结算凭证已收到，货款已付，但材料尚未收到。这是指在办理有关结算时取得了材料的所有权，但尚未收到材料。为了及时反映在途材料及银行存款的情况，在支付货款时需按实际成本计入“在途材料”账户。

【例 1-4】A 公司从外地购入甲材料一批，货款 10 000 元，增值税额为 1 700 元，货款已付，但材料尚未运到，则 A 公司在付款时应作如下会计分录：

借：在途材料——甲材料	10 000	
应交税费——应交增值税(进项税额)	1 700	
贷：银行存款		11 700

待材料验收入库时：

借：原材料——甲材料	10 000	
贷：在途材料——甲材料		10 000

(3)材料已验收入库，但结算凭证未收到，货款未付。对于这种情况，平时可不作账务处理；月末时如果凭证仍未到，应将已验收入库的材料估价入账；下月初，用红字冲销原已估价入账的分录；待结算凭证到达时，按一般的购入业务进行账务处理。

【例 1-5】10 月 2 日，A 公司外购甲材料一批，材料已验收入库，但结算凭证未到，货款尚未支付。

A 公司在 10 月 2 日可以不作账务处理。

如果 10 月 31 日凭证仍未到，按暂估价 5 000 元入账，作会计分录如下：

借：原材料——甲材料	5 000	
贷：应付账款——暂估应付款		5 000

11 月 1 日用红字冲销原已估价入账的分录如下：

借：原材料——甲材料	[5 000]	
贷：应付账款——暂估应付款		[5 000]

如果 11 月 10 日 A 公司收到结算凭证，上面记载价款为 4 800 元，增值税额为 816 元，用转账支票支付，则会计分录为：

借：原材料——甲材料　　4 800
　　应交税费——应交增值税(进项税额)　　816
　贷：银行存款　　5 616

(4)采用预付货款方式购入材料。收到材料发票账单并将材料验收入库后，借记“原材料”、“应交税费——应交增值税(进项税额)”账户，贷记“预付账款”账户。

【例 1-6】A 公司按照合同向 B 公司预付甲材料部分款项50 000元。3 日后，A 公司收到发票账单，列明材料款80 000元，增值税额13 600元，余款已经支付，材料已验收入库。

根据预付货款的付款凭证，作会计分录：

借：预付账款——B 公司　　50 000
　贷：银行存款　　50 000

根据发票账单、入库单等，作会计分录：

借：原材料——甲材料　　80 000
　　应交税费——应交增值税(进项税额)　　13 600
　贷：预付账款——B 公司　　93 600

根据补付货款的付款凭证，作会计分录：

借：预付账款——B 公司　　43 600
　贷：银行存款　　43 600

(5)材料毁损与短缺。对于材料在采购途中发生的短缺和毁损，应根据不同原因进行处理：

对于定额内的合理损耗，计入材料的采购成本。

能确定由供应单位、运输单位、保险公司或其他过失人负责赔偿的，应向有关单位或责任人索赔，自“在途材料”科目转入“其他应收款”或“应付账款”科目。

凡原因尚未查明需报批才能处理的损失，应先通过“待处理财产损溢”科目核算，借记“待处理财产损溢”科目，贷记“在途材料”科目；待批准处理后再转入相关科目，如果属自然灾害造成的损失，应扣除残料价值和保险公司赔偿后，借记“营业外支出”科目，贷记“待处理财产损溢”科目；属于无法收回的其他损失，应借记“管理费用”科目，贷记“待处理财产损溢”科目。

【例 1-7】下列项目中，应计入存货成本的有(　　)。

A. 库存商品储存过程中发生的仓储费用　B. 存货采购过程中因意外灾害发生的净损失
C. 入库前的挑选整理费用　D. 运输途中的合理损耗

【答案】C D

【解析】存货采购过程中因意外灾害发生的净损失，应作为营业外支出处理。

小规模纳税人以及购入材料不能取得增值税专用发票的企业，在购入材料时，按支付或应支付的金额，作为材料成本入账，不作增值税进项税额的核算。

3. 自制原材料的核算

自制的原材料主要是指企业经过一定生产过程加工并检验合格交付仓库的各种材料。自制原材料验收入库，一般借记“原材料”账户，贷记“生产成本——基本生产成本”。

4. 委托加工材料的核算

委托加工材料是指企业委托外单位加工的各种材料。企业发出委托外单位加工的材料，只是改变了材料的存放地，仍属于企业的存货范畴。企业进行委托加工材料的核算就是要正确地反映和监督委托加工材料的发出、加工费用的发生、加工完成以后的验收入库等。在进行委托加工材料的核算时，应按其实际成本进行计价，其实际成本包括：加工中实际耗用材料的实际成本、支付的加工费、支付的税金及支付加工材料往返运杂费等。

(1)账户设置。为了核算委托加工材料的实际成本，企业应设置"委托加工物资"科目。该账户属于资产类账户，借方反映发出委托加工材料的实际成本、加工费用和往返的运杂费等；贷方登记加工完成验收入库的物资以及加工单位退回剩余材料的实际成本；期末余额在借方，表示委托外单位加工但尚未完成的处于加工过程中的材料的实际成本和加工费等。该账户应按加工合同、受托加工单位以及加工物资的品种等进行明细核算。

(2)会计核算：

①发出委托加工材料，应按发出材料的实际成本，借记"委托加工物资"科目，贷记"原材料"科目。

②支付加工费、运杂费，应借记"委托加工物资"科目，贷记"银行存款"等科目。

③缴纳增值税。委托加工物资应负担的增值税，凡属加工物资用于应交增值税项目并取得增值税专用发票的一般纳税企业，可将其作为进项税额，借记"应交税费——应交增值税(进项税额)"科目，贷记"银行存款"科目；凡属加工物资用于非应税(或免税)项目，以及未取得增值税专用发票的一般纳税企业和小规模纳税企业的加工物资，应将这部分增值税计入加工物资的成本，借记"委托加工物资"科目，贷记"银行存款"科目。

④缴纳消费税。企业委托加工的材料收回后用于连续生产应税消费品的，其负担的消费税准予按规定抵交连续生产的消费品销售后应交的消费税，委托方应按受托方代收代缴的消费税，借记"应交税费——应交消费税"科目，贷记"应付账款"或"银行存款"科目。

企业委托加工的材料收回后直接用于销售的，委托方应将受托方代收代缴的消费税计入委托加工材料的成本，借记"委托加工物资"科目，贷记"应付账款"或"银行存款"科目，这部分物资以后不再征收消费税。

⑤委托加工材料完工收回。加工完成验收入库的材料和退回剩余的材料，应按加工收回材料和剩余材料的实际成本，借记"原材料"科目，贷记"委托加工物资"科目。

【例 1-8】A 公司委托乙公司用 A 材料加工一批 B 材料(属于应税消费品)。发出 A 材料的实际成本为40 000元，支付加工费14 000元。该公司适用的增值税税率为 17%，B 材料适用的消费税税率为 10%。委托加工的 B 材料收回后用于连续生产。该公司的有关会计处理如下：

发出待加工的 A 材料：

借：委托加工物资	40 000	
贷：原材料——A 材料		40 000

支付加工费：

借：委托加工物资	14 000	
贷：银行存款		14 000

缴纳增值税和消费税：

应交增值税 = 14 000×17% = 2 380（元）

消费税组成计税价格 =（40 000+14 000）/（1−10%）= 60 000（元）

应交消费税 = 60 000×10% = 6 000（元）

借：应交税费——应交增值税（进项税额）　　2 380

　　应交税费——应交消费税　　6 000

　贷：银行存款　　8 380

收回加工完成的 B 材料：

B 材料实际成本 = 40 000+14 000 = 54 000（元）

借：原材料——B 材料　　54 000

　贷：委托加工物资　　54 000

5. 原材料发出的核算

原材料在生产经营过程中领用后，其原有实物形态会发生改变乃至消失，其成本也随之形成产品成本或直接转化为费用，或形成其他有关项目支出的一部分。根据原材料的消耗特点，企业应按发出原材料的用途，将其成本直接计入产品成本或当期费用，或作为有关项目支出。

（1）生产经营领用原材料的核算。生产经营领用的原材料应根据领用部门和用途，分别计入有关成本费用项目。领用原材料时，按计算确定的实际成本，借记“生产成本”、“制造费用”、“委托加工物资”、“销售费用”、“管理费用”等科目，贷记“原材料”科目。

【例 1-9】某公司本月领用原材料的实际成本为600 000元。其中，基本生产领用300 000元，辅助生产领用150 000元，生产车间一般耗用90 000元，管理部门领用60 000元。该公司应作如下会计分录：

借：生产成本——基本生产成本　　300 000

　　生产成本——辅助生产成本　　150 000

　　制造费用　　90 000

　　管理费用　　60 000

　贷：原材料　　600 000

（2）出售原材料的核算。出售原材料取得的销售收入作为其他业务收入，相应的原材料成本应计入其他业务成本。出售原材料时，按已收或应收的价款，借记“银行存款”、“应收账款”等科目；按实现的营业收入，贷记“其他业务收入”科目；按增值税销项税额，贷记“应交税费——应交增值税（销项税额）”科目。同时，按出售原材料的实际成本结转销售成本，借记“其他业务成本”科目，贷记“原材料”科目。

【例 1-10】某公司销售一批原材料，售价 10 000 元，增值税税额 1 700 元，原材料实际成本 7 500 元。该公司应作如下会计分录：

借：银行存款　　11 700

　贷：其他业务收入　　10 000

　　　应交税费——应交增值税（销项税额）　　1 700

借：其他业务成本　　7 500

　贷：原材料　　7 500

(3)在建工程领用原材料的核算。在建工程领用原材料，如果相应的增值税进项税额不予抵扣，应当随同原材料成本一并作为有关工程项目支出。领用原材料时，按实际成本加上不予抵扣的增值税进项税额，借记“在建工程”科目；按实际成本，贷记“原材料”科目；按不予抵扣的增值税进项税额，贷记“应交税费——应交增值税(进项税额转出)”科目。

【例 1-11】某公司自制一项固定资产，领用库存材料5 000元，不予抵扣的增值税税额为 850 元。该公司应作如下会计分录：

借：在建工程	5 850	
贷：原材料		5 000
应交税费——应交增值税(进项税额转出)		850

(二)原材料按计划成本计价的核算

材料收发业务较多且有比较健全、合理计划成本的企业，一般采用计划成本对材料进行收入、发出、结存的核算。材料按计划成本计价的核算，就是每种材料的收入、发出和结存，在材料总账和明细账中都按材料的计划成本登记入账。

1. 账户设置

在计划成本计价法下，需设置以下账户：

(1)“原材料”账户。在按计划成本计价的核算中，该账户应按计划成本反映企业库存原材料的增减变动和结存情况。该账户的借方登记验收入库原材料的计划成本，贷方登记发出原材料的计划成本，期末余额表示库存原材料的计划成本。该账户应当按照材料的保管地点(仓库)、类别、品种和规格等进行明细核算。

(2)“材料采购”账户，属于资产类账户，核算企业采用计划成本进行材料日常核算而购入材料的采购成本。该账户的借方登记采购材料的实际成本，贷方登记验收入库各种材料物资的计划成本。借方金额大于贷方金额时，表示采购成本超支，从本账户的贷方转入“材料成本差异”账户的借方；贷方金额大于借方金额时，表示采购成本节约，从本账户的借方转入“材料成本差异”账户的贷方；期末余额在借方，表示企业尚未验收入库各种材料物资的实际成本。该账户应当按照供应单位和物资品种进行明细核算。

(3)“材料成本差异”账户，属于资产类账户，是“原材料”账户的调整账户，核算企业各种原材料的实际成本与计划成本的差异。该账户的借方登记验收入库材料的实际成本大于计划成本的差异；贷方登记验收入库材料的实际成本小于计划成本的差异和结转发出材料应负担的成本差异(实际成本大于计划成本的差异，用监字登记；实际成本小于计划成本的差异，用红字登记)；期末余额在借方，表示库存材料实际成本大于计划成本的差异；若为贷方余额，则是实际成本小于计划成本的差异。该账户应当区分“原材料”、“包装物及低值易耗品”等，按照类别或品种进行明细核算。明细账可以采用三栏式，也可以采用多栏式。格式见表 1-5。

表 1-5　　材料成本差异明细账

材料类别：　　　　　　　　　　　　　　　　　　　　　材料二级科目：

年		凭证		摘要	本月收入			差异分配率	本月发出			月末结存		
月	日	字	号		计划成本	借方差异	贷方差异		计划成本	借方差异	贷方差异	计划成本	借方差异	贷方差异

2. 外购原材料的核算

采用计划成本计价，外购原材料的账务处理同按实际成本计价一样，也应根据外购原材料的采购地点和结算方式的不同，分别进行处理。取得的原材料先通过“材料采购”账户进行核算，企业支付的材料价款和运杂费等，构成存货实际成本的，记入“材料采购”账户。

(1)结算凭证已收到，材料已验收入库。

【例 1-12】甲公司为增值税一般纳税人，购进 A 材料一批，增值税发票列明货款10 000元，增值税税额1 700元。发票账单等结算凭证已到，价税款已通过银行转账支付。材料已验收入库。A 材料计划成本为9 500元。其账务处理如下：

根据发票账单、转账支票存根等结算凭证，作如下会计分录：

借：材料采购——××单位　　10 000
　　应交税费——应交增值税(进项税额)　　1 700
　贷：银行存款　　11 700

根据收料单，作如下会计分录：

借：原材料——A 材料　　9 500
　　材料成本差异——原材料　　500
　贷：材料采购——××单位　　10 000

(2)结算凭证已收到，货款已付，但材料尚未收到。

【例 1-13】甲公司为增值税一般纳税人，购进 A 材料一批，发票账单等结算凭证已到，列明货款21 000元，增值税税额3 570元。已开出并承兑 3 个月的商业汇票结算价税款，材料未到。A 材料计划成本为18 800元。其账务处理如下：

根据发票账单、商业汇票等结算凭证，作如下会计分录：

借：材料采购——××单位　　21 000
　　应交税费——应交增值税(进项税额)　　3 570
　贷：应付票据　　24 570

待材料验收入库再结转采购成本。

(3)材料已验收入库，但结算凭证未收到，货款未付。

【例 1-14】甲公司为增值税一般纳税人，9 月 26 日，购进 A 材料一批，材料已经运到，并已验收入库，由于发票账单未到，货款尚未支付。该批材料的计划成本为23 000元。会计处理如下：

9 月 26 日，对该批材料暂不处理，只登记材料明细账。

9 月 30 日，暂估入账：

借：原材料　23 000

　贷：应付账款——暂估应付款　23 000

10 月 1 日，用红字冲回：

借：原材料　[23 000]

　贷：应付账款——暂估应付款　[23 000]

待收到发票账单后，再根据发票账单等结算凭证做材料购进和入库的处理。

(4)外购材料短缺、毁损的处理。外购材料短缺或毁损的处理，与按实际成本计价方法相同，只是验收入库时按计划成本记入“原材料”账户借方，贷记“材料采购”账户。定期或在材料入库时将入库材料的实际成本与计划成本之间的差异记入“材料成本差异”账户。

3. 自制原材料的核算

自制的原材料按计划成本核算，在原材料验收入库时，一般按计划成本借记“原材料”账户，按实际成本贷记“生产成本——基本生产成本”，实际成本与计划成本之间的差异记入“材料成本差异”账户。

4. 委托加工材料的核算

【例 1-15】甲企业委托乙企业用 A 材料加工一批 B 材料(属于应税消费品)。A 材料计划成本为 20 000 元，本月材料成本差异率为 2%，发生加工费 2 100 元，运杂费 200 元，增值税税率为 17%(甲、乙企业均为一般纳税人)，消费税税率为 10%，款项未付。该批 B 材料的计划成本为 23 000 元，收回的材料已验收入库。甲企业的有关会计处理如下：

发出委托加工材料：

借：委托加工物资——B 材料　20 000

　贷：原材料——A 材料　20 000

同时，结转材料成本差异：

借：委托加工物资——B 材料　400

　贷：材料成本差异——原材料　400

支付加工费、运杂费：

借：委托加工物资——B 材料　2 300

　贷：应付账款　2 300

缴纳增值税：

应交增值税＝2 100×17%＝357(元)

借：应交税费——应交增值税(进项税额)　357

　贷：应付账款　357

缴纳消费税：

消费税组成计税价格＝(20 000+400+2 100)÷(1-10%)＝25 000(元)

委托方代收代缴的消费税＝25 000×10%＝2 500(元)

若收回后的材料用于连续生产应税消费品：

借：应交税费——应交消费税　2 500

　贷：应付账款　2 500

若收回后的材料直接用于销售：

借：委托加工物资——B 材料　2 500

　贷：应付账款　2 500

加工完成收回委托加工材料：

若收回后的材料用于连续生产应税消费品：

借：原材料——B 材料　23 000

　　材料成本差异——原材料　3 300

　贷：委托加工物资——B 材料　26 300

若加工完成后的材料直接销售：

借：原材料——B 材料　23 000

　　材料成本差异——原材料　5 800

　贷：委托加工物资——B 材料　28 800

5. 原材料发出的核算

企业日常采用计划成本核算，按照发出材料的数量乘以事先确定的计划单位成本，计算发出材料的计划成本，并按照发出材料的用途，分别记入“生产成本”、“制造费用”、“销售费用”、“管理费用”等账户。在月末需将发出材料计划成本调整为实际成本，将材料成本差异额在发出材料与结存材料之间进行分配，并通过“材料成本差异”账户进行结转。有关计算公式如下：

发出材料的实际成本＝发出材料的计划成本+发出材料应分摊的材料成本差异

发出材料应分摊的材料成本差异＝发出材料的计划成本×材料成本差异率

其中，材料成本差异率是材料成本差异额与计划成本的比率，一般应按照材料类别分别计算；对于生产用量大的材料，也可按材料品种计算，计算公式为：

$$\text{本月材料成本差异率}=\frac{\text{月初材料成本差异}+\text{本月验收入库材料的成本差异}}{\text{月初结存材料的计划成本}+\text{本期验收入库材料的计划成本}}\times 100\%$$

本公式计算时，超支差异用“+”表示，节约差异用“-”表示。

【例 1-16】甲公司对材料按计划成本计价，成本差异率是-2%(节约)，其发料凭证汇总表见表 1-6。

表 1-6

甲公司发料凭证汇总表

2014 年 10 月

编号：

日期	领料单张数	领用部门和用途	原材料					
			原料及主要材料	辅助材料	修理用备件	其他材料	合计	材料成本差异（差异率-2%）
		生产甲产品耗用	80 000				80 000	-1 600
		基本车间一般耗用		10 000	3 000		13 000	-260
		机修车间生产耗用	6 000		2 000		8 000	-160
		机修车间一般耗用		1 500	400	100	2 000	-40
		行政管理部门耗用		500			500	-10
		销售部门耗用				1 000	1 000	-20
		合　计	86 000	12 000	5 400	1 100	104 500	-2 090

会计主管：　　记账：　　审核：　　填制：

根据发料凭证汇总表，应编制会计分录如下：

借：生产成本——基本生产成本——甲产品　80 000
　　生产成本——辅助生产成本——机修车间　8 000
　　制造费用——基本生产车间　13 000
　　制造费用——机修车间　2 000
　　管理费用　500
　　销售费用　1 000
　贷：原材料　104 500

月末将发出材料应负担的节约差异用红字转出：

借：生产成本——基本生产成本——甲产品　1 600
　　生产成本——辅助生产成本——机修车间　160
　　制造费用——基本生产车间　260
　　制造费用——机修车间　40
　　管理费用　10
　　销售费用　20
　贷：材料成本差异　2 090

结转材料成本差异时，无论是节约还是超支，均从“材料成本差异”账户的贷方转出，超支用蓝字，节约用红字。

三、周转材料的核算

周转材料，指企业能够多次使用但不符合固定资产定义的材料，如为了包装本企业商品而储备的各种包装物，各种工具、管理用具、玻璃器皿、劳动保护用品以及在经营过程中周转使用的容器等低值易耗品和建造承包商的钢模板、木模板、脚手架等其他周转材料，一般包括低值易耗品和包装物两类。

(一)低值易耗品的核算

1. 低值易耗品的概念

低值易耗品是指单位价值较低或使用期限较短、不符合固定资产标准的各种用具物品。作为存货核算和管理的低值易耗品，一般划分为一般工具、专用工具、替换设备、包装容器、劳动保护用品、管理用具、其他用具等。

一般工具指直接用于生产过程的各种工具，如刀具、夹具、模具及其他各种辅助工具。

专用工具指专门用于生产各种产品或仅在某道工序使用的各种工具，如专门模具、专用夹具等。

替换设备指容易磨损、更换频繁或为生产不同产品需要替换使用的各种设备，如轧制钢材的轧辊、浇铸钢锭的锭模。

包装容器指企业内部周转使用，既不出租也不出借的各种包装物品，如盛放材料或储存商品的木桶、瓷缸等。

劳动保护用品指发给工人用于劳动保护的安全帽、工作服和各种防护用品。

管理用具指管理部门和管理人员用的各种家具和办公用品，如文件柜、打字机等。

其他用具指不属于以上各类的低值易耗品。

2. 低值易耗品的核算

为了反映和监督低值易耗品的增减变动及其结存情况，企业应当设置“周转材料——低值易耗品”科目，本账户核算企业低值易耗品的计划成本或实际成本，应当按照低值易耗品的种类进行明细核算。

低值易耗品的采购、入库等业务的会计核算与原材料核算基本相同，可以按实际成本核算，也可以按计划成本核算。低值易耗品与原材料核算的区别在于：原材料的价值在使用后一次转移到成本费用中，而低值易耗品的价值是在使用过程中逐渐转移的。其摊销可以采用一次摊销法和五五摊销法。

一次摊销法是在领用低值易耗品时，将其账面价值一次冲销，转入有关成本费用。领用时借记“管理费用”、“制造费用”等账户，贷记“周转材料——低值易耗品”账户。低值易耗品报废时的残值收入应冲减有关的成本费用，借记“原材料”等账户，贷记“管理费用”、“制造费用”等账户。

【例 1-17】A 公司的管理部门领用一批低值易耗品，账面价值为 4 000 元，采用一次转销法。同时，报废一批低值易耗品，残料作价 300 元，作为原材料入库。会计处理如下：

借：管理费用　　4 000
　贷：周转材料——低值易耗品　　4 000
借：原材料　　300
　贷：管理费用　　300

五五摊销法是在第一次领用低值易耗品时先摊销其价值的一半，在报废时摊销其价值的另一半。采用五五摊销法，需要单独设置“周转材料——低值易耗品——在用”、“周转材料——低值易耗品——在库”和“周转材料——低值易耗品——摊销”三个明细账户进行核算。

【例 1-18】A 公司的生产车间领用一批低值易耗品，账面价值为 10 000 元，采用五五摊销法。会计处理处下：

第一次领用低值易耗品时，作如下会计分录：

借：周转材料——低值易耗品——在用　　10 000

　贷：周转材料——低值易耗品——在库　　10 000

领用时摊销其价值的一半，作如下会计分录：

借：制造费用　　5 000

　贷：周转材料——低值易耗品——摊销　　5 000

报废时摊销其价值的另一半，作如下会计分录：

借：制造费用　　5 000

　贷：周转材料——低值易耗品——摊销　　5 000

借：周转材料——低值易耗品——摊销　　10 000

　贷：周转材料——低值易耗品——在用　　10 000

（二）包装物的核算

1. 包装物的概念

包装物是指为包装产品而储备的各种包装容器，如桶、箱、瓶、坛、袋等。包装物按其用途可以分为以下四类：

（1）生产过程中用于包装产品作为产品组成部分的包装物。

（2）随同商品出售但不单独计价的包装物。

（3）随同商品出售并单独计价的包装物。

（4）出租出借的包装物。

2. 包装物的核算

为了反映和监督包装物的增减变动及其结存情况，企业应当设置“周转材料——包装物”科目，本账户核算企业包装物的计划成本或实际成本，应当按照包装物的种类进行明细核算。包装物的采购、入库等业务的会计核算与原材料核算基本相同，可以按实际成本核算，也可以按计划成本核算。

（1）生产过程中领用包装物，如电视机生产中领用纸包装盒，啤酒生产中使用瓶或罐等。生产领用时，这些包装物与其他原材料一样从物质上形成产品的实体，从价值上转化为产品的生产成本。因此这种包装物一般不单独计价，直接计入产品成本。

【例 1-19】A 公司对包装物采用计划成本法核算，某月生产产品领用包装物的计划成本为100 000元，材料成本差异率为-3%。会计处理如下：

借：生产成本　　97 000

　贷：周转材料——包装物　　100 000

　　　材料成本差异　　3 000

（2）随同商品出售但不单独计价的包装物。这些包装物在商品销售过程中，或为商品的保管提供方便，或为商品的美观考虑，或为顾客提供方便等而随着商品一同出售，不单独向顾客收取价款，因此这类包装物的价值应转化为企业的一项“销售费用”来处理。

【例 1-20】A 公司对包装物采用计划成本法核算，某月随同商品出售但不单独计价的包装物计划成本为100 000元，材料成本差异率为-2%。

借：销售费用　　98 000
　贷：周转材料——包装物　　100 000
　　材料成本差异　　2 000（红字）

(3)随同商品出售并单独计价的包装物。这些包装物尽管随同商品一同出售，但因为价值较高，并且顾客一般有选择的权利(如有些食品的礼品盒)，对需要的顾客采取在商品价格外单独收费的方式。因此，会计上等同材料销售处理，其形成的收入作为“其他业务收入”处理。

【例 1-21】A 公司对包装物采用计划成本法核算，某月随同商品出售单独计价的包装物计划成本为80 000元，销售收入为100 000元，增值税额17 000元，款项已存入银行。材料成本差异率为 3%。

借：银行存款　　100 000
　贷：其他业务收入　　100 000
　　应交税费——应交增值税(销项税额)　　17 000

同时，结转成本，作如下会计分录：

借：其他业务成本　　82 400
　贷：周转材料——包装物　　80 000
　　材料成本差异　　2 400

(4)出租、出借的包装物。对于出租的包装物，可以取得租金收入，作为“其他业务收入”；与之对应的包装物成本及修理费用，应作为租金收入的减项，列作企业的“其他业务成本”。对于出借的包装物，不向客户收取任何费用，没有业务收入，所以出借包装物成本及修理费用应作为“销售费用”处理。对于包装物的押金，应通过“其他应付款”账户核算。出租、出借的包装物在使用过程中，价值逐渐减少直至报废，其价值转移的过程称为摊销。出租、出借的包装物的价值摊销方法有一次转销法和五五摊销法两种。

【例 1-22】A 公司某月随同产品出售出租一批包装物，包装物成本 500 元，应收押金 600 元，存入银行，10 日后收回包装物，租金 234 元(增值税额 34 元)，从押金中扣除，余款以现金退回。包装物成本于领用时一次转销。

发出包装物时，作如下会计分录：

借：其他业务成本　　500
　贷：周转材料——包装物　　500

收到押金时，作如下会计分录：

借：银行存款　　600
　贷：其他应付款——××单位　　600

归还包装物退还押金，确认包装物租金收入时，作如下会计分录：

借：其他应付款——××单位　　600

　　贷：其他业务收入——包装物出租收入　200
　　　　应交税费——应交增值税(销项税额)　34
　　　　库存现金　366

【例 1-23】2014 年 1 月，A 公司出租库存未用包装物 500 件，每件单位实际成本 100 元，租期 6 个月，每月每件租金 20 元，收取押金60 000元。采用五五摊销法。

领用时，作如下会计分录：

借：周转材料——包装物——在用包装物　50 000
　　贷：周转材料——包装物——在库包装物　50 000

摊销其价值的 50%，作如下会计分录：

借：其他业务成本　25 000
　　贷：周转材料——包装物——包装物摊销　25 000

收到押金时，作如下会计分录：

借：银行存款　60 000
　　贷：其他应付款　60 000

每月收取租金10 000元，折算成不含税收入，作如下会计分录：

10 000÷(1+17%)= 8 547(元)　　销项税额＝8 547×17%＝1 453(元)

借：银行存款　10 000
　　贷：其他业务收入　8 547
　　　　应交税费——应交增值税(销项税额)　1 453

6 个月后，收回包装物退还押金，作如下会计分录：

借：其他应付款　60 000
　　贷：银行存款　60 000

假设上述包装物于 2014 年 9 月报废，报废时残料收入2 000元存入银行，摊销其价值的 50%，作如下会计分录：

借：其他业务成本　25 000
　　贷：周转材料——包装物——包装物摊销　25 000
借：周转材料——包装物——包装物摊销　50 000
　　贷：周转材料——包装物——在用包装物　50 000

残料收入冲减“其他业务成本”，作如下会计分录：

借：银行存款　2 000
　　贷：其他业务成本　2 000

四、库存商品的核算

(一) 工业企业库存商品的核算

库存商品是指企业已完成全部生产过程并验收入库，合乎标准规格和技术条件，可以按照合同规定的条件送交订货单位，或作为商品对外销售的产品以及外购或委托加工完成验收入库用于销售的各种商品。库存商品具体包括库存产成品、外购商品、存放在门市部准备出售的商品、发出展览的商品、寄存在外的商品、接受来料加工制造的代制品和为外单位加工修理的代修品等。

1. 账户设置

为了反映和监督库存商品的增减变动及其结存情况，工业企业应设置“库存商品”账户。该账户核算企业库存的各种商品的实际成本或计划成本，包括库存产成品、外购商品、存放在门市部准备出售的商品、发出展览的商品以及寄存在外的商品等。该账户应当按照库存商品的种类、品种和规格进行明细核算。

接受来料加工制造的代制品和为外单位加工修理的代修品，在制造和修理完成验收入库后，视同企业的产成品，通过本科目核算。已完成销售但购买单位在月末未提取的产品，不应作为企业的库存商品，而应作为代管商品处理，单独设置“代管商品”备查簿进行登记。

2. 工业企业库存商品的核算

工业企业库存商品可以采用实际成本核算，也可以采用计划成本核算，其方法与原材料相似。

企业生产的产成品一般应按实际成本核算，企业生产完成验收入库的产成品，按其实际成本，借记“库存商品”账户，贷记“生产成本”等账户。发出产成品的实际成本，可以采用先进先出法、加权平均法或个别认定法计算确定。

产成品种类较多的，也可按计划成本进行日常核算，其实际成本与计划成本的差异，可以单独设置“产品成本差异”科目核算(计划成本的确定以及成本差异率的计算参照“材料成本差异”科目)。产成品的收入、发出和销售，平时按计划成本进行核算，月末计算入库产成品的实际成本，按产成品的计划成本，借记“库存商品”账户；按其实际成本，贷记“生产成本”等账户；按实际成本与计划成本的差异，借记或贷记“产品成本差异”账户。

对外销售产成品(包括采用分期收款方式销售产成品)，结转销售成本时，借记“主营业务成本”账户，贷记“库存商品”账户。采用计划成本核算的，还应结转应分摊的实际成本与计划成本的差异。

【例 1-24】甲企业“商品入库汇总表”记载，某月已验收入库 A 产品 1 000 台，实际单位成本 2 000 元，计 2 000 000 元；B 产品 2 000 台，实际单位成本 500 元，计 1 000 000 元。甲企业应作如下会计处理：

借：库存商品——A 产品　　2 000 000
　　库存商品——B 产品　　1 000 000
　贷：生产成本——基本生产成本(A 产品)　　2 000 000
　　　生产成本——基本生产成本(B 产品)　　1 000 000

【例 1-25】甲企业月末汇总的发出商品中，当月已实现销售 A 产品 800 台，B 产品 1 500台。该月 A 产品实际单位成本 2 000 元，B 产品实际单位成本 500 元。结转其销售成本时，应作如下会计处理：

借：主营业务成本　　2 350 000
　贷：库存商品——A 产品　　1 600 000
　　　库存商品——B 产品　　750 000

（二）商业流通企业库存商品的核算

商品流通企业库存商品的核算分为购进和销售两个环节。常用的核算方法一般有毛利率法和售价金额核算法。

1. 毛利率法

毛利率法是根据本期销售净额乘以上期实际（或本期计划）毛利率匡算本期销售毛利，并据以计算发出存货和期末存货成本的一种方法。计算公式如下：

毛利率＝销售毛利/销售净额×100%　　　　销售净额＝商品销售收入－销售退回与折让

销售毛利＝销售净额×毛利率　　　　销售成本＝销售净额－销售毛利

期末存货成本＝期初存货成本＋本期购货成本－本期销售成本

【例 1-26】某商场 2014 年 4 月 1 日针织品存货 1 500 万元，本月购进 3 000 万元，本月销售收入 4 000 万元，上季度该类商品毛利率为 20%。本月已销商品和月末库存商品的成本计算如下：

销售毛利＝4 000×20%＝800（万元）　　　　本月销售成本＝4 000－800＝3 200（万元）

库存商品成本＝1 500＋3 000－3 200＝1 300（万元）

借：主营业务成本　　　　3 200

　贷：库存商品　　　　3 200

这一方法是商品批发企业常用的计算本期商品销售成本和期末库存商品成本的方法。商品流通企业由于经营商品的品种繁多，如果分品种计算商品成本，工作量将大大增加，而且一般来讲，商品流通企业同类商品的毛利率大致相同，采用这种存货计价方法既能减轻工作量，也能满足对存货管理的需要。

2. 售价金额核算法

售价金额核算法是指平时商品的购入、加工收回、销售均按售价记账，售价与进价的差额通过“商品进销差价”科目核算，期末计算进销差价率和本期已销商品应分摊的进销差价，并据以调整本期销售成本的一种方法。

$$\text{商品进销差价率}=\frac{\text{期初库存商品进销差价}+\text{本期购入商品进销差价}}{\text{期初库存商品售价}+\text{本期购入商品售价}}\times 100\%$$

本期已销商品应分摊的商品进销差价＝本期商品销售收入×商品进销差价率

本期销售商品的成本＝本期商品销售收入－本期已销商品应分摊的商品进销差价

$$\text{期末结存商品的成本}=\begin{matrix}\text{期初库存商品}\\\text{的进价成本}\end{matrix}+\begin{matrix}\text{本期购进商品}\\\text{的进价成本}\end{matrix}-\text{本期销售商品成本}$$

【例 1-27】某超市文具柜 2014 年 11 月期初库存商品的进价成本为 250 000 元，售价总额为 300 000 元，本月购进该商品的进价成本为 600 000 元，售价总额为 700 000 元，本月销售收入为 800 000 元。有关计算如下：

商品进销差价率 ＝（50 000＋100 000）÷（300 000＋700 000）＝ 15%

已销商品应分摊的商品进销差价＝800 000×15%＝120 000（元）

本期销售商品的实际成本＝800 000－120 000＝680 000（元）

期末结存商品的实际成本＝250 000＋600 000－680 000＝170 000（元）

企业的商品进销差价率各期之间是比较均衡的，因此，也可以采用上期商品进销差价率计算分摊本期的商品进销差价。年度终了，应对商品进销差价进行核实调整。

从事商业零售业务的企业（如百货公司、超市等）经营的商品种类、品种、规格等繁多，而且要求按商品零售价格标价，采用其他成本计算结转方法均较困难，因此广泛采用这一方法。

五、存货的期末计价与清查

（一）存货的期末计价

在会计期末编制资产负债表时，企业存货一般反映的是其历史成本，当存货市价下降时，存货获取收入的能力会相应降低。为了客观、准确地反映期末存货的实际成本，企业要对存货的期末价值进行确定。现行企业会计准则规定，企业应当按照成本与可变现净值孰低法，确定期末存货的价值。

1. 成本与可变现净值孰低法的含义

成本与可变现净值孰低法，是指对期末存货按照成本与可变现净值两者之中较低者进行计价的方法。即当成本低于可变现净值时，存货按成本计价；当可变现净值低于成本时，按可变现净值计价。其理论依据主要是使存货符合资产的定义。这里的“成本”是指存货的历史成本，“可变现净值”是指在正常生产经营过程中，以存货估计售价减去至完工估计将要发生的成本、估计的销售费用以及相关税金后的金额。企业确定存货的可变现净值时，应当以取得的可靠证据为基础，并且考虑持有存货的目的、资产负债表日后事项等因素的影响。

为了履约销售合同或劳务合同而持有的存货，通常应当以产成品或商品的合同价格作为其可变现净值的计量基础；如果企业持有存货数量多于销售合同定购数量，超出部分存货的可变现净值应当以产成品或商品一般销售价格作为计量基础；没有销售合同或劳务合同约定的存货，其可变现净值应当以产成品或商品一般销售价格或原材料的市场价格作为计量基础。对用于生产而持有的材料等，如果用其生产的产成品的可变现净值预计高于成本，则该材料应当按成本计量；如果材料价格下降表明产成品的可变现净值低于成本，则该材料应当按可变现净值计量。如果同一类存货，其中一部分有合同价格的约定，另一部分不存在合同价格，企业应当分别确定其期末可变现净值，并与其相对应的成本进行比较。

2. 比较成本与可变现净值孰低的方法

（1）单项比较法，也称逐项比较法或个别比较法，是指分别对每项存货的成本与可变现净值进行比较，每项存货均按较低者确定期末价值。

（2）分类比较法，指对每一种类存货的成本与可变现净值进行比较，并按较低者对存货进行期末计价。

（3）总额比较法，也称综合比较法，是指对全部存货的成本之和与全部存货的可变现净值进行比较，并按较低者对存货进行期末计价。我国企业会计制度规定，应按单个存货项目的成本与可变现净值计量，对于数量多、单价较低的存货，可以按存货类别计量成本与可变现净值。

3. 成本与可变现净值孰低法的账务处理

如果期末存货成本低于可变现净值，无需进行有关账务处理；如果期末存货的成本高于可变现净值，资产负债表中的存货价值应按可变现净值反映，需要对存货成本进行调整并进行相应的账务处理。具体的处理方法有直接转销法和备抵法，现行企业会计准则规定应当采用备抵法。

在备抵法下，需另外设置"存货跌价准备"账户，作为存货的备抵账户。每一会计期末，将成本高于可变现净值的差额作为应该计提的存货跌价准备，如果大于"存货跌价准备"账户期初余额，则应予以补提；反之，应冲销部分已提取数。提取和补提跌价准备时，借记"资产减值损失——计提的存货跌价准备"，贷记"存货跌价准备"；冲回或转销存货跌价损失时，作相反的账务处理。

【例 1-28】某公司 2014 年末存货成本为 295 000 元，按单项比较法确定的期末存货可变现净值为 278 000 元。该企业以前年度未曾计提存货跌价准备，则应作如下会计分录：

2014 年末应计提的存货跌价准备为 17 000 元(295 000−278 000)：

借：资产减值损失——计提的存货跌价准备　　17 000

　贷：存货跌价准备　　17 000

若 2014 年末按单项比较法确定的期末存货可变现净值为 275 000 元，则 2014 年末应计提的存货跌价准备为 20 000 元(295 000−275 000)，则应补提跌价准备 3 000 元(20 000−17 000)：

借：资产减值损失——计提的存货跌价准备　　3 000

　贷：存货跌价准备　　3 000

若 2014 年末按单项比较法确定的期末存货可变现净值为 290 000 元，则 2014 年末应计提的存货跌价准备为 5 000 元(295 000−290 000)，则应冲减多提的跌价损失 15 000 元(20 000−5 000)。

借：存货跌价准备　　15 000

　贷：资产减值损失——计提的存货跌价准备　　15 000

企业每期都应当重新确定存货的可变现净值。如果以前影响存货减值的因素已经消失，则减计的金额应当恢复，并在原已计提的存货跌价准备范围内转回，转回的金额应当减少计提的存货跌价准备。

(二)存货清查

1. 存货的清查方法

为了加强对存货的控制，维护存货的安全完整，企业应当定期或不定期对存货的实物进行盘点和抽查，以确定存货的实有数量，并与账面记录进行核对，确保存货账实相符。存货清查采用实地盘点、账实核对的方法。在每次进行清查盘点前，应将已经收发的存货数量全部登记入账，并准备盘点清册，抄列各种存货的编号、名称、规格和存放地点。盘点时，应在盘点清册上逐一登记各种存货的账面结存数量和实存数量，并进行核对。对于账实不符的存货，应查明原因，分清责任，并根据清查结果编制"存货盘存报告单"，作为存货清查的原始凭证。在进行存货清查盘点时，如果发现存货盘盈或盘亏，应于期末前查明原因，并根据企业的管理权限，报有关机构批准后，在期末结账前处理完毕。现实工作中，存货的数量要通过盘存来确定，常用的盘存方法主要有永续盘存制和实地盘存制两种方法。

(1)永续盘存制，又称账面盘存制，是指对存货收发业务逐日逐笔进行登记，随时结出账面结存数额的盘存方法。其计算公式为：期初存货成本+本期收入存货成本-本期发出存货成本=期末存货成本。在永续盘存制下，需要定期或不定期地对存货进行盘点，并核对实存数与账存数，发现不符，应及时查明原因，经批准后，在年度内予以处理。这种方法核算手续严密，能够及时反映各项存货的结存情况，有利于加强存货的控制和管理。但由于对每一规格和品种的存货都要进行明细分类核算，会计核算工作量比较大。

(2)实地盘存制，又称定期盘存制，平时在存货明细账中只登记存货增加数，不登记存货的减少数，期末通过实地盘存来确定期末存货实存数，得出期末存货成本。其计算公式为：期初存货成本+本期进货成本-期末存货成本=发出存货成本。采用这种方法不能随时反映和监督存货的收发情况，同时将所有的存货减少都计入本期发出存货的价值之中，有可能虚增发出存货的成本。

2. 存货盘盈与盘亏的会计处理

企业存货的品种繁多、数量庞大，可能因为种种原因造成存货账实不符。为了查清账实不符的原因，企业必须定期或不定期地对存货进行清查。存货清查主要采用实地盘点法，通过点数、过磅、量尺、计算等方法点清存货数量，并鉴定其质量。盘点结束后，根据盘点结果，编制“存货盘点盈亏报告表”，并及时调整存货账面结存数，其格式见表1-7。

表 1-7　**存货盘点盈亏报告表**　金额单位：元

存货类别	名称与规格	计量单位	结存数量		单价	盘盈		盘亏		原因
			账存	实存		数量	金额	数量	金额	
原材料	A 材料	千克	200	260	10	60	600			计量不足
	B 材料	千克	200	160	20			40	800	暴雨冲走
库存商品	甲商品	千克	100	130	70	30	2 100			自然升溢
	乙商品	千克	130	120	50			10	500	管理人员过失
产成品	X 产品	千克	1 000	1 200	10	200	2 000			计量不足
	Y 产品	千克	1 100	1 050	20			50	1 000	管理不善

企业存货的范围很广，这里仅以原材料、库存商品、产成品为例说明盘盈和盘亏的核算。

(1)原材料盘盈和盘亏的核算。

【**例 1-29**】原材料盘盈的核算。资料见表 1-7，对于 A 材料，作如下会计分录：

批准处理前：

借：原材料——A 材料　　600

　贷：待处理财产损溢　　600

按照审批意见，对由于计量原因引起的盘盈，冲减管理费用，则作如下会计分录：

借：待处理财产损溢　600

　贷：管理费用　600

【例 1-30】原材料盘亏的核算。资料见表 1-7，对于 B 材料，作如下会计分录：

批准处理前：

借：待处理财产损溢　800

　贷：原材料——B 材料　800

B 材料毁损经确认，保险公司赔偿 60%，其余经批准转入营业外支出，作如下账务处理：

借：其他应收款　480

　　营业外支出　320

　贷：待处理财产损溢　800

(2) 库存商品盘盈和盘亏的核算。

【例 1-31】库存商品盘盈的核算。资料见表 1-7，对于甲商品，作如下账务处理：

借：库存商品——甲商品　2 100

　贷：待处理财产损溢　2 100

如果实行售价核算，假设甲商品售价为 80 元，则作如下账务处理：

借：库存商品——甲商品　2 400

　贷：待处理财产损溢　2 100

　　　商品进销差价　300

经批准，冲减管理费用，作如下账务处理：

借：待处理财产损溢　2 100

　贷：管理费用　2 100

【例 1-32】库存商品盘亏的核算。资料见表 1-7，对于乙商品，作如下账务处理：

借：待处理财产损溢　500

　贷：库存商品——乙商品　500

如果实行售价核算，假设乙商品的单位售价为 60 元，作如下账务处理：

借：待处理财产损溢　500

　　商品进销差价　100

　贷：库存商品——乙商品　600

经批准，保险公司赔偿 40%，其余作其他损失处理，作如下账务处理：

借：其他应收款　200

　　管理费用　300

　贷：待处理财产损溢　500

(3) 产成品盘盈和盘亏的核算。

【例 1-33】产成品盘盈的核算。资料见表 1-7，对于 X 产品，作如下账务处理：

借：产成品——X 产品　2 000

　贷：待处理财产损溢　2 000

经批准，冲减管理费用，作如下会计分录：

借：待处理财产损溢　　2 000

　贷：管理费用　　2 000

【**例 1-34**】产成品盘亏的核算。资料见表 1-7，对于 Y 产品，作如下账务处理：

借：待处理财产损溢　　1 000

　贷：产成品——Y 产品　　1 000

经批准，盘亏产品价值的 80% 作为费用处理，20% 作为营业外支出，作如下账务处理：

借：管理费用　　800

　　营业外支出　　200

　贷：待处理财产损溢　　1 000

应该说明，企业发现盘盈、盘亏、毁损的存货，应于期末前查明原因，并根据企业的管理权限，经股东大会或董事会或类似机构批准后，在期末结账前处理完毕；如在期末结账前尚未批准的，在对外提供财务会计报告时应先按上述规定进行处理，并在会计报表附注中作出说明；如果其后批准处理的金额与已经处理的金额不一致，调整当期会计报表有关项目的年初数。

任务二　固定资产的核算

◎ 任务描述：

了解固定资产的特征和分类，掌握固定资产初始入账价值的计算、固定资产折旧的计算、固定资产后续支出的核算和固定资产的期末计量与处置的核算以及相关业务的账务处理方法。

◎ 技能目标：

1. 能计算不同方式取得固定资产的入账价值并进行相关会计处理；
2. 能使用不同的折旧方法计算固定资产折旧；
3. 能够对资本化的后续支出和费用化的后续支出进行会计处理；
4. 能够正确完成固定资产清查和处置的相关会计处理。

◎ 知识目标：

1. 了解固定资产概念、特征和分类；
2. 熟悉固定资产初始计量和期末计量；
3. 掌握固定资产的折旧方法；
4. 了解固定资产的后续支出和固定资产处置。

◎ 任务导入：

2014 年 1 月，某高校会计专业毕业生张三到 A 公司进行顶岗实习，A 公司为增值税一般纳税人，增值税税率为 17%。2014 年发生的固定资产业务资料如下：

(1) 2014 年 1 月 30 日，企业管理部门购入一台不需安装的 B 设备，取得的增值税专用发票上注明的设备价款 600 万元，增值税额 102 万元，另发生运杂费 5 万元，款项均以银行存款支付。B设备当日投入使用，预计使用10年，净残值为5万元，决定采用年限平均法计提折旧。

(2)2014年7月10日，A公司生产车间购入一台需要安装的C设备，取得的增值税专用发票上注明的设备价款500万元，增值税额85万元，另发生保险费10万元，款项均以银行存款支付。同年8月11日，将C设备投入安装，以银行存款支付安装费5万元。C设备于8月25日达到预定使用状态，并投入使用。C设备采用工作量法计提折旧，预计净残值为15万元，预计总工时为5万小时。9月，C设备实际使用工时为1 000小时，10月实际使用工时为1 200小时，11月和12月实际使用工时均为1 100小时。

(3)2014年9月，由于资金紧张，A公司决定处置B设备，以筹集资金。B设备售价500万元，增值税额85万元，以上款项均已收到并存入银行。

请问：张三应如何进行上述固定资产业务的账务处理？

一、固定资产的确认与初始计量

(一)固定资产的确认

固定资产是企业赖以生存的物质基础，是企业产生效益的源泉，关系到企业的运营与发展。企业科学管理和正确核算固定资产，有利于促进企业正确评估固定资产的整体情况，提高资产使用效率，降低生产成本，保护固定资产的安全完整，实现资产的保值增值，增强企业的综合竞争实力。

1. 固定资产的定义及特征

固定资产是指同时具有以下特征的有形资产：为生产商品、提供劳务、出租或经营管理而持有；使用寿命超过一个会计年度。未作为固定资产管理的工具、器具，作为低值易耗品核算。从固定资产的定义看，固定资产具有以下三个特征：

(1)固定资产是为生产商品、提供劳务、出租或经营管理而持有。固定资产用于企业生产、提供商品或服务、出租或企业经营管理，而不是为了转卖，即企业持有的固定资产是企业的劳动工具或手段，而不是用于出售的产品。其中出租的固定资产，是指企业以经营租赁方式出租的机器设备类固定资产，不包括以经营租赁方式出租的建筑物，后者属于企业的投资性房地产，不属于固定资产。

(2)固定资产的使用寿命超过一个会计年度。固定资产的使用寿命，是指企业使用固定资产的预计期间，或者该固定资产能生产产品或提供劳务的数量。通常情况下，固定资产的使用寿命是指使用固定资产的预计期间，比如自用房屋建筑物的使用寿命表现为企业对该建筑物的预计使用年限。对于某些机器设备或运输设备等固定资产，其使用寿命表现为以该固定资产所能生产产品或提供劳务的数量，如汽车或飞机等按其预计行驶或飞行里程估计使用寿命。固定资产的使用寿命超过一个会计年度，意味着固定资产属于非流动资产，随着使用和磨损，通过计提折旧方式逐渐减少账面价值。对固定资产计提折旧，是对固定资产进行后续计量的重要内容。

(3)固定资产为有形资产。固定资产具有实物特征，这一特征将固定资产与无形资产区别开来。有些无形资产可能符合固定资产的其他特征，如无形资产为生产商品、提供劳务而持有，使用寿命超过一个会计年度，但是，由于其没有实物形态，所以不属于固定资产。

2. 固定资产的确认

固定资产在符合定义的前提下，只有同时满足以下两个确认条件，才能予以确认。

(1)与该固定资产有关的经济利益很可能流入企业。资产最重要的特征是预期会给企业带来经济利益。企业在确认固定资产时，需要判断与该项固定资产有关的经济利益是否很可能流入企业。如果与该项固定资产有关的经济利益很可能流入企业，并同时满足固定资产确认的其他条件，那么，企业应将其确认为固定资产；否则，不应将其确认为固定资产。

在实务中，判断与固定资产有关的经济利益是否很可能流入企业，主要判断与该固定资产所有权相关的风险和报酬是否转移到企业。与固定资产所有权相关的风险，是指由于经营情况变化造成的相关收益的变动，以及由于资产闲置、技术陈旧等原因造成的损失；与固定资产所有权相关的报酬，是指在固定资产使用寿命内使用该资产而获得的收入，以及处置该资产所实现的利得等。

(2)该固定资产的成本能够可靠计量。成本能够可靠地计量是资产确认的一项基本条件。企业在确定固定资产成本时必须取得确凿证据，但是，有时需要根据所获得的最新资料，对固定资产的成本进行合理的估计。比如，企业对于已达到预定可使用状态但尚未办理竣工决算的固定资产，需要根据工程预算、工程造价或者工程实际发生的成本等资料，按估计价值确定其成本，办理竣工决算后，再按照实际成本调整原来的暂估价值。

企业在对固定资产进行确认时，对符合固定资产特征和确认条件的有形资产，应当确认为固定资产，不符合的确认为存货。对于企业的环保设备和安全设备等资产，虽然不能直接为企业带来经济利益，但有助于企业从相关资产获得经济利益，也应当确认为固定资产，这类资产与相关资产的账面价值之和不能超过这两类资产可收回金额总额。对于固定资产的各组成部分，如果各自具有不同的使用寿命或者以不同的方式为企业提供经济利益，从而适用不同的折旧率或折旧方法，应当单独确认为固定资产。

3. 固定资产的分类

根据不同的管理需要和核算要求以及不同的分类标准可将企业的固定资产分为以下几种：

(1)按经济用途分类，可分为生产经营用固定资产和非生产经营用固定资产。

生产经营用固定资产，是指直接服务于企业生产、经营过程的各种固定资产，如生产经营用的房屋、建筑物、机器、设备、器具、工具等。

非生产经营用固定资产，是指不直接服务于生产、经营过程的各种固定资产，如职工宿舍等使用的房屋、设备和其他固定资产等。

按照固定资产的经济用途分类，可以归类反映和监督企业生产经营用固定资产和非生产经营用固定资产之间，以及生产经营用各类固定资产之间的组成和变化情况，借以考核和分析企业固定资产的利用情况，促使企业合理地配备固定资产，充分发挥其效用。

(2)按固定资产的经济用途和使用情况等综合分类，可把企业的固定资产划分为七大类：生产经营用固定资产、非生产经营用固定资产、租出固定资产(指在经营租赁方式下出租给外单位使用的固定资产)、不需用固定资产、未使用固定资产、土地、融资租入固定资产。

在实际工作中，企业大多采用综合分类的方法作为编制固定资产目录、进行固定资产核算的依据。

(二)固定资产的初始计量

1. 固定资产初始计量原则

固定资产的初始计量是指固定资产初始成本的确定。固定资产应按成本进行初始计量。固定资产成本是指企业购建某项固定资产达到预定可使用状态前所发生的一切合理、必要的支出。这些支出既包括直接发生的价款、相关税费、运杂费、包装费和安装成本等，也包括间接发生的其他一些费用。

在确定固定资产的原始价值时，有一个很重要的问题需要注意，即企业购建固定资产而借入款项所发生的借款费用资本化的会计处理问题。我国会计准则规定，在固定资产达到预定可使用状态之前发生的借款费用，按规定计算应予资本化的金额计入购建资产的价值，不能资本化的部分计入当期费用；在固定资产达到预定可使用状态之后发生的，计入当期费用，不能资本化。另外，有些企业的部分固定资产在确定其原始价值时还应该考虑弃置费用问题。弃置费用通常是指根据国家法律、国际公约等规定，企业承担的环境保护和生态恢复等义务所确定的支出，如核电站核设施等的弃置和恢复环境义务等。固定资产弃置费用的发生是未来事项，如果符合预计负债确认条件，在确定固定资产原始价值时，应当将弃置费用未来发生额的现值体现在原始价值中，同时以相应的金额确认企业的预计负债。如果不符合预计负债的确认条件，弃置费用在实际发生时，应当计入当期损益。

2. 固定资产初始成本的构成

根据固定资产的来源渠道，其价值构成的具体内容如下：

(1)企业购置的不需要经过建造过程即可使用的固定资产，按实际支付的买价加上场地整理费、装卸费、运输费、安装费和专业人员服务费等作为入账价值。

企业用一笔款项购入多项没有单独标价的固定资产时，应按各项固定资产公允价值的比例对总成本进行分配，以确定各项固定资产的入账价值。

(2)自行建造的固定资产，按建造该项资产达到预定可使用状态前所发生的必要支出作为入账价值。

(3)对于投资者投入的固定资产，企业在办理固定资产移交手续之后，应按投资合同或协议约定的价值加上应支付的相关税费作为固定资产的入账价值，但合同或协议约定价值不公允的除外。

(4)融资租入的固定资产，按租赁开始日租赁资产公允价值与最低租赁付款额的现值两者中较低者作为入账价值。承租人在租赁谈判和签订租赁合同过程中发生的，可归属于租赁项目的手续费、律师费、印花税等初始直接费用应计入租入资产价值。

(5)在原有固定资产的基础上进行改建、扩建的，按原固定资产的账面价值，加上由于改建、扩建而使该项资产达到预定可使用状态前发生的支出，减去改建、扩建过程中发生的变价收入作为入账价值。

(6)接受捐赠的固定资产，应按以下规定确定其入账价值：

捐赠方提供了有关凭据的，按凭据上标明的金额加上应支付的相关税费作为入账价值。

捐赠方没有提供有关凭据的，按如下顺序确定其入账价值：

同类或类似固定资产存在活跃市场的，按同类或类似固定资产的市场价格估计的金额加上应支付的相关税费，作为入账价值。

同类或类似固定资产不存在活跃市场的，按该项固定资产的预计未来现金流量现值作为入账价值。

如受赠的系旧固定资产，按照上述方法确认的价值减去按该项资产的新旧程度估计的价值损耗后的余额，作为入账价值。

(7)盘盈的固定资产，按同类或类似固定资产的市场价格，减去按该项资产的新旧程度估计的价值损耗后的余额，作为入账价值。如果同类或类似固定资产不存在活跃市场，按该项固定资产的预计未来现金流量现值作为入账价值。

(8)经批准无偿调入的固定资产，按调出单位的账面价值加上发生的运输费、安装费等相关费用，作为入账价值。

固定资产的入账价值还应当包括企业为取得固定资产而缴纳的契税、耕地占用税、车辆购置税等相关税费。

二、固定资产取得的核算

(一)外购固定资产的核算

1. 账户设置

(1)“固定资产”账户，资产类账户，核算企业固定资产原始价值的增减变动和结存情况。固定资产的成本即原始价值，也称为原价或原值。账户的借方登记固定资产原始价值的增加额，贷方登记固定资产原始价值的减少额。期末余额在借方，表示期末企业现有固定资产的原始价值。本账户应当按照固定资产类别或项目进行明细核算。企业还应当设置“固定资产登记簿”和“固定资产卡片”，按固定资产类别、使用部门和每项固定资产进行明细核算。

企业以经营租赁方式租入的固定资产发生的改良支出，应在本科目设置“经营租入固定资产改良”明细科目进行核算。企业融资租入的固定资产，应在本科目设置“融资租入固定资产”明细科目进行核算。

(2)“在建工程”账户，核算企业基建、更新改造等在建工程发生的支出，借方登记企业各项在建工程的实际支出，贷方登记完工工程转出的成本，期末借方余额反映企业尚未达到预定可使用状态的在建工程的成本。本科目应当按照“建筑工程”、“安装工程”、“在安装设备”、“待摊支出”以及单项工程进行明细核算。在建工程发生减值，应在本科目设置“减值准备”明细科目进行核算。

2. 账务处理

(1)购入不需要安装的固定资产。购入时，按实际支付的价款，包括买价、运输费、保险费、包装费等，借记“固定资产”账户，贷记“银行存款”等科目。

【例1-35】2014年4月某企业以银行存款购入一台生产用不需要安装的设备，发票价格300 000元，增值税额51 000元，包装费800元，运费1 200元，该设备已交付使用。企业应作会计分录：

借：固定资产——生产经营用固定资产 302 000
　　应交税费——应交增值税(进项税额) 51 000
　贷：银行存款 353 000

(2)购入需要安装的固定资产。企业外购的固定资产若需要安装之后才能使用，按照外购价款、相关税费以及企业为使固定资产达到预定可使用状态前所支付的相关安装费，借记“在建工程”账户，待固定资产交付使用之后，将其转入“固定资产”账户。

【例1-36】2014年4月某企业从A公司购入生产用需要安装的机器一台，买价200 000元，适用增值税税率17%，包装费2 000元，运费2 000元，购入后发生安装费3 000元。所有款项以银行存款支付。该机器安装完毕后交付使用。企业应作如下会计分录：

购入机器时：

借：在建工程 204 000
　　应交税费——应交增值税(进项税额) 34 000
　贷：银行存款 238 000

发生安装费用时：

借：在建工程 3 000
　贷：银行存款 3 000

安装完毕后交付使用时：

借：固定资产——生产经营用固定资产 207 000
　贷：在建工程 207 000

(3)一揽子购入固定资产。在实际工作中，企业可能以一笔款项购入多项没有单独标价的资产。如果这些资产均符合固定资产的定义，并满足固定资产的确认条件，则应将各项资产单独确认为固定资产，并按各项固定资产公允价值的比例对总成本进行分配，分别确定各项固定资产的成本。如果以一笔款项购入的多项资产中还包括固定资产以外的其他资产，也应按类似的方法予以处理。

【例1-37】甲公司为一家制造企业。2014年4月，为降低采购成本，向乙公司一次购入3套不同型号且不同生产能力的A、B和C三种设备。甲公司为该批设备共支付货款7 800 000元，增值税进项税额1 326 000元(假设按税法规定可以抵扣)，包装费42 000元，全部以银行存款支付；假定A、B和C设备分别满足固定资产确认条件，公允价值分别为2 926 000元、3 594 800元和1 839 200元；甲公司实际支付的货款等于计税价格，不考虑其他相关税费。甲公司的会计处理如下：

确定应计入固定资产成本的金额，包括购买价款、包装费等，即：

7 800 000+42 000=7 842 000(元)

确定A、B和C设备的价值分配比例：

A设备应分配的固定资产价值比例为：

2 926 000/(2 926 000+3 594 800+1 839 200)=35%

B设备应分配的固定资产价值比例为：

3 594 800/(2 926 000+3 594 800+1 839 200)=43%

C 设备应分配的固定资产价值比例为：

1 839 200/(2 926 000+3 594 800+1 839 200) = 22%

确定 A、B 和 C 设备各自的成本：

A 设备的成本 = 7 842 000×35% = 2 744 700（元）

B 设备的成本 = 7 842 000×43% = 3 372 060（元）

C 设备的成本 = 7 842 000×22% = 1 725 240（元）

进行如下账务处理：

借：固定资产——A 设备　　2 744 700

　　固定资产——B 设备　　3 372 060

　　固定资产——C 设备　　1 725 240

　　应交税费——应交增值税（进项税额）　　1 326 000

　贷：银行存款　　9 168 000

（二）自行建造固定资产的核算

1. 账户设置

企业自行建造固定资产用到的账户主要是“工程物资”账户。该账户核算企业为在建工程准备的各种物资的价值，包括工程用材料、尚未安装的设备以及为生产准备的工器具等。该科目借方登记企业购入工程物资的成本，贷方登记领用工程物资的成本，期末借方余额反映企业为在建工程准备的各种物资的成本。该账户应当按照“专用材料”、“专用设备”、“工器具”等进行明细核算。

工程物资发生的减值准备，应在本科目设置“减值准备”明细科目进行核算，也可以单独设置“工程物资减值准备”科目进行核算。

2. 账务处理

企业自行建造固定资产包括自营建造和出包建造两种方式。无论采用何种方式，所建工程都应当按照实际发生的支出确定其工程成本。

(1) 自营方式建造固定资产。企业以自营方式建造固定资产，是指企业自行组织工程物资采购，自行组织施工人员从事工程施工，完成固定资产建造。实务中，企业较少采用自营方式建造固定资产，多数情况下采用出包方式。企业如以自营方式建造固定资产，其成本应当按照直接材料、直接人工、直接机械施工费等计量。

企业为建造固定资产准备的各种物资应当按照实际支付的买价、运输费、保险费等作为实际成本，并按照各种专项物资的种类进行明细核算。工程完工后，剩余的工程物资转为本企业存货，按其实际成本或计划成本进行结转。建设期间发生的工程物资盘亏、报废及毁损，减去残料价值以及保险公司、过失人等赔款后的净损失，计入所建工程项目的成本；盘盈的工程物资或处置净收益，冲减所建工程项目的成本。工程完工后发生的工程物资盘盈、盘亏、报废、毁损，计入当期营业外收支。

建造固定资产领用工程物资、原材料或库存商品，应按其实际成本转入所建工程成本。自营方式建造固定资产应负担的职工薪酬，辅助生产部门为之提供的水、电、修理、运输等劳务，以及其他必要支出等也应计入所建工程项目的成本。

符合资本化条件、应计入所建造固定资产成本的借款费用按照《企业会计准则第 17

号——借款费用》的有关规定处理。

企业以自营方式建造固定资产，发生的工程成本应通过“在建工程”科目核算，工程完工达到预定可使用状态时，从“在建工程”科目转入“固定资产”科目。

【例 1-38】2014 年 4 月，某企业自行建造一生产车间，建造期间发生下列经济业务：

购入为工程准备的物资一批，买价300 000元，增值税额51 000元，运费4 000元，以银行存款支付，作如下会计分录：

借：工程物资　　355 000

　贷：银行存款　　355 000

领用工程物资355 000元，作如下会计分录：

借：在建工程——厂房　　355 000

　贷：工程物资　　355 000

由于工程需要，领用本企业生产的电机一台，生产成本2 400元，售价3 100元，应计增值税为 527 元(3 100×17%)，作如下会计分录：

借：在建工程——厂房　　2 927

　贷：库存商品　　2 400

　　　应交税费——应交增值税(销项税额)　　527

计算应付自营工程人员工资118 000元，作如下会计分录：

借：在建工程——厂房　　118 000

　贷：应付职工薪酬　　118 000

分配并结转辅助生产部门提供的水、电、运输劳务等费用34 000元，作如下会计分录：

借：在建工程——厂房　　34 000

　贷：生产成本——辅助生产成本　　34 000

生产车间达到预定可使用状态，作如下会计分：

借：固定资产——生产经营用固定资产　　509 927

　贷：在建工程——厂房　　509 927

(2)出包方式建造固定资产 。这是指企业采用招标等方式将工程项目承包给建筑商，由建筑商组织施工的建筑工程和安装工程。企业的新建、改建、扩建等建设项目，通常采用出包方式。

企业采用出包方式建造固定资产，一般应在与承包单位签订合同的基础上预先支付一部分工程款，以后在施工过程中按期清算，工程完工时与承包单位结清全部工程款。

采用此种方式购建固定资产时，具体支出主要由建造商核算，出包单位主要通过“在建工程”账户核算与承包单位进行的工程价款的结算。企业与承包单位进行工程价款结算时，按照结算金额借记“在建工程”账户，贷记“银行存款”账户。该固定资产完工交付使用时，按照全部结算款项，结转工程成本，借记“固定资产”账户，贷记“在建工程”账户。

【例 1-39】某公司新建行政办公楼一栋，通过竞争招标，A 建筑公司中标。出包合同工程价款为 8 000 000 元，工程开工时预付工程款 40%，其余工程款于工程验收时一次结算。

预付工程价款的40%，计3 200 000元，作如下会计分录：

借：在建工程——出包工程　　3 200 000

　贷：银行存款　　3 200 000

工程经验收合格，将工程余款4 800 000元付给建筑公司，作如下会计分录：

借：在建工程——出包工程　　4 800 000

　贷：银行存款　　4 800 000

办公楼交付使用，计造价8 000 000元，作如下会计分录：

借：固定资产　　8 000 000

　贷：在建工程——出包工程　　8 000 000

(三)其他方式取得固定资产的核算

1. 投资者投入固定资产的核算

投资者投入固定资产的成本应当按照投资合同或协议约定的价值确定，借记"固定资产"科目，贷记"实收资本"或"股本"等科目，但合同或协议约定价值不公允的除外。

【例1-40】2014年4月甲公司接受乙公司设备一套作为投资，投资合同约定的价值为200 000元，不考虑相关税费。甲公司应作如下会计分录：

借：固定资产——生产经营用固定资产　　200 000

　贷：实收资本——乙公司　　200 000

2. 接受捐赠固定资产的核算

接受捐赠的固定资产，企业并未支付任何代价，或仅支付象征性的代价(如过户登记手续费等)。由于无须偿还，故不属于负债；又无须向捐出方分配利润，不能作为实收资本或股本核算。因此，接受捐赠而增加的资产，会计上计入营业外收入。接受捐赠时，按确定的入账价值，借记"固定资产"账户，贷记"营业外收入"账户；若有支付的相关税费，再贷记"银行存款"等账户。

【例1-41】某公司接受甲人士捐赠旧设备一台，根据设备的发票确定其价值为72 000元，估计折旧为8 000元，发生运费、包装费计1 000元。公司收到捐赠设备时应作会计分录：

借：固定资产　　65 000

　贷：营业外收入　　64 000

　　　银行存款　　1 000

3. 固定资产盘盈的核算

固定资产盘盈是指企业在进行财产清查盘点中发生的固定资产的实存数量超过账面数量而出现的盈余。《企业会计准则第4号——固定资产》将固定资产盘盈作为前期差错进行会计处理，是因为固定资产出现盘盈是由于企业无法控制的因素，而盘盈的可能性是极小甚至不可能的，企业出现固定资产的盘盈必定是企业以前会计期间少计、漏计而产生的，应当作为会计差错进行更正处理，这样也能在一定程度上控制人为调节利润的可能性。

【例1-42】某公司于2014年6月8日对企业全部的固定资产进行盘查，盘盈1台六成新的机器设备，该设备同类产品市场价格为100 000元，所得税税率为25%，按10%提取法定盈余公积金。该公司的有关会计处理为：

借：固定资产	100 000	
贷：累计折旧		40 000
以前年度损益调整		60 000
借：以前年度损益调整	15 000	
贷：应交税费——应交所得税		15 000
借：以前年度损益调整	4 500	
贷：盈余公积——法定盈余公积		4 500
借：以前年度损益调整	40 500	
贷：利润分配——未分配利润		40 500

非货币性资产交换取得的固定资产的成本，应根据《企业会计准则第 7 号——非货币性资产交换》的要求加以确定。

债务重组取得的固定资产的成本，应根据《企业会计准则第 12 号——债务重组》的要求按其公允价值入账。

应当计入固定资产成本的借款费用，应根据《企业会计准则第 17 号——借款费用》的规定处理。

企业合并取得的固定资产的成本，应根据《企业会计准则第 20 号——企业合并》的要求加以确定。

融资租赁取得的固定资产的成本，应根据《企业会计准则第 21 号——租赁》的要求加以确定。

三、固定资产折旧与后续支出核算

（一）固定资产折旧的核算

1. 固定资产折旧概述

固定资产折旧是指企业的固定资产由于磨损和损耗而逐渐转移的价值，从本质上讲，折旧是一种费用，是固定资产在使用过程中由于逐渐损耗而减少的那部分价值。固定资产损耗分有形损耗和无形损耗。有形损耗是指固定资产由于使用和自然力的影响而引起的使用价值和价值的损失；无形损耗是指固定资产由于科学技术进步而引起的价值上的损失。根据配比原则，对固定资产损耗的价值，应在固定资产的预计有效使用期内，以计提折旧的方式计入各期成本费用，从各期营业收入中逐步得到补偿。

企业应当在固定资产的使用寿命内，按照确定的方法对应计折旧额进行系统分摊。影响折旧的因素主要有以下几个方面：

(1) 固定资产原价，是指固定资产的成本。

(2) 预计净残值，是指假定固定资产预计使用寿命已满并处于使用寿命终了时的预期状态，企业目前从该项资产处置中获得的扣除预计处置费用后的金额。

(3) 固定资产减值准备，是指固定资产已计提的固定资产减值准备累计金额。

(4) 固定资产的使用寿命，是指企业使用固定资产的预计期间，或者该固定资产所能生产产品或提供劳务的数量。

企业应当根据固定资产的性质和使用情况，合理确定固定资产的使用寿命和预计净残值。固定资产的使用寿命、预计净残值一经确定，不得随意变更，如要变更，应当作为会计估计变更，但是符合《企业会计准则第4号——固定资产》第19条规定的除外。

《企业会计准则第4号——固定资产》规定，企业应对所有的固定资产计提折旧，但已提足折旧仍继续使用的固定资产和单独计价入账的土地除外。

在确定计提折旧的范围时，还应注意以下几点：

(1)固定资产应当按月计提折旧。固定资产应自达到预定可使用状态时开始计提折旧，终止确认时或划分为持有待售非流动资产时停止计提折旧。为了简化核算，固定资产应用指南仍沿用了实务中的做法：当月增加的固定资产，当月不计提折旧，从下月起计提折旧；当月减少的固定资产，当月仍计提折旧，从下月起不计提折旧。

(2)固定资产提足折旧后，不论能否继续使用，均不再计提折旧，提前报废的固定资产也不再补提折旧。所谓提足折旧，是指已经提足该项固定资产的应计折旧额。

(3)已达到预定可使用状态但尚未办理竣工决算的固定资产，应当按照估计价值确定其成本，并计提折旧；待办理竣工决算后再按实际成本调整原来的暂估价值，但不需要调整原已计提的折旧额。

2. 固定资产折旧的计提方法

企业应当根据与固定资产有关的经济利益的预期实现方式，合理选择固定资产折旧方法。可选用的折旧方法包括年限平均法、工作量法、双倍余额递减法和年数总和法等。

(1)年限平均法，是指将固定资产的可折旧价值平均分摊于其可折旧年限内的一种方法。这种折旧方法假定固定资产依使用年限均匀损耗，按使用年限平均计提折旧，因此，在使用期内的各会计期间(年份或月份)计提的折旧额相等，折旧的积累额呈一直线上升的趋势，故这种方法又称直线法，该方法的优点是简便易行，缺点是忽视固定资产的使用状态，未考虑无形损耗。这种方法适用于在各个会计期间使用程度比较均衡的固定资产。其计算公式为：

$$\text{月折旧额} = \text{固定资产原值} \times \text{月折旧率} \qquad \text{月折旧率} = \text{年折旧率} \div 12$$

$$\text{某项固定资产年折旧率} = \frac{\text{该项固定资产年折旧额}}{\text{该项固定资产原值}} \times 100\%$$

$$\text{某项固定资产年折旧额} = \frac{\text{该项固定资产原值} - \text{预计残值} + \text{预计清理费用}}{\text{该项固定资产预计使用年限}}$$

【例1-43】甲公司有一幢厂房，原价为10 000 000元，预计可使用20年，预计报废时的净残值率为2%。该厂房的折旧率和折旧额的计算如下：

年折旧率=(1-2%)/20=4.9%　　　月折旧率=4.9%/12=0.41%

月折旧额=10 000 000×0.41%=41 000(元)

【例1-44】某企业2014年4月购置厂房原值为80 000元，预计净残值为5 000元，预计使用寿命为20年，则2014年计提的折旧额为多少？

固定资产当月增加当月不提折旧下月计提。

$$2014\text{年应计提的折旧额} = \frac{80\,000 - 5\,000}{20} \times \frac{8}{12} = 2\,500(\text{元})$$

(2)工作量法，又称作业量法，是根据固定资产在使用期间完成的总的工作量平均计算折旧的一种方法。工作量法和平均年限法都是平均计算折旧的方法，都属直线法。但是，工作量法假定固定资产在使用期内依工作量均匀损耗，按工作量平均计算折旧，在一定期间内固定资产的工作量越多，其计提的折旧也就越多。因此，固定资产在各会计期间的工作量不同，其计提的折旧额也就不相等，这与平均年限法又有所不同，其优点是简单实用，考虑了固定资产的使用程度，缺点是未考虑无形损耗，这种方法适用于损耗程度与完成工作量成正比关系的固定资产或者在使用期内不能均衡使用的固定资产。工作量法的基本计算公式如下：

单位工作量折旧额＝固定资产原价×(1－预计净残值率)÷预计总工作量

某项固定资产月折旧额＝该项固定资产当月工作量×单位工作量折旧额

【例 1-45】某企业的一辆运货卡车的原价为1 000 000元，预计总行驶里程为500 000公里，预计报废时的净残值率为5%，本月行驶4 000公里。该汽车的月折旧额计算如下：

单位里程折旧额＝1 000 000×(1－5%)/500 000＝1. 9(元/公里)

本月折旧额＝4 000×1. 9＝7 600(元)

(3)双倍余额递减法，是指固定资产的损耗价值以年初固定资产账面净值为基数，以直线折旧率的两倍为定率计算提取的方法。这种方法各年的折旧率是固定的，折旧额呈递减趋势。在计提折旧时，要注意各年计提折旧后，固定资产账面净值不能低于预计固定资产残值，即实行双倍余额递减法计提折旧的固定资产，应当在其固定资产折旧年限到期以前两年内，将固定资产净值扣除预计净残值后的余额平均摊销。计算公式如下：

年折旧率 ＝ 2÷预计使用年限×100%　　　月折旧率 ＝ 年折旧率÷12

月折旧额 ＝ 固定资产账面净值×月折旧率

【例 1-46】某公司新增生产设备一台，其原值为 50 000 元，预计净残值 2 000 元，预计使用 5 年。采用双倍余额递减法计提折旧。

年折旧率为：2/5×100% ＝40%

折旧计算如表 1-8 所示：

表 1-8　**折旧计算表(双倍余额递减法)**

年次	年初净值	折旧率	折旧额	累计折旧	年末净值
1	50 000	40%	20 000	20 000	30 000
2	30 000	40%	12 000	32 000	18 000
3	18 000	40%	72 00	39 200	10 800
4	10 800		4 400	43 600	6 400
5	6 400		4 400	48 000	2 000

(4)年数总和法，是以固定资产的原值减去预计净残值后的净额为基数，以一个逐年递减的分数为折旧率，计算各年固定资产折旧额的一种折旧方法。这种方法的特点是：计算折旧的基数是固定不变的，折旧率依固定资产尚可使用年限来确定，各年折旧率呈递减

趋势，依此计算的折旧额也呈递减趋势。

年数总和法的各年折旧率，是以固定资产尚可使用年限作分子，以固定资产使用年限的逐年数字之和作分母。折旧率各年不同，假定固定资产使用年限为 n 年，分母即为 $1+2+3+\cdots+n=n(n+1)/2$。公式如下：

$$年折旧率=\frac{预计使用年限-已使用年限}{预计使用年限}\times(1+预计使用年限)\div2\times100\%$$

$$年折旧额=应计折旧额\times年折旧率 \qquad 月折旧额=年折旧额/12$$

【例 1-47】承【例 1-46】，如果采用年数总和法计提折旧，则编制的折旧计算表如表 1-9 所示：

表 1-9 **折旧计算表(年数总和法)**

年次	应计折旧额	折旧率	折旧额	累计折旧	年末净值
1	48 000	5/15	16 000	16 000	34 000
2	48 000	4/15	12 800	28 800	21 200
3	48 000	3/15	9 600	38 400	11 600
4	48 000	2/15	6 400	44 800	5 200
5	48 000	1/15	3 200	48 000	2 000

以上四种计提折旧方法，前两种是平均折旧法，后两种是加速折旧法。企业应根据自身经营性质和特点，选择固定资产折旧方法。固定资产折旧方法一经确定，不得随意变更。如需变更，应将变更的内容及原因在变更当期会计报表附注中说明。

3. 固定资产折旧的账务处理

(1)账户设置。企业应当设置“累计折旧”账户。该账户属于“固定资产”的调整科目，核算企业固定资产的累计折旧，贷方登记企业计提的固定资产折旧，借方登记处置固定资产转出的累计折旧，期末贷方余额反映企业固定资产的累计折旧额。该账户应当按照固定资产的类别或项目进行明细核算。企业按月计提固定资产折旧，借记“制造费用”、“销售费用”、“管理费用”、“其他业务成本”、“研发支出”等科目，贷记本科目。

(2)账务处理。企业计提固定资产折旧时，应以月初可提取折旧的固定资产账面原值为依据，遵循当月增加的固定资产当月不提折旧、当月减少或停用的固定资产当月照提折旧的原则，在上月计提折旧的基础上，考虑上月固定资产的增减情况，对折旧额进行调整后计算当月折旧额。计算公式如下：

$$\begin{matrix}当月应提\\折旧额\end{matrix}=\begin{matrix}上月固定资产\\计提的折旧额\end{matrix}+\begin{matrix}上月增加固定资产\\应计提折旧额\end{matrix}-\begin{matrix}上月减少固定资产\\应计提折旧额\end{matrix}$$

实务中，企业各期折旧的计提一般通过编制“固定资产折旧计算表”来完成。

【例 1-48】某公司 2014 年 6 月的固定资产折旧计算表见表 1-10。

表 1-10　**固定资产折旧计算表**　单位：元

使用部门	固定资产项目	上月折旧额	上月增加固定资产		上月减少固定资产		本月
			原价	折旧额	原价	折旧额	折旧额
车间	厂房	5 000					5 000
	机器设备	8 000	60 000	1 200			9 200
	小计	13 000	60 000	1 200			14 200
管理部门	房屋建筑	4 000			30 000	500	3 500
	小计	4 000			30 000	500	3 500
合计		17 000	60 000	1 200	30 000	500	17 700

借：制造费用　14 200
　　管理费用　3 500
　贷：累计折旧　17 700

(二)固定资产后续支出核算

固定资产的后续支出是指固定资产使用过程中发生的更新改造支出、修理费用等。后续支出的处理原则为：符合固定资产确认条件的，应当计入固定资产成本，同时将被替换部分的账面价值扣除；不符合固定资产确认条件的，应当计入当期损益。

1. 资本化后续支出的核算

固定资产发生可资本化的后续支出时，企业一般应将该固定资产的原价、已计提的累计折旧和减值准备转销，将固定资产的账面价值转入在建工程，并停止计提折旧。发生的后续支出，通过“在建工程”科目核算。在固定资产完工并达到预定可使用状态时，再从在建工程转为固定资产，并按重新确定的使用寿命、预计净残值和折旧方法计提折旧。

【例 1-49】A 公司是一家印刷企业，有关资料如下：

2011 年 12 月，该公司自行建成了一条印刷生产线，建造成本为568 000元，采用年限平均法计提折旧，预计净残值率为固定资产原价的 3%，预计使用年限为 6 年。

2014 年 1 月 1 日，由于生产的产品适销对路，现有生产线的生产能力已难以满足公司生产发展的需要，但若新建生产线成本过高，周期过长，于是公司决定对现有生产线进行改扩建，以提高其生产能力。假定该生产线未发生减值。

2014 年 1 月 1 日至 3 月 31 日，经过 3 个月的改扩建，完成了对这条印刷生产线的改扩建工程，共发生支出268 900元，全部以银行存款支付。

该生产线改扩建工程达到预定可使用状态后，大大提高了生产能力，预计将其使用年限延长 4 年，即预计使用年限为 10 年。假定改扩建后的生产线的预计净残值率为改扩建后固定资产账面价值的 3%，折旧方法仍为年限平均法。

为简化计算过程，整个过程不考虑其他相关税费，公司按年度计提固定资产折旧。

本例中，印刷生产线改扩建后生产能力将大大提高，能够为企业带来更多的经济利益，改扩建的支出金额也能可靠计量，因此该后续支出符合固定资产的确认条件，应计入固定资产的成本。有关的会计处理如下：

2012 年 1 月 1 日至 2013 年 12 月 31 日，即固定资产后续支出发生前，该条生产线的应计折旧额＝568 000×(1－3%)＝550 960(元)，年折旧额＝550 960÷6＝91 826.67(元)。

各年计提固定资产折旧的会计分录为：

借：制造费用　　91 826.67

　贷：累计折旧　　91 826.67

2014 年 1 月 1 日，固定资产的账面价值为：

568 000－(91 826.67×2)＝384 346.66(元)

固定资产转入改扩建：

借：在建工程　　384 346.66

　　累计折旧　　183 653.34

　贷：固定资产　　568 000

2014 年 1 月 1 日至 3 月 31 日，发生改扩建工程支出：

借：在建工程　　268 900

　贷：银行存款　　268 900

2014 年 3 月 31 日，生产线改扩建工程达到预定可使用状态，固定资产的入账价值为：384 346.66+268 900＝653 246.66(元)，作会计分录：

借：固定资产　　653 246.66

　贷：在建工程　　653 246.66

2014 年 3 月 31 日，转为固定资产后，按重新确定的使用寿命、预计净残值和折旧方法计提折旧。

应计折旧额＝653 246.66×(1－3%)＝633 649.26(元)

月折旧额＝633 649.26÷(7×12+9)＝6 813.43(元)

年折旧额＝6 813.43×12＝81 761.16(元)

2014 年应计提的折旧额＝6 813.43×9＝61 320.87(元)

会计分录为：

借：制造费用　　61 320.87

　贷：累计折旧　　61 320.87

企业发生的一些固定资产后续支出可能涉及替换原固定资产的某组成部分，当发生的后续支出符合固定资产确认条件时，应将其计入固定资产成本，同时将被替换部分的账面价值扣除。这样可以避免将替换部分的成本和被替换部分的成本同时计入固定资产成本，导致固定资产成本重复计算。企业对固定资产进行定期检查发生的大修理费用，有确凿证据表明符合固定资产确认条件的部分，可以计入固定资产成本，不符合固定资产的确认条件的应当费用化，计入当期损益。固定资产在定期大修理间隔期间，照提折旧。

2. 费用化后续支出的核算

与固定资产有关的修理费用等后续支出，不符合固定资产确认条件的，应当根据不同情况分别在发生时计入当期管理费用或销售费用。

一般情况下，固定资产投入使用之后，固定资产磨损、各组成部分耐用程度不同，可能导致固定资产的局部损坏，为了维护固定资产的正常运转和使用，充分发挥其使用效能，企业需对固定资产进行必要的维护。固定资产的日常修理费用在发生时应直接计入当期损益。企业生产车间(部门)和行政管理部门等发生的固定资产修理费用等后续支出计入“管理费用”，企业专设销售机构发生的与专设销售机构相关的固定资产修理费用等后续支出计入“销售费用”。

四、固定资产的期末计量与处置核算

(一)固定资产的期末计量

1. 固定资产减值概述

固定资产减值是固定资产发生损坏、技术陈旧或其他经济原因，导致其可收回金额低于其账面价值的情况。

企业的固定资产在使用过程中，由于存在有形损耗(如自然磨损等)和无形损耗(如技术陈旧等)以及其他经济原因，发生资产价值的减值是必然的。对于已经发生的资产价值的减值如果不予确认，必然导致虚夸资产的价值，这不符合真实性原则，也有悖稳健性原则。因此，企业应当在期末或者至少在每年年度终了，对固定资产逐项进行检查，如发现存在下列情况，应当计算固定资产的可收回金额，以确定资产是否已经发生减值。

固定资产减值的条件包括：

(1)固定资产市价大幅度下跌，其跌价幅度大大高于因时间推移或正常使用而预计的下跌，并且预计在近期内不可能恢复。

(2)企业经营所处的经济、技术或者法律等环境以及资产所处的市场在当期或者将在近期发生重大变化，并对企业产生不利影响。

(3)市场利率或者其他市场投资报酬率在当期已经提高，从而影响企业计算固定资产预计未来现金流量现值的折现率，导致固定资产可收回金额大幅度降低。

(4)有证据表明固定资产已经陈旧过时或者其实体已经损坏。

(5)固定资产预计使用方式发生重大不利变化，如企业计划终止使用、提前处置资产等，从而对企业产生负面影响。

(6)其他有可能表明资产已发生减值的情况。

2. 固定资产减值的账务处理

如果固定资产的可收回金额低于其账面价值，企业应当按可收回金额低于账面价值的差额计提减值准备，并设置“固定资产减值准备”科目进行核算。此外，企业的在建工程、工程物资发生减值，还应当设置“在建工程减值准备”、“工程物资减值准备”等科目进行核算。

固定资产减值准备应按单项资产计提，计提时，借记“资产减值损失”科目，贷记“固定资产减值准备”科目。固定资产减值损失一经确认，在以后会计期间不得转回。

【例1-50】某公司于2012年12月购入一台设备，实际成本为50万元，估计使用年限为5年，估计净残值为零，采用年限平均法计提折旧。2013年末，对该设备进行检查，估计其可收回金额为36万元。2014年末，再次检查，估计该设备可收回金额为30万元，完成2013年度和2014年度的相关会计分录。

2013 年末固定资产账面价值 = 50 − 50/5 = 40(万元)，大于其可收回金额 36 万元，故应计提 40 − 36 = 4(万元)的固定资产减值准备，会计分录为：

借：资产减值损失　　40 000

　贷：固定资产减值准备　　40 000

2014 年末固定资产账面价值 = 36 − 36÷4 = 27(万元)，小于其可收回金额 30 万元，不需要计提固定资产减值准备，以前年度计提的固定资产减值准备也不需要转回。

企业在对固定资产检查时，如发现某项固定资产存在下列情况：长期闲置不用且在可预见的未来不会再使用并无转让价值；由于技术进步等原因已不可使用；虽尚可使用，但使用后会严重影响产品的质量以及其他实质上已经不能再给企业带来经济利益等情况，应按该项固定资产的账面价值全额提取减值准备。已全额计提减值准备的固定资产，不再计提折旧。

(二)固定资产处置的核算

1. 固定资产终止确认的条件

《会计准则第 4 号——固定资产》规定，固定资产满足下列条件之一的，应当予以终止确认：

(1)该固定资产处于处置状态。固定资产处置包括固定资产的出售、转让、报废或毁损、对外投资、非货币性资产交换、债务重组等。处于处置状态的固定资产不再用于生产商品、提供劳务、出租或经营管理，因此不再符合固定资产的定义，应予终止确认。

(2)该固定资产预期通过使用或处置不能产生经济利益。固定资产的确认条件之一是“与该固定资产有关的经济利益很可能流入企业”，如果一项固定资产预期通过使用或处置不能产生经济利益，就不再符合固定资产的定义和确认条件，应予终止确认。

2. 固定资产处置的账务处理

(1)账户设置。企业出售、转让、报废固定资产或发生固定资产毁损，应当将处置收入扣除账面价值和相关税费后的金额计入当期损益。固定资产处置一般通过“固定资产清理”科目进行核算。“固定资产清理”科目核算企业因出售、报废、毁损、对外投资、非货币性资产交换、债务重组等原因转出的固定资产价值以及在清理过程中发生的费用等，借方登记转出的固定资产价值、清理过程中应支付的相关税费及其他费用，贷方登记固定资产清理完成的处理，期末借方余额反映企业尚未清理完毕的固定资产清理净损失。该科目应按被清理的固定资产项目设置明细账，进行明细核算。

(2)账务处理。企业因出售、报废或毁损、对外投资、非货币性资产交换、债务重组等处置固定资产，其会计处理一般经过以下几个步骤：

第一，固定资产转入清理时，按固定资产账面价值借记“固定资产清理”科目，按已计提的累计折旧借记“累计折旧”科目，按已计提的减值准备借记“固定资产减值准备”科目，按固定资产账面余额贷记“固定资产”科目。

第二，固定资产清理过程中发生的有关费用以及应支付的相关税费，借记“固定资产清理”科目，贷记“银行存款”、“应交税费”等科目。

第三，企业收回出售固定资产的价款、残料价值和变价收入等，应冲减清理支出。按实际收到的出售价款以及残料变价收入等，借记“银行存款”、“原材料”等科目，贷记“固定资产清理”科目。

第四，企业计算或收到的应由保险公司或过失人赔偿的损失，应冲减清理支出，借记“其他应收款”、“银行存款”等科目，贷记“固定资产清理”科目。

第五，固定资产清理完成后的净损失，属于生产经营期间正常的处理损失，借记“营业外支出——处置非流动资产损失”科目，贷记“固定资产清理”科目；属于生产经营期间自然灾害等非正常原因造成的损失，借记“营业外支出——非常损失”科目，贷记“固定资产清理”科目。固定资产清理完成后的净收益，借记“固定资产清理”科目，贷记“营业外收入”科目。

【例 1-51】某企业因火灾烧毁检验用精密仪器一台，原值 200 000 元，已提折旧 150 000元，经保险公司核准应赔偿 30 000 元，清理中以现金支付清理费 1 000 元，残值变价收入 3 000 元存入银行。企业应作如下会计分录：

注销损毁固定资产账面原值和已提折旧：

借：固定资产清理	50 000	
累计折旧	150 000	
贷：固定资产——生产经营用固定资产		200 000

支付清理费用：

借：固定资产清理	1 000	
贷：库存现金		1 000

取得残值变价收入：

借：银行存款	3 000	
贷：固定资产清理		3 000

结转应收保险公司赔偿款：

借：其他应收款——保险公司	30 000	
贷：固定资产清理		30 000

结转固定资产清理净损失：

借：营业外支出——非常损失	18 000	
贷：固定资产清理		18 000

【例 1-52】某企业在生产经营期间出售一建筑物，原价 2 800 000 元，已提折旧 1 000 000元，出售前发生清理费 3 000 元，出售价格为 2 100 000 元，适用营业税税率为 5%。企业应作以下会计分录：

注销出售的固定资产账面原值和已提折旧：

借：固定资产清理	1 800 000	
累计折旧	1 000 000	
贷：固定资产		2 800 000

支付清理费用：

借：固定资产清理	3 000	
贷：银行存款		3 000

收到价款：

借：银行存款　　2 100 000
　贷：固定资产清理　　2 100 000

计算应缴纳的营业税：

应交营业税=2 100 000×5%=105 000(元)

借：固定资产清理　　105 000
　贷：应交税费——应交营业税　　105 000

结转净收益：

净收益=2 100 000-1 800 000-105 000-3 000=192 000(元)

借：固定资产清理　　192 000
　贷：营业外收入——处置非流动资产利得　　192 000

【例 1-53】某企业在生产经营期间出售一台不需用新机器，原值 150 000 元，双方议定价格为 120 000 元，款项已存入银行。企业应作如下会计分录：

注销固定资产账面价值：

借：固定资产清理　　150 000
　贷：固定资产——不需用固定资产　　150 000

取得出售机器收入：

借：银行存款　　120 000
　贷：固定资产清理　　120 000

结转净损失：

借：营业外支出——处置非流动资产损失　　30 000
　贷：固定资产清理　　30 000

【例 1-54】某企业有旧仓库一座，原值 2 000 000 元，已提折旧 1 980 000 元，因使用期满经批准报废。在清理过程中以银行存款支付拆除费 18 000 元，出售残值取得变价收入 36 000 元。企业应作如下会计分录：

注销报废的固定资产账面原值和已提折旧：

借：固定资产清理　　20 000
　　累计折旧　　1 980 000
　贷：固定资产——生产经营用固定资产　　2 000 000

支付清理费用：

借：固定资产清理　　18 000
　贷：银行存款　　18 000

收到残值变价收入：

借：银行存款　　36 000
　贷：固定资产清理　　36 000

结转固定资产清理净损失：

借：营业外支出——处置非流动资产损失　　2 000
　贷：固定资产清理　　2 000

（三）固定资产的盘盈盘亏

固定资产是一种单位价值较高、使用期限较长的有形资产，因此，对于管理规范的企业而言，盘盈、盘亏的固定资产较为少见。企业应当健全制度，加强管理，定期或者至少于每年年末对固定资产进行清查盘点，以保证固定资产核算的真实性和完整性。如果清查中发现固定资产的损溢应及时查明原因，在期末结账前处理完毕。

企业在财产清查中盘亏的固定资产，通过“待处理财产损溢——待处理固定资产损溢”科目核算，盘亏造成的损失，通过“营业外支出——盘亏损失”科目核算，应当计入当期损益。

企业在财产清查中盘盈的固定资产，作为前期差错处理。盘盈的固定资产通过“以前年度损益调整”科目核算。

【例 1-55】某企业在期末财产清查中发现盘亏机器一台，其账面原值为 100 000 元，已提折旧 30 000 元，经查此项盘亏损失属于非正常损失。企业应作以下会计分录：

发现盘亏固定资产：

借：待处理财产损溢——待处理固定资产损溢　　70 000

　　累计折旧　　30 000

　贷：固定资产——生产经营用固定资产　　100 000

报经批准后：

借：营业外支出——盘亏损失　　70 000

　贷：待处理财产损溢——待处理固定资产损溢　　70 000

任务三　无形资产和其他资产核算

◎ 任务描述：

了解无形资产、投资性房地产以及长期待摊费用的内容，掌握无形资产、投资性房地产以及长期待摊费用的账务处理原则，在此基础上会进行无形资产、投资性房地产以及长期待摊费用等业务的核算。

◎ 技能目标：

1. 能正确进行无形资产的账务处理；
2. 能正确进行投资性房地产的账务处理；
3. 能正确进行长期待摊费用的账务处理。

◎ 知识目标：

1. 熟悉无形资产的概念及账务处理原则；
2. 熟悉投资性房地产的概念及账务处理原则；
3. 熟悉长期待摊费用的概念、内容及账务处理原则。

◎ 任务导入

上市公司万亿无形资产面临重估难题。2012 年年报显示，2011 年底 2469 家 A 股公司无形资产净值达到 1.06 万亿元。2012 年一季报不完全统计，无形资产在总资产中占比超过 20%的公司多达 63 家，超过 50%的公司有 10 家，甚至有 4 家公司无形资产占比在 70%

以上。随着上市公司无形资产的迅速扩张，各公司在涉及并购事宜的时候，无形资产的评估值往往会对最终的收购价格产生重大的影响。无形资产在总资产中占比超过50%的公司以交通运输行业为主，其中深高速无形资产占比超过70%，印证了此前业内关于高速路上市公司本质上是收费权的表述。

事实上，中恒电气、国民技术、秋林集团、华工科技、永泰能源在内的多家公司进行资产重组或相关事项时，由于无形资产评估值与账面值相差悬殊而备受质疑，甚至一度引发关于建立上市公司无形资产准入标准的讨论。

易于引发争议的无形资产主要集中在采矿权、专利权及商标权等方面，而土地使用权及收费权等争议往往较少。

请问：为什么专利权、商标权等无形资产价值认定易引发争议？你认为无形资产的价值应当如何确定？

一、无形资产的核算

(一)无形资产的概念及其特征

无形资产，是指企业拥有或者控制的没有实物形态的可辨认非货币性资产。相对于其他资产，无形资产具有以下特征：

1. 无形资产是由企业拥有或者控制并能为其带来未来经济利益的资源

无形资产作为一项资产，具有一般资产的本质特征，即由企业拥有或者控制并能为其带来未来经济利益。通常情况下，企业拥有或者控制的无形资产应当拥有其所有权并且能够为企业带来未来经济利益。但在某些情况下并不需要企业拥有其所有权，如果企业有权获得某项无形资产产生的未来经济利益，并能约束其他方获得这些经济利益，则表明企业控制了该无形资产。例如，对于会产生经济利益的技术知识，若其受版权、贸易协议等法定权利的保护，那么说明该企业控制了相关利益。

客户关系、人力资源等，由于企业无法控制其带来的未来经济利益，不符合无形资产的定义，不应将其确认为无形资产。

2. 无形资产不具有实物形态

无形资产通常表现为某种权利、某项技术或某种获取超额利润的综合能力，它们不具有实物形态，如土地使用权、非专利技术等。某些无形资产的存在有赖于实物载体。比如，计算机软件需要存储在磁盘中。但这并不改变无形资产本身不具有实物形态的特性。在确定一项包含无形要素和有形要素的资产是属于固定资产还是无形资产时，需要通过判断来加以确定，通常以哪个要素更重要作为判断的依据。例如，计算机控制的机械工具没有特定计算机软件就不能运行时，说明该软件是构成相关硬件不可缺少的组成部分，该软件应作为固定资产处理；如果计算机软件不是相关硬件不可缺少的组成部分，则该软件应作为无形资产核算。

3. 无形资产具有可辨认性

符合以下条件之一的，则认为其具有可辨认性：

(1)能够从企业中分离或者划分出来，并能单独用于出售或转让等，表明无形资产可以辨认。某些情况下无形资产可能需要与有关的合同一起用于出售转让等，这种情况下也视为可辨认。

(2)产生于合同性权利或其他法定权利，无论这些权利是否可以从企业或其他权利和义务中转移或者分离，如一方通过与另一方签订特许权合同而获得的特许使用权，通过法律程序申请获得的商标权、专利权等。

内部产生的品牌、报刊名、刊头、客户名单和实质上类似的项目支出，由于不能与整个业务开发成本区分开来，这类项目不应确认为无形资产。

4. 无形资产属于非货币性资产

非货币性资产是指企业持有的货币资金和将以固定或可确定的金额收取的资产以外的其他资产。无形资产由于没有发达的交易市场，一般不容易转化成现金，在持有过程中为企业带来未来经济利益的情况不确定，不属于以固定或可确定的金额收取的资产，属于非货币性资产。

(二)无形资产的内容

无形资产通常包括专利权、非专利技术、商标权、著作权、特许权、土地使用权等。

1. 专利权

专利权，是指国家专利主管机关依法授予发明创造专利申请人，对其发明创造在法定期限内所享有的专有权利，包括发明专利权、实用新型专利权和外观设计专利权。

2. 非专利技术

非专利技术，也称专有技术。它是指不为外界所知、在生产经营活动中已采用了的、不享有法律保护的、可以带来经济效益的各种技术和诀窍。非专利技术一般包括工业专有技术、商业贸易专有技术、管理专有技术等。

3. 商标权

商标是用来辨认特定的商品或劳务的标记。商标权指专门在某类指定的商品或产品上使用特定的名称或图案的权利。

4. 著作权

著作权又称版权，指作者对其创作的文学、科学和艺术作品依法享有的某些特殊权利，包括作品署名权、发表权、修改权和保护作品完整权，还包括复制权、发行权、出租权、展览权、表演权、放映权、广播权、信息网络传播权、摄制权、改编权、翻译权、汇编权以及应当由著作权人享有的其他权利。

5. 特许权

特许权，又称经营特许权、专营权，指企业在某一地区经营或销售某种特定商品的权利或是一家企业接受另一家企业使用其商标、商号、技术秘密等的权利。通常有两种形式：一种是由政府机构授权，准许企业使用或在一定地区享有经营某种业务的特权，如水、电、邮电通信等专营权、烟草专卖权等；另一种指企业间依照签订的合同，有限期或无限期使用另一家企业的某些权利，如连锁店分店使用总店的名称等。

6. 土地使用权

土地使用权，指国家准许某企业在一定期间内对国有土地享有开发、利用、经营的权利。我国《土地管理法》规定，我国土地实行公有制，任何单位和个人不得侵占、买卖或者以其他形式非法转让。企业取得土地使用权的方式大致有以下几种：行政划拨取得、外购取得及投资者投资取得。

（三）无形资产的确认条件

无形资产在符合定义的前提下，应当同时满足以下两个条件，才能予以确认：

1. 与该无形资产有关的经济利益很可能流入企业

作为无形资产确认的项目，必须具备其所产生的经济利益很可能流入企业这一条件。通常情况下，无形资产产生的未来经济利益可能包括在销售商品、提供劳务的收入中，或者企业使用该项无形资产而减少或节约了成本，或者体现在获得的其他利益中。例如，生产加工企业在生产工序中使用了某项知识产权，降低了未来生产成本。

会计实务中，要确定无形资产所创造的经济利益是否很可能流入企业，需要实施职业判断。在实施这种判断时，需要对无形资产在预计使用寿命内的各种经济因素作出合理估计，并且应当有确凿的证据支持。例如，企业是否有足够的人力资源、高素质的管理队伍、相关的硬件设备、相关的原材料等来配合无形资产为企业创造经济利益。同时，更为重要的是关注一些外界因素的影响，例如，是否存在与该无形资产相关的新技术、新产品冲击，或据其生产的产品是否存在市场等。在实施判断时，企业管理层应对在无形资产的预计使用寿命内的各种因素作出最稳健的估计。

2. 该无形资产的成本能够可靠地计量

成本能够可靠地计量是确认资产的一项基本条件，对于无形资产而言，这个条件显得更为重要。例如，企业内部产生的品牌、报刊名、刊头、客户名单和实质上类似项目的支出，由于不能与整个业务开发成本区分开来，成本无法可靠地计量，因此不应确认为无形资产。

（四）无形资产的核算

1. 账户设置

企业应当设置"无形资产"账户核算企业持有的无形资产，包括专利权、非专利技术、商标权、著作权、土地使用权等。采用成本模式计量的已出租的土地使用权和持有并准备增值后转让的土地使用权，在"投资性房地产"科目核算，不在本科目核算。本账户应当按照无形资产项目进行明细核算。

为了核算企业对使用寿命有限的无形资产计提的摊销，应当设置"累计摊销"账户。作为投资性房地产的采用成本模式计量的土地使用权的累计摊销，也通过本科目核算。本账户应按无形资产项目进行明细核算。此外，企业的无形资产发生的减值，应当设置"无形资产减值准备"账户核算。

2. 账务处理

（1）无形资产取得的账务处理。无形资产通常按实际成本计量，即以取得无形资产并使之达到预定用途而发生的全部支出作为无形资产的成本。对于不同来源取得的无形资产，其成本构成不尽相同。

①外购无形资产，其成本包括购买价款、相关税费以及直接属于使该项资产达到预定用途所发生的其他支出。其中，直接属于使该项资产达到预定用途所发生的其他支出包括使无形资产达到预定用途所发生的专业服务费用、测试无形资产是否能够正常发挥作用的费用等，但不包括为引入新产品进行宣传发生的广告费、管理费用及其他间接费用，也不

包括在无形资产已经达到预定用途以后发生的费用。

无形资产达到预定用途后所发生的支出，不构成无形资产的成本，例如，在形成预定经济规模之前发生的初始运作损失。在无形资产达到预定用途之前发生的其他经营活动的支出，如果该经营活动并非是为使无形资产达到预定用途所必不可少的，有关经营活动的损益应于发生时计入当期损益，而不构成无形资产的成本。

【例1-56】A企业于2014年4月3日用银行存款购进一项非专利技术，实际支付价款和相关税费80 000元。A企业2014年4月3日的账务处理如下：

借：无形资产——非专利技术　　80 000

　贷：银行存款　　80 000

②投资者投入无形资产，其成本应当按照投资合同或协议约定的价值确定，在投资合同或协议约定价值不公允的情况下，应按无形资产的公允价值入账。

【例1-57】2014年2月24日，A企业接受丙公司投入的专利权一项，双方合同确认该专利权的价值为120 000元。A企业2014年2月24日的账务处理如下：

借：无形资产——专利权　　120 000

　贷：实收资本　　120 000

③自行研发无形资产，应当区分研究与开发两个阶段分别进行核算。

研究是指为获取新的技术和知识等进行的有计划的调查，研究活动的例子包括：意在获取知识而进行的活动；研究成果或其他知识的应用研究、评价和最终选择；材料、设备、产品、工序、系统或服务替代品的研究；新的或经改进的材料、设备、产品、工序、系统或服务的可能替代品的配制、设计、评价和最终选择。研究阶段的特点在于计划性和探索性，其研究是否能在未来形成成果，有很大的不确定性，企业也无法证明其研究活动一定能够形成带来未来经济利益的无形资产，因此，研究阶段的有关支出在发生时应当费用化计入当期损益。

开发是指在进行商业性生产或使用前，将研究成果或其他知识应用于某项计划或设计，以生产出新的或具有实质性改进的材料、装置、产品等。开发活动的例子包括：生产前或使用前的原型和模型的设计、建造和测试；含新技术的工具、夹具、模具和冲模的设计；不具有商业性生产经济规模的试生产设施的设计、建造和运营；新的或改造的材料、设备、产品、工序、系统或服务所选定的替代品的设计、建造和测试等。开发阶段的特点在于具有针对性，形成成果的可能性较大。此时如果企业能够证明满足无形资产的定义及相关确认条件，所发生的开发支出可资本化，确认为无形资产的成本。

《企业会计准则第6号——无形资产》规定，企业研究阶段的支出全部费用化，计入当期损益(管理费用)；开发阶段的支出符合条件的才能资本化，不符合资本化条件的计入当期损益(管理费用)。只有同时满足该准则第9条规定的各项条件的，才能确认为无形资产，否则计入当期损益。如果确实无法区分研究阶段的支出和开发阶段的支出，应将其所发生的研发支出全部费用化，计入当期损益。

企业自行开发无形资产发生的研发支出，未满足资本化条件的借记“研发支出——费用化支出”科目，满足资本化条件的借记“研发支出——资本化支出”科目，贷记“原材料”、“银行存款”、“应付职工薪酬”等科目。

企业购买正在进行中的研究开发项目，应按确定的金额，借记“研发支出——资本化支出”科目，贷记“银行存款”等科目。以后发生的研发支出，应当比照上述规定进行处理。

研究开发项目达到预定用途形成无形资产的，应按“研发支出——资本化支出”科目的余额，借记“无形资产”科目，贷记“研发支出——资本化支出”科目。

【例 1-58】2014 年 3 月 10 日，甲公司经批准研发某项新产品专利技术，该公司认为，一旦研发成功将有效降低公司生产产品的成本。该公司在研究开发过程中发生材料费 500 万元，人工费 100 万元，以及其他费用 400 万元，总计 1 000 万元，其中符合资本化条件的支出为 600 万元。2014 年 12 月 31 日，该项专利技术已经达到预定用途。

发生研发支出，应作如下会计分录：

借：研发支出——费用化支出　　4 000 000
　　研发支出——资本化支出　　6 000 000
　贷：原材料　　5 000 000
　　　应付职工薪酬　　1 000 000
　　　银行存款　　4 000 000

2014 年 12 月 31 日，该项专利达到预定用途，应作如下会计分录：

借：管理费用　　4 000 000
　　无形资产　　6 000 000
　贷：研发支出——费用化支出　　4 000 000
　　　研发支出——资本化支出　　6 000 000

(2)无形资产摊销的账务处理。企业应当于取得无形资产时分析判断其使用寿命。无形资产的使用寿命如为有限的，应当估计该使用寿命的年限或者构成使用寿命的产量等类似计量单位数量；无法预见无形资产为企业带来未来经济利益期限的，应当视为使用寿命不确定的无形资产。

使用寿命有限的无形资产，应在其预计的使用寿命内采用系统合理的方法对应摊销金额进行摊销。其中应摊销金额是指无形资产的成本扣除残值后的金额，无形资产的残值一般为零，摊销期自其可供使用时(即达到预定用途)开始至终止确认时止。摊销方法包括直线法、生产总量法等。

企业应当设置“累计摊销”账户，按月计提无形资产摊销。摊销时，借记“管理费用”、“其他业务成本”等科目，贷记本科目。

【例 1-59】甲公司从外单位购得一项商标权，支付价款30 000 000元，款项已支付，该商标权的使用寿命为 10 年，不考虑残值的因素，以直线法摊销。账务处理如下：

借：无形资产——商标权　　30 000 000
　贷：银行存款　　30 000 000

每年摊销额＝30 000 000÷10＝3 000 000(元)

借：管理费用　　3 000 000
　贷：累计摊销　　3 000 000

(3)无形资产减值的账务处理。对于有确凿证据表明无法合理估计使用寿命的无形资产，作为使用寿命不确定的无形资产。对于使用寿命不确定的无形资产，在持有期内不需要摊销，如果期末重新复核后仍为不确定的，应当在每个会计期间进行减值测试，严格按照《企业会计准则第8号——资产减值》的规定，需要计提减值准备的，相应计提有关的减值准备。账务处理为：借记“资产减值损失”科目，贷记“无形资产减值准备”科目。无形资产减值损失一经确定，在以后会计期间不得转回。

(4)无形资产处置的账务处理。无形资产的处置，主要是指无形资产出售、对外出租、对外捐赠，或者在无法为企业带来未来经济利益时，应予转销并终止确认。

①无形资产的出租，即企业将所拥有的无形资产的使用权让渡给他人，并收取租金，属于与企业日常活动相关的其他经营活动取得收入，在满足收入准则规定的确认标准的情况下，应确认相关的收入及成本。

出租无形资产取得租金收入，借记“银行存款”等科目，贷记“其他业务收入”等科目；摊销出租无形资产的成本并发生与转让有关的各种费用支出时，借记“其他业务成本”科目，贷记“无形资产”科目。

【例1-60】甲公司将一项专利技术出租给乙公司使用，该专利技术账面余额为5 000 000元，摊销期限为10年，出租合同规定，承租方每销售一件用该专利生产的产品，必须付给出租方10元专利技术使用费。假定承租方当年销售该产品10万件。假定不考虑其他相关税费。出租方的账务处理如下：

借：银行存款　　1 000 000
　贷：其他业务收入　　1 000 000
借：其他业务成本　　500 000
　贷：累计摊销　　500 000

②无形资产的出售。企业将无形资产出售，表明企业放弃无形资产的所有权。无形资产准则规定，企业出售无形资产时，应将所取得的价款与该无形资产账面价值的差额作为资产处置利得或损失(营业外收入或营业外支出)，与固定资产处置性质相同，计入当期损益。

出售无形资产时，应按实际收到的金额，借记“银行存款”等科目；按已摊销的累计摊销额，借记“累计摊销”科目；原已计提减值准备的，借记“无形资产减值准备”科目；按应支付的相关税费，贷记“应交税费”等科目；按其账面余额，贷记“无形资产”科目；按其差额，贷记“营业外收入——处置非流动资产利得”科目或借记“营业外支出——处置非流动资产损失”科目。

【例1-61】甲公司将拥有的一项非专利技术出售，取得收入8 000 000元。该非专利技术的账面余额为7 000 000元，累计摊销额为3 500 000元，已计提的减值准备为2 000 000元。账务处理如下：

借：银行存款　　8 000 000
　　累计摊销　　3 500 000
　　无形资产减值准备　　2 000 000
　贷：无形资产　　7 000 000
　　　营业外收入——处置非流动资产利得　　6 500 000

③无形资产的报废。如果无形资产预期不能为企业带来未来经济利益，不再符合无形资产的定义，应将其转销。例如，无形资产已被其他新技术所替代，不能为企业带来经济利益；或者无形资产不再受到法律保护，且不能给企业带来经济利益等。例如，某企业的某项无形资产的法律保护期限已过，用其生产的产品没有市场，则说明该无形资产无法为企业带来未来经济利益，应予转销。

无形资产预期不能为企业带来经济利益的，应按已摊销的累计摊销额，借记“累计摊销”科目；原已计提减值准备的，借记“无形资产减值准备”科目；按其账面余额，贷记“无形资产”科目；按其差额，借记“营业外支出”科目。

【例1-62】甲公司的某项专利技术的账面余额为6 000 000元，摊销期限为10年，采用直线法进行摊销，已摊销5年，假定该项专利权的残值为0，计提的减值准备为1 600 000元，现用其生产的产品没有市场，应予转销。假定不考虑其他相关因素，其账务处理如下：

借：累计摊销	3 000 000	
无形资产减值准备	1 600 000	
营业外支出——处置无形资产损失	1 400 000	
贷：无形资产——专利权		6 000 000

二、投资性房地产的核算

(一)投资性房地产概述

房地产通常是土地和房屋及其权属的总称。在我国，土地归国家或集体所有，企业只能取得土地使用权。因此，房地产中的土地是指土地使用权。房屋是指土地上的房屋等建筑物及构筑物。在市场经济条件下，房地产市场日益活跃，企业持有的房地产除了用作自身管理、生产经营活动场所和对外销售之外，出现了将房地产用于赚取租金或增值收益的活动，甚至是个别企业的主营业务。投资性房地产就是指为赚取租金或资本增值，或者两者兼有而持有的房地产。投资性房地产应当能够单独计量和出售。

投资性房地产具有以下特征：

(1)投资性房地产是一种经营活动。投资性房地产的主要形式是出租建筑物、出租土地使用权，这实质上属于一种让渡资产使用权行为。房地产租金就是让渡资产使用权取得的使用费收入，是企业为完成其经营目标所从事的经营性活动以及与之相关的其他活动形成的经济利益总流入。投资性房地产的另一种形式是持有并准备增值后转让的土地使用权，尽管其增值收益通常与市场供求、经济发展等因素相关，但目的是增值后转让以赚取增值收益，也是企业为完成其经营目标所从事的经营性活动以及与之相关的其他活动形成的经济利益总流入。

(2)投资性房地产在用途、状态、目的等方面区别于作为生产经营场所的房地产和用于销售的房地产。投资性房地产应单独作为一项资产核算和反映，与自用的厂房、办公楼等房地产和作为存货(已建完工商品房)的房地产加以区别，从而更加清晰地反映企业所持有房地产的构成情况和盈利能力。

投资性房地产主要包括已出租的土地使用权、持有并准备增值后转让的土地使用权和已出租的建筑物：

(1)已出租的土地使用权，是指企业通过出让或转让方式取得并以经营租赁方式出租的土地使用权。企业计划用于出租但尚未出租的土地使用权，不属于此类。对于以经营租赁方式租入土地使用权再转租给其他单位的，不能确认为投资性房地产。

(2)持有并准备增值后转让的土地使用权，是指企业通过出让或转让方式取得并准备增值后转让的土地使用权。但是，按照国家有关规定认定的闲置土地，不属于持有并准备增值的土地使用权。

(3)已出租的建筑物，是指企业拥有产权并以经营租赁方式出租的房屋等建筑物，包括自行建造或开发活动完成后用于出租的建筑物。

企业在判断和确认已出租的建筑物时，应当把握以下要点：

第一，用于出租的建筑物是指企业拥有产权的建筑物，企业以经营租赁方式租入再转租的建筑物不属于投资性房地产。

第二，已出租的建筑物是企业已经与其他方签订租赁协议，约定以经营租赁方式出租的建筑物。一般应自租赁协议规定的租赁期开始日起，经营租出的建筑物才属于已出租的建筑物。

第三，企业将建筑物出租，按租赁协议向承租人提供的相关辅助服务在整个协议中不重大的，应当将该建筑物确认为投资性房地产。例如，企业将其办公楼出租，同时向承租人提供维护、保安等日常辅助服务，企业应当将其确认为投资性房地产。

自用房地产和作为存货的房地产不属于投资性房地产。如果某项房地产部分用于赚取租金或资本增值、部分自用(即用于生产商品、提供劳务或经营管理)，能够单独计量和出售的、用于赚取租金或资本增值的部分，应当确认为投资性房地产；不能够单独计量和出售的、用于赚取租金或资本增值的部分，不确认为投资性房地产。该项房地产自用的部分以及不能够单独计量和出售的、用于赚取租金或资本增值的部分，应当确认为固定资产或无形资产。

(二)投资性房地产的确认和计量

1. 投资性房地产的确认

投资性房地产只有在符合定义并同时满足下列条件时，才能予以确认：

(1)与该投资性房地产有关的经济利益很可能流入企业。

(2)该投资性房地产的成本能够可靠地计量。

2. 投资性房地产初始计量

投资性房地产初始计量时，应当按照成本进行计量。

(1)外购投资性房地产。企业外购的房地产，只有在购入的同时开始对外出租或用于资本增值，才能作为投资性房地产加以确认。企业购入房地产，自用一段时间之后再改为出租或用于资本增值的，应当先将外购的房地产确认为固定资产或无形资产，自租赁期开始日或用于资本增值之日起，从固定资产或无形资产转为投资性房地产。企业外购投资性房地产时，应当按照取得时的实际成本进行初始计量。取得时的实际成本，包括购买价款、相关税费和可直接归属于该资产的其他支出。

(2)自行建造投资性房地产。企业自行建造的房地产，只有在自行建造活动完成(即达到预定可使用状态)的同时开始对外出租或用于资本增值，才能将自行建造的房地产确认为投资性房地产。企业自行建造的房地产达到预定可使用状态后一段时间才对外出租或用于资本增值的，应当先将自行建造的房地产确认为固定资产、无形资产或存货，自租赁期开始日或用于资本增值之日开始，从固定资产、无形资产或存货转为投资性房地产。自行建造投资性房地产的成本，由建造该项房地产达到预定可使用状态前发生的必要支出构成，包括土地开发费、建筑成本、安装成本、应予资本化的借款费用、支付的其他费用和分摊的间接费用等。

3. 投资性房地产后续计量

投资性房地产在后续计量时，通常采用成本模式，满足特定条件的情况下也可以采用公允价值模式。但是，同一企业只能采用一种模式对所有投资性房地产进行后续计量，不得同时采用两种计量模式。

企业存在确凿证据表明其公允价值能够持续可靠取得的，才可以采用公允价值计量模式。企业选择公允价值模式，就应当对其所有投资性房地产采用公允价值模式进行后续计量。采用公允价值模式计量投资性房地产，应当同时满足以下两个条件：(1)投资性房地产所在地有活跃的房地产交易市场；(2)企业能够从房地产交易市场上取得同类或类似房地产的市场价格及其他相关信息，从而对投资性房地产的公允价值做出科学合理的估计。这两个条件必须同时具备，缺一不可。

投资性房地产的公允价值，是指在公平交易中，熟悉情况的当事人之间自愿进行房地产交换的价格。确定投资性房地产的公允价值时，应当参照活跃市场上同类或类似房地产的现行市场价格(市场公开报价)；无法取得同类或类似房地产现行市场价格的，可以参照活跃市场上同类或类似房地产的最近交易价格，并考虑交易情况、交易日期、所在区域等因素，从而对投资性房地产的公允价值做出合理估计；也可以基于预计未来获得的租金收益和有关现金流量的现值计量。

(三)投资性房地产的核算

1. 账户设置

企业应当设置“投资性房地产”账户。该账户属于资产类账户，核算投资性房地产的价值，包括采用成本模式计量的投资性房地产和采用公允价值模式计量的投资性房地产。应当按照投资性房地产类别和项目并区分“成本”和“公允价值变动”进行明细核算。

2. 账务处理

(1)投资性房地产取得的账务处理。外购投资性房地产采用成本模式进行后续计量的，企业应当在购入投资性房地产时，借记“投资性房地产”科目，贷记“银行存款”等科目；采用公允价值模式进行后续计量的，企业应当在购入投资性房地产时，借记“投资性房地产——成本”科目，贷记“银行存款”等科目。

【例10-63】2014年3月，甲企业计划购入一栋写字楼用于对外出租。3月15日，甲企业与乙企业签订了经营租赁合同，约定自写字楼购买日起将这栋写字楼出租给乙企业，为期5年。4月5日，甲企业实际购入写字楼，支付价款共计1 200万元(假设不考虑其他因素，甲企业采用成本模式进行后续计量，下同)。甲企业的账务处理如下：

借：投资性房地产——写字楼　　12 000 000

　贷：银行存款　　12 000 000

自行建造投资性房地产采用成本模式进行后续计量的，应按照确定的自行建造投资性房地产成本，借记“投资性房地产”科目，贷记“在建工程”或“开发产品”科目；采用公允价值模式进行后续计量的，应按照确定的自行建造投资性房地产成本，借记“投资性房地产——成本”科目，贷记“在建工程”或“开发产品”科目。

【例 10-64】2014 年 2 月，甲公司从其他单位购入一块土地，并在这块土地上自行建造两栋厂房。2014 年 11 月，甲公司预计厂房即将完工，与乙公司签订了经营租赁合同，将其中的一栋厂房租给乙公司使用。租赁合同约定，该厂房于完工时开始起租。2014 年 12 月 5 日，两栋厂房同时完工。该块土地使用权的成本为 9 000 000 元；两栋厂房的实际造价均为 12 000 000 元，能够单独出售。假设甲公司采用成本模式进行后续计量。甲公司的账务处理如下：

土地使用权中的对应部分同时转为投资性房地产 = 9 000 000×(12 000 000÷24 000 000)
= 4 500 000(元)

借：固定资产——厂房　　12 000 000

　　投资性房地产——厂房　　12 000 000

　贷：在建工程——厂房　　24 000 000

借：投资性房地产——已出租土地使用权　　4 500 000

　贷：无形资产——土地使用权　　4 500 000

(2)投资性房地产持有期间的账务处理。

①采用成本模式计量的投资性房地产，应当遵循以下会计处理规定：

按照固定资产或无形资产的有关规定，按期(月)计提折旧或摊销，借记“其他业务成本”等科目，贷记“投资性房地产累计折旧(摊销)”科目。

取得的租金收入，借记“银行存款”等科目，贷记“其他业务收入”等科目。

投资性房地产存在减值迹象的，适用资产减值的有关规定。经减值测试后确定发生减值的，应当计提减值准备，借记“资产减值损失”科目，贷记“投资性房地产减值准备”科目。已经计提减值准备的投资性房地产，其减值损失在以后的会计期间不得转回。

【例 10-65】甲公司将一栋写字楼出租给乙公司使用，确认为投资性房地产，采用成本模式进行后续计量，假设这栋办公楼的成本为 72 000 000 元，按照年限平均法计提折旧，使用寿命为 20 年，预计净残值为零。经营租赁合同约定，乙公司每月等额支付甲公司租金 400 000 元。甲公司的账务处理如下：

每月计提的折旧 = (72 000 000÷20)÷12 = 300 000(元)

借：其他业务成本——出租写字楼折旧　　300 000

　贷：投资性房地产累计折旧　　300 000

每月确认租金收入：

借：银行存款(或其他应收款)　　400 000

　贷：其他业务收入——出租写字楼租金收入　　400 000

②采用公允价值模式计量的投资性房地产，应当遵循以下会计处理规定：

不对投资性房地产计提折旧或摊销。企业应当以资产负债表日投资性房地产的公允价值为基础调整其账面价值，公允价值与原账面价值之间的差额计入当期损益。

资产负债表日，投资性房地产的公允价值高于原账面价值的差额，借记“投资性房地产——公允价值变动”科目，贷记“公允价值变动损益”科目；公允价值低于原账面价值的差额，作相反的账务处理。

取得的租金收入，借记“银行存款”等科目，贷记“其他业务收入”等科目。

【例 1-66】2014 年 9 月，甲公司与乙公司签订租赁协议，约定将甲公司新建的一栋写字楼租给乙公司使用，租赁期为 10 年。2014 年 12 月 1 日，该写字楼开始起租，写字楼的工程造价为 80 000 000 元，公允价值也为相同金额。该写字楼所在区域有活跃的房地产交易市场，且能够从房地产交易市场上取得同类房地产的市场报价，甲公司决定采用公允价值模式对该项出租的房地产进行后续计量。

在确定该投资性房地产的公允价值时，甲公司选取与该写字楼所处地区相近、结构及用途相同的房地产，参照公司所在地房地产交易市场的平均销售价格，结合周边市场信息和自有房产的特点。2014 年 12 月 31 日，该写字楼的公允价值为 84 000 000 元。甲公司的账务处理如下：

2014 年 12 月 1 日，甲公司出租写字楼：

借：投资性房地产——写字楼——成本　　80 000 000

　贷：固定资产——写字楼　　80 000 000

2014 年 12 月 31 日，按照公允价值调整期账面价值，公允价值与原账面价值之间的差额计入当期损益：

借：投资性房地产——写字楼——公允价值变动　　4 000 000

　贷：公允价值变动损益——投资性房地产　　4 000 000

(3)投资性房地产后续支出的账务处理。

①资本化的后续支出。与投资性房地产有关的后续支出，满足投资性房地产确认条件的，应当计入投资性房地产成本。例如，企业为了提高投资性房地产的使用效能，往往需要对投资性房地产进行改建、扩建而使其更加坚固耐用，或者通过装修而改善其室内装潢，改扩建或装修支出满足确认条件的，应当将其资本化。

采用成本模式计量的，投资性房地产进入改扩建或装修阶段后，应当将其账面价值转入改扩建工程，借记“投资性房地产——在建”、“投资性房地产累计折旧”等科目，贷记“投资性房地产”科目。发生资本化的改良或装修支出，通过“投资性房地产——在建”科目归集，借记“投资性房地产——在建”科目，贷记“银行存款”、“应付账款”等科目。改扩建或装修完成后，借记“投资性房地产”科目，贷记“投资性房地产——在建”科目。

采用公允价值模式计量的，投资性房地产进入改扩建或装修阶段后，借记“投资性房地产——在建”科目，贷记“投资性房地产——成本”、“投资性房地产——公允价值变动”等科目；改扩建或装修完成后，借记“投资性房地产——成本”科目，贷记“投资性房地产——在建”科目。

企业对某项投资性房地产进行改扩建等再开发且将来仍作为投资性房地产的，再开发期间应继续将其作为投资性房地产，再开发期间不计提折旧或摊销。

【例 1-67】2014 年 5 月 10 月，甲公司与乙公司的厂房经营租赁合同即将到期。该厂房原价为 50 000 000 元，已计提折旧 10 000 000 元。为了提高厂房的租金收入，甲公司决定在租赁期满后对该厂房进行改扩建，并与丙公司签订经营租赁合同，约定自改扩建完工时将该厂房出租给丙公司。2014 年 5 月 31 日，与乙公司的租赁合同到期，该厂房随即进入改扩建工程。2014 年 12 月 31 日，该厂房改扩建工程完工，共发生支出 5 000 000 元，均已支付，即日按照租赁合同出租给丙公司。假定甲公司采用成本计量模式。

本例中，改扩建支出属于后续支出，假定符合《企业会计准则第 3 号——投资性房地产》第 6 条的规定，应当计入投资性房地产的成本。甲公司的账务处理如下：

2014 年 5 月 31 日，投资性房地产转入改扩建工程：

借：投资性房地产——厂房——在建　　40 000 000

　　投资性房地产累计折旧　　10 000 000

　贷：投资性房地产——厂房　　50 000 000

2014 年 5 月 31 日至 12 月 31 日，发生改扩建支出：

借：投资性房地产——厂房——在建　　5 000 000

　贷：银行存款　　5 000 000

2014 年 12 月 31 日，改扩建工程完工：

借：投资性房地产——厂房　　45 000 000

　贷：投资性房地产——厂房——在建　　45 000 000

【例 1-68】2014 年 5 月 10 日，甲公司与乙公司的厂房经营租赁合同即将到期。为了提高厂房的租金收入，甲公司决定在租赁期满后对该厂房进行改扩建，并与丙公司签订经营租赁合同，约定自改扩建完工时将该厂房出租给丙公司。2014 年 5 月 31 日，与乙公司的租赁合同到期，该厂房随即进入改扩建工程。2014 年 5 月 31 日，该厂房账面余额为 20 000 000元，其中成本 16 000 000 元，累计公允价值变动 4 000 000 元。2014 年 11 月 30 日，该厂房改扩建工程完工，共发生支出 3 000 000 元，均已支付，即日按照租赁合同出租给丙公司。假定甲公司采用公允价值计量模式，甲公司的账务处理如下：

2014 年 5 月 31 日，投资性房地产转入改扩建工程：

借：投资性房地产——厂房——在建　　20 000 000

　贷：投资性房地产——厂房——成本　　16 000 000

　　　投资性房地产——厂房——公允价值变动　　4 000 000

2014 年 5 月 31 日至 11 月 30 日，发生改扩建支出：

借：投资性房地产——厂房——在建　　3 000 000

　贷：银行存款　　3 000 000

2014 年 11 月 30 日，改扩建工程完工：

借：投资性房地产——厂房——成本　　23 000 000

　贷：投资性房地产——厂房——在建　　23 000 000

②费用化的后续支出。与投资性房地产有关的后续支出，不满足投资性房地产确认条件的，如企业对投资性房地产进行日常维护所发生的支出，应当在发生时计入当期损益，借记“其他业务成本”等科目，贷记“银行存款”等科目。

(4)投资性房地产处置的账务处理。当投资性房地产被处置，或者永久退出使用且预计不能从其处置中取得经济利益时，应当终止确认该项投资性房地产。企业出售、转让、报废投资性房地产或者发生投资性房地产毁损，应当将处置收入扣除其账面价值和相关税费后的金额计入当期损益。企业因其他原因如非货币性资产交换等而减少投资性房地产，也属于投资性房地产的处置。

①成本模式计量的投资性房地产的处置，应当按实际收到的金额，借记"银行存款"等科目，贷记"其他业务收入"科目；按该项投资性房地产的账面价值借记"其他业务成本"科目，按其账面余额贷记"投资性房地产"科目，按照已计提的折旧或摊销借记"投资性房地产累计折旧(摊销)"科目，原已计提减值准备的，借记"投资性房地产减值准备"科目。

【例1-69】甲公司将其出租的一栋写字楼确认为投资性房地产。租赁期满后，甲公司将该栋写字楼出售给乙公司，合同价款为200 000 000元，乙公司已用银行存款付清。假设这栋写字楼原采用成本模式计量。出售时，该栋写字楼的成本为180 000 000元，已计提折旧20 000 000元，不考虑相关税费。甲公司的账务处理如下：

借：银行存款	200 000 000	
贷：其他业务收入		200 000 000
借：其他业务成本	160 000 000	
投资性房地产累计折旧	20 000 000	
贷：投资性房地产——写字楼		180 000 000

②公允价值模式计量的投资性房地产的处置，应当按实际收到的金额，借记"银行存款"等科目，贷记"其他业务收入"科目；按该项投资性房地产的账面余额借记"其他业务成本"科目，按其成本贷记"投资性房地产——成本"科目，按其累计公允价值变动贷记或借记"投资性房地产——公允价值变动"科目，同时结转投资性房地产累计公允价值变动。若存在原转换日计入资本公积的金额，也一并结转。

三、长期待摊费用的核算

(一)长期待摊费用概述

长期待摊费用，是指企业已经发生但应由本期和以后各期负担的分摊期限在1年以上的各项费用，如经营租入固定资产的改良支出等。应当由本期负担的借款利息、租金等，不得作为长期待摊费用处理。

长期待摊费用应当单独核算，在费用项目的受益期限内分期平均摊销。租入固定资产改良支出应当在租赁期限与预计可使用年限两者孰短的期限内平均摊销。其他长期待摊费用应当在受益期内平均摊销。

(二)长期待摊费用核算

企业应设置"长期待摊费用"科目核算企业已经发生但应由本期和以后各期负担的分摊期限在1年以上的各项费用。该科目应按费用项目进行明细核算。

企业发生长期待摊费用时，借记"长期待摊费用"科目，贷记有关科目。摊销长期待摊费用时，借记"管理费用"、"销售费用"等科目，贷记"长期待摊费用"科目。该科目期末借方余额反映企业尚未摊销完毕的长期待摊费用的摊余价值。

如果长期待摊费用项目不能使以后会计期间受益，应当将尚未摊销的该项目的摊余价值全部转入当期损益。

【例 1-70】甲公司采用经营租赁方式临时租入一栋办公用房，预计可使用 5 年，租期暂定为 4 年，租入后对房屋进行了局部改造，发生改良支出 120 000 元，以银行存款支付，改良工程完工投入使用。编制会计分录如下：

借：长期待摊费用——租入固定资产改良支出　　120 000

　贷：银行存款　　120 000

租入固定资产的改良支出要在使用寿命和租期两者中选择较短的期限摊销，摊销时，借记“制造费用”、“管理费用”等科目，贷记“长期待摊费用——租入固定资产改良支出”科目。

【例 1-71】承【例 1-70】，租入固定资产改良支出应按 4 年的期限摊销，则每月摊销 2 500元(120 000÷4÷12)。编制会计分录如下：

借：管理费用　　2 500

　贷：长期待摊费用——租入固定资产改良支出　　2 500

除了长期待摊费用以外企业还拥有一些特殊资产，如国家特种储备物资、银行冻结存款及临时设施和诉讼中的财产，这些资产一般不参加企业正常的生产经营活动，其价值也不需要摊销，且并非所有的企业都拥有这样的资产，在生产经营中处于次要地位，所以统称为其他长期资产。企业可根据资产的性质及特点单独设置相关会计科目核算。

学习情境二

往来款项核算

学习情境描述

往来款项是由经济信用产生的，包括企业与其内部、外部不同经济主体间的债权、债务往来结算业务。往来款项核算主要包括应收及预付款业务、应付及预收款业务、应交税费、应付利息、应付股利及其他应付款的核算。

任务一 应收及预付款业务核算

◎ 任务描述：

熟悉往来结算岗位的基本职责和核算任务，掌握企业应收及预付款业务的核算和处理方法，能够处理好与企业往来密切的客户间的债权核算。

◎ 技能目标：

1. 基本会办理往来账资产会计核算岗位的各项工作；
2. 能按照规范流程和方法进行应收及预付款业务的账务处理。

◎ 知识目标：

1. 熟悉应收票据、应收账款、预付账款和其他应收款项目会计处理的有关规定；
2. 熟悉往来账会计核算职责、相关单证的填制方法和业务办理流程；
3. 理解应收款项减值核算的基本原理。

◎ 任务导入：

汉思公司销售员小王带回消息，说大兴公司因被三家贷款银行起诉，已宣告破产。汉思公司总经理知道后非常着急，说："完了！这下完了！大兴公司欠我们的540多万元货款泡汤了。"财务主管说："上个月知道他们公司财务状况不好，我们已经提了50%的坏账准备。唉，现在我们只能……"

汉思公司该如何处置这笔应收账款？

一、应收票据的核算

(一) 应收票据及其价值确定

1. 应收票据的概念与种类

应收票据是指企业持有的、尚未到期兑现的商业汇票，是出票人签发的，委托付款人在指定日期无条件支付确定金额给收款人或者持票人的票据。

应收票据和应收账款一样，都是商业信用的必然结果，即都是在商品交易过程中因赊销商品而产生的债权。但和应收账款相比，应收票据具有以下特点：首先，应收票据是一种具有合法凭证的债权，因而比应收账款更具有法律上的约束力；其次，商业汇票的流通性较强，持票人可将持有的商业汇票提前贴现、背书转让或抵押；最后，应收票据(特别是其中的银行承兑汇票)发生坏账损失的风险较小。

应收票据按承兑人的不同，可分为商业承兑汇票和银行承兑汇票；按是否计息，可分为不带息商业汇票和带息商业汇票。

2. 票据到期日的确定

商业汇票的付款期限，最长不得超过6个月。票据到期日的确定一般有三种情况：

(1)按月份定期。票据期限按月表示时，票据的期限不考虑各月份实际天数多少，统一以到期月份与出票日相同的那一天为到期日。当签发承兑汇票的时间为某月月末时，统一以当期月份的最后一日为到期日。如5月2日签发承兑期限为6个月的商业汇票，其到期日为11月2日；1月31日签发承兑期限为1个月、2个月、3个月和6个月的商业汇票，其到期日分别为2月28日(闰年为2月29日)、3月31日、4月30日和7月31日。

(2)按日数定期。按日数定期的应收票据应从出票起按实际经历天数计算。通常出票日和到期日，只能计算其中的一天，即"算头不算尾"或"算尾不算头"。例如，4月20日开出的60天商业汇票，到期日为6月9日。

(3)按规定日期定期。按规定日期定期的应收票据是在票据上具体指定某年某月某日为到期日。

3. 应收票据入账价值的确定

应收票据一般按面值计价，但对于带息的应收票据，按照现行制度的规定，应于期末(指中期期末和年度终了)按应收票据的票面价值和确定的利率计提利息，计提的利息应增加应收票据的账面价值。

(二)应收票据的核算

1. 账户设置

为了反映和监督应收票据取得、票款收回等经济业务，企业应设置"应收票据"科目，本科目核算企业因销售商品、提供劳务等而收到的商业汇票。借方登记取得的应收票据的票面金额，贷方登记到期收回票款或到期前向银行贴现的应收票据的票面金额，期末余额在借方，反映企业尚未收回且未申请贴现的应收票据的票面金额。应当按照开出、承兑商业汇票的单位进行明细核算。

为了便于管理和分析各种票据的具体情况，企业应当设置"应收票据备查簿"，逐笔登记每一商业汇票的种类、编号、出票日、票面金额、交易合同号、付款人、承兑人、背书人的姓名或单位名称、到期日、背书转让日、贴现日、贴现率和贴现净额以及收款日和收回金额、退票情况等资料，商业汇票到期结清票款或退票后，应当在备查簿内逐笔注销。

2. 取得应收票据和收回到期票据款

(1)不带息应收票据，到期值等于应收票据的面值。应收票据取得的原因不同，其会计处理亦有所区别。

①因债务人抵偿前欠货款而取得的应收票据，应作会计分录：

借：应收票据

贷：应收账款

②因企业销售商品、提供劳务等而收到开出、承兑的商业汇票，应作会计分录：

借：应收票据

贷：主营业务收入

应交税费——应交增值税(销项税额)

③按照票面金额收回到期票款，应作会计分录：

借：银行存款

贷：应收票据

④商业承兑汇票到期，承兑人违约拒付或无力支付票款，企业收到银行退回的商业承兑汇票委托收款凭证、未付票款通知书或拒绝付款通知书或拒绝付款证明等，将到期票据的票面金额转入"应收账款"账户，应作会计分录：

借：应收账款

贷：应收票据

(2)带息应收票据。企业收到的带息应收票据，除按照上述原则进行核算外，还应于期末(即中期期末和年度终了)，按应收票据的票面价值和确定的利率计提票据利息，并增加应收票据的账面余额，应作如下会计分录：

借：应收票据

贷：财务费用

带息应收票据到期收回款项时，应作如下会计分录：

借：银行存款(收到的本息)

贷：应收票据(账面余额)

财务费用(差额)

到期不能收回的带息应收票据，应按其账面余额转入"应收账款"账户核算，期末不再计提利息，其所包含的利息在有关备查簿中进行登记，待实际收到再冲减当期的财务费用。利息是根据带息票据上载明的金额、利率和期限计算的。带息票据利息的到期值计算公式如下：

$$应收票据利息=应收票据面值\times票面利率\times期限$$

$$票据到期值=票据面值+票据利息=票据面值\times(1+票面利率\times票据期限)$$

式中，票面利率一般以年利率表示，票据期限用月或日表示。

3. 转让应收票据

企业可以将自己持有的商业汇票背书转让。背书是指持票人在票据背面或者粘单上记载有关事项并签章的票据行为，签字人称为背书人，背书人对票据的到期付款负连带责任。票据被拒绝承兑、拒绝付款或者超过付款提示期限的，不得背书转让。企业将持有的应收票据背书转让，以取得所需物资时，应作如下会计分录：

借：材料采购(或"原材料"、"库存商品")

应交税费——应交增值税(进项税额)

贷：应收票据(按应收票据的账面余额)

注意：如有差额，应借记或贷记“银行存款”等账户。

4. 应收票据的贴现

应收票据贴现是指持票人因急需资金，将未到期的商业汇票背书后转让给银行，银行受理后，扣除按银行的贴现率计算确定的贴现息后，将余额付给贴现企业的业务活动。票据贴现实质上是企业融通资金的一种形式。贴现金额的计算方法如下：

票据贴现额=票据到期值-票据贴现息-其他相关的手续费

票据贴现息=票据到期值×贴现率×贴现期

贴现期=票据期限-票据持有期限

贴现时，作如下会计分录：

借：银行存款(实际收到的金额)

　　财务费用(贴现息)

　贷：应收票据(适用于满足金融资产转移准则规定的金融资产终止确认条件的情形，企业不附追索权)

　(或)短期借款(适用于不满足金融资产转移准则规定的金融资产终止确认条件的情形，企业附追索权)

贴现的附追索权的商业承兑汇票到期，因承兑人的银行存款账户不足支付，申请贴现的企业收到银行退回的商业承兑汇票时，借记“短期借款”科目，贷记“银行存款”科目。同时，应按商业汇票的票面金额，借记“应收账款”科目，贷记“应收票据”科目。

【例 2-1】2014 年 5 月 20 日，甲公司持出票日期为 3 月 20 日、期限为 6 个月、面额为 200 000元的不带息商业汇票到银行贴现，贴现率为 6%，其他相关的手续费 180 元。与银行签订的协议规定，如果债务人未按期偿还，企业负有向银行还款的责任。企业的账务处理如下：

贴现息=200 000×6%÷12×4=4 000(元)

贴现额=200 000-4 000-180=195 820(元)

借：银行存款　　195 820

　　财务费用　　4 180

　贷：短期借款　　200 000

如果票据到期承兑方付款，作会计分录：

借：短期借款　　200 000

　贷：应收票据　　200 000

如果票据到期承兑方无钱支付，贴现银行将票款从企业账户划回，作会计分录：

借：短期借款　　200 000

　贷：银行存款　　200 000

借：应收账款　　200 000

　贷：应收票据　　200 000

二、应收账款的核算

(一) 应收账款概述

应收账款是指企业因销售商品、产品、提供劳务等经营活动，应向购货单位或接受劳务单位收取的款项。主要包括企业出售商品、材料、提供劳务等应向有关债务人收取的价款及代购货方垫付的运杂费等。

会计上所指的应收账款有其特定的范围。首先，应收账款是企业因销售商品、提供劳务等经营活动而形成的债权，企业与个人、外单位与内部部门的其他往来而形成的债权，不属于应收账款，如应收职工欠款、应收债务人利息等。其次，应收账款是流动资产性质的短期债权，不包括因销售商品、提供劳务等采用递延方式收取的合同价款。最后，应收账款是与商品销售、劳务提供直接相关的，因此，确认应收账款的时间应与确认销售收入的时间一致。一般情况下，企业应在商品已经交付、劳务已经提供、合同已经履行并已经取得收款的权利时才确认应收账款。

(二) 应收账款入账价值的确定

通常情况下，应收账款按实际发生额计价入账，即按买卖双方成交时的实际金额(包括发票金额和代购货单位垫付的运杂费)确定。由于实际商业活动中存在商业折扣、现金折扣，所以应收账款的入账价值还需要考虑商业折扣和现金折扣等因素。

1. 商业折扣

商业折扣是指企业根据市场供需情况，或针对顾客购买商品数量多少给予的价格上的优惠，通常以百分比来表示，如5%、10%等。商业折扣一般在交易发生时已确定，它仅仅是确定实际销售价格的一种手段，不需在买卖双方任何一方的账上反映，因此，在存在商业折扣的情况下，企业应收账款入账金额应按扣除商业折扣以后的实际售价确定。

2. 现金折扣

现金折扣是指债权人为鼓励债务人在规定的期限内付款，而向债务人提供的债务扣除，通常用符号“折扣/付款期限”表示，例如买方在10天内付款可按售价给予2%的折扣，用符号“2/10”表示；在20天内付款按售价给予1%的折扣，用符号“1/20”表示；在30天内付款，则不给折扣，用符号“n/30”表示。现金折扣发生于交易成立后，且对于销售企业来说其实际能收到的款项视购买方付款的时间不同而不同，因此，存在现金折扣的情况下，应收账款金额的确认有两种方法——总价法、净价法。我国《企业会计准则第14号——收入》规定，企业应按总价法核算现金折扣，即将未扣减现金折扣前的金额(总价)作为实际售价，据以确认应收账款的入账价值。客户只有在折扣期内支付货款，才予以确认现金折扣。这一方法把现金折扣作为鼓励客户提早付款而给予的经济利益。销售方把给予客户的现金折扣视为融资的理财费用，会计上应作为“财务费用”处理。

3. 应收账款的账务处理

(1)账户设置。“应收账款”属于资产类账户，核算企业因销售商品、产品、提供劳务等经营活动应收取的款项。因销售商品、产品、提供劳务等，合同或协议价款的收取采用递延方式、实质上具有融资性质的，在“长期应收款”科目核算，不在本科目核算。本科目应当按照债务人进行明细核算。

(2)账务处理：

①当企业销售商品、产品、提供劳务发生应收账款时：

借：应收账款

　贷：主营业务收入

　　应交税费——应交增值税(销项税额)

②收回应收账款时：

借：银行存款

　贷：应收账款

③如果应收账款改用商业汇票结算，在收到承兑的商业汇票时：

借：应收票据

　贷：应收账款

企业发生的应收账款，在有商业折扣的情况下，应按扣除商业折扣后的金额入账。

【例 2-2】甲公司向乙公司销售产品一批，货款总额为 30 000 元，购货方享受 10%的商业折扣，增值税税率为 17%，已办妥委托银行收款手续。甲公司的账务处理如下：

办妥托收手续时：

借：应收账款——乙公司	31 590	
贷：主营业务收入		27 000
应交税费——应交增值税(销项税额)		4 590

收到银行收款通知时：

借：银行存款	31 590	
贷：应收账款——乙公司		31 590

企业发生的应收账款在有现金折扣的情况下，采用总价法入账，发生的现金折扣作为财务费用处理。

【例 2-3】甲公司赊销一批商品，货款为 200 000 元，规定对价款部分的付款条件为“2/10，n/30”，增值税税率为 17%。假设折扣时不考虑增值税，甲公司的账务处理如下：

销售业务发生时，根据有关销货发票，作以下会计分录：

借：应收账款	234 000	
贷：主营业务收入		200 000
应交税费——应交增值税(销项税额)		34 000

假设客户于 10 天内付款，作以下会计分录：

借：银行存款	230 000	
财务费用	4 000	
贷：应收账款		234 000

假设客户超过 10 天付款，则无现金折扣，作以下会计分录：

借：银行存款	234 000	
贷：应收账款		234 000

三、预付账款和其他应收款的核算

(一)预付账款的核算

预付账款是指企业按照购货合同或劳务合同规定，预先支付给供货方或提供劳务方的款项，如预付的材料款、商品采购款等。企业预付货款后，有权要求对方按照购货合同规定发货。预付账款必须以购销双方签订的购货合同为条件，按照规定的程序和方法进行核算。

1. 账户设置

为了反映和监督预付账款的增减变动情况，企业应设置“预付账款”科目，借方登记预付的款项和补付的款项，贷方登记收到采购货物时按发票金额冲销的预付账款数和因预付货款多余而退回的款项，期末余额一般在借方，反映企业实际预付的款项。

预付款项不多的企业，可以不设“预付账款”科目，而直接在“应付账款”科目核算。但在编制资产负债表时，应当将“应付账款”项目的借方明细余额填入“预付账款”项目。

2. 账务处理

预付账款的核算包括预付款项和收到货物或劳务两个方面。

(1)企业向供货方或提供劳务方预付款项时，应按预付金额作如下会计分录：

借：预付账款

　贷：银行存款

(2)收到预购的货物或劳务时，按货物或劳务的实际成本及增值税专用发票上注明的增值税额作如下会计分录：

借：原材料(或“库存商品”)

　　应交税费——应交增值税(进项税额)

　贷：预付账款

(3)补付货款时，按补付金额作如下会计分录：

借：预付账款

　贷：银行存款

(4)收到供货方退回多付的货款时，按退回金额作如下会计分录：

借：银行存款

　贷：预付账款

【例 2-4】甲公司向乙公司采购材料 1 000 千克，单价 50 元，所需支付的款项总额为 50 000元。按照合同规定向乙公司预付货款的 40%，验收货物后补付其余款项。甲公司的账务处理如下：

预付 40%的货款：

借：预付账款	20 000	
贷：银行存款		20 000

收到乙公司发来的 1 000 千克材料，经验收无误，有关发票记载的货款为 50 000 元，增值税额为 8 500 元，据此以银行存款补付不足款项 38 500 元：

借：原材料　　50 000

　　应交税费——应交增值税(进项税额)　　8 500

　贷：预付账款　　58 500

借：预付账款　　38 500

　贷：银行存款　　38 500

(二)其他应收款的核算

其他应收款是指除应收票据、应收账款、预付账款以外的其他各种应收、暂付款项。其主要内容包括：(1)应收的各种赔款、罚款，如因企业财产等遭受意外损失而应向有关保险公司收取的赔款等。(2)应收的出租包装物租金。(3)应向职工收取的各种垫付款项，如为职工垫付的水电费，应由职工负担的医药费、房租等。(4)备用金，如向企业各有关部门拨出的备用资金。(5)存出保证金，如租入周转材料包装物支付的押金。(6)其他各种应收、暂付款项。

1. 账户设置

企业应设置"其他应收款"科目对其他应收款进行核算。该科目借方登记发生的各种其他应收款，贷方登记企业收到的款项和结转情况，余额一般在借方，表示应收未收的其他应收款项。企业应在"其他应收款"科目下，按债务人设置明细科目，进行明细核算。

2. 账务处理

企业发生备用金以外的其他应收款时，借记"其他应收款"科目，贷记"库存现金"、"银行存款"、"营业外收入"等科目；收回备用金以外的其他应收款时，借记"库存现金"、"银行存款"、"应付职工薪酬"等科目，贷记"其他应收款"科目。

企业应当定期或者至少于每年年度终了对其他应收款进行检查，预计其可能发生的坏账损失，并计提坏账准备。对于不能收回的其他应收款应查明原因，追究责任。对确实无法收回的，按照企业的管理权限，经股东大会或董事会或类似机构批准作为坏账损失，冲减提取的坏账准备。

【例 2-5】甲公司为王某垫付应由其个人负担的住院医药费 600 元，拟从其工资中扣回。

垫支时，作会计分录：

借：其他应收款　　600

　贷：银行存款　　600

扣款时，作会计分录：

借：应付职工薪酬　　600

　贷：其他应收款　　600

【例 2-6】甲公司租入周转材料包装物一批，以银行存款向出租方支付押金 5 000 元。

支付时，作会计分录：

借：其他应收款　　5 000

　贷：银行存款　　5 000

收到出租方退还的押金时，作会计分录：

借：银行存款　　5 000

　贷：其他应收款　　5 000

【例 2-7】5 月 8 日，甲公司职工李某预借差旅费 1 200 元，以现金支付，作会计分录：

借：其他应收款　　1 200

　贷：库存现金　　1 200

6 月 16 日，李某出差归来，报销差旅费1 080元，余款交回，作会计分录：

借：管理费用　　1 080

　　库存现金　　120

　贷：其他应收款　　1 200

四、应收款项的减值

(一) 应收款项减值的确认条件

企业应当在资产负债表日对应收账款、应收票据、其他应收款、预付账款、应收利息、长期应收款等应收款项的账面价值进行检查，有客观证据表明该应收款项发生减值的，应当将该应收款项的账面价值减记至预计未来现金流量现值，减记的金额确认减值损失，计提坏账准备。

表明应收账款减值的客观证据，是指应收款项初始确认后实际发生的、对该应收款项的预计未来现金流量有影响，且企业能够对该影响进行可靠计量的事项。应收款项发生减值的客观证据主要包括：

(1) 债务人发生严重的财务困难；

(2) 债务人违反合同条款，如偿付利息或本金发生违约或逾期等；

(3) 债权人出于经济或法律等方面因素的考虑，对发生财务困难的债务人作出让步；

(4) 债务人很可能倒闭或进行其他财务重组；

(5) 其他表明应收款项发生减值的客观证据。

一般来讲，企业的应收款项符合下列条件之一的，应确认为坏账损失：

(1) 债务人破产或死亡，以其破产财产或遗产偿债后，确实不能收回；

(2) 因债务单位撤销，资不抵债或现金流量严重不足，确实不能收回；

(3) 因发生严重的自然灾害等导致债务单位停产而在短时间内无法偿付债务，确实无法收回；

(4) 债务人逾期未履行偿债义务超过 3 年，经核查确实无法收回。

(二) 应收款项减值的核算

应收款项减值的核算方法一般有两种：直接转销法和备抵法。我国企业会计准则规定，企业只能采用备抵法核算坏账损失。

1. 直接转销法

直接转销法是指在实际发生坏账时，确认坏账损失，计入当期损益，同时注销该笔应收款项的方法。直接转销法的优点是账务处理简单、真实，但是，这种方法忽视了坏账损失与应收款项的业务关系，在转销坏账损失的前期，对于坏账的情况不做任何处理，从而导致日常核算的应收款项价值虚增，资产虚列，既不符合会计信息质量要求，又不符合资产要素定义的要求，歪曲了企业期末的财务状况，所以，一般不采用直接转销法。

2. 备抵法

备抵法是采用一定的方法按期估计坏账损失，形成坏账准备，当某一应收款项全部或者部分确认为坏账时，根据其金额冲减坏账准备，同时转销相应的应收款项金额的方法。这种方法的优点是：预计不能收回的应收款项作为坏账损失及时计入费用，避免企业虚增利润；在报表上列示应收账款净额，使报表阅读者更能了解企业真实的财务情况；使应收款项实际占用资金接近实际，消除了虚列的应收账款，有利于加快企业资金周转，提高企业经济效益。

在备抵法下，企业应设置“坏账准备”科目和“资产减值损失”科目。资产负债表日，企业根据金融工具确认和计量准则确定应收款项发生减值的，按应减记的金额，借记“资产减值损失”科目，贷记“坏账准备”科目。本期应计提的坏账准备大于其账面余额的，按其差额计提；应计提的金额小于其账面余额的，按其差额做相反的会计分录。

对于确实无法收回的应收款项，按管理权限报经批准后作为坏账损失，转销应收款项，借记“坏账准备”科目，贷记“应收票据”、“应收账款”、“预付账款”、“应收利息”、“其他应收款”、“长期应收款”等科目。

已确认并转销的应收款项以后收回的，应按实际收回的金额，借记“应收票据”、“应收账款”、“预付账款”、“应收利息”、“其他应收款”、“长期应收款”等科目，贷记“坏账准备”科目；同时，借记“银行存款”科目，贷记“应收票据”、“应收账款”、“预付账款”、“应收利息”、“其他应收款”、“长期应收款”等科目。已确认并转销的应收款项以后收回的，企业也可以按照实际收回的金额，借记“银行存款”科目，贷记“坏账准备”科目。

企业采用备抵法进行坏账核算时，首先应采用一定的方法按期估计坏账损失。估计坏账损失的方法主要有应收款项余额百分比法、账龄分析法、销货百分比法和个别认定法等。坏账准备的计提方法和计提比率由企业根据实际情况自行确定，但是坏账准备的计提方法一经确定，不能随意变更。如需变更，应在财务报表附注中予以说明。

(1)应收账款余额百分比法，是指根据会计期末应收款项的余额和估计的坏账率，估计坏账损失，计提坏账准备的方法。坏账率可以根据以往的数据资料加以确定。坏账准备可按以下公式计算：

$$\text{当期应提取的坏账准备}=\frac{\text{当期按应收款项计算}}{\text{的应提坏账准备金额}}\pm\frac{\text{调整前“坏账准备”账户}}{\text{借方(或贷方)余额}}$$

当期按应收款项计算应提坏账准备金额=期末应收款项余额×估计的坏账率

【例2-8】甲公司从2011年开始计提坏账准备。2011年末应收账款余额为1200 000元，该公司坏账准备的提取比例为5‰，则会计处理如下：

坏账准备提取额=1 200 000×5‰ =6 000(元)

借：资产减值损失　　6 000

　贷：坏账准备　　6 000

2012年，公司发现有3 200元的应收账款无法收回，按有关规定确认为坏账损失：

借：坏账准备　　3 200

　贷：应收账款　　3 200

2012 年 12 月 31 日，该公司应收账款余额为 2 500 000 元。本年末应收账款余额应保持的坏账准备金额(即坏账准备的余额)为：2 500 000×5‰=12 500(元)

年末计提坏账准备前，“坏账准备”科目的贷方余额为：6 000−3 200=2 800(元)

本年度应补提的坏账准备金额为：12 500−2 800=9 700(元)

有关账务处理如下：

借：资产减值损失　　9 700

　贷：坏账准备　　9 700

2013 年 7 月 15 日，接银行通知，公司上年度已冲销的 3 200 元坏账又收回，款项已存入银行。有关账务处理如下：

借：应收账款　　3 200

　贷：坏账准备　　3 200

借：银行存款　　3 200

　贷：应收账款　　3 200

2013 年 12 月 31 日，该公司应收账款余额为 1 800 000 元。本年末坏账准备余额应为：1 800 000×5‰=9 000(元)

年末计提坏账准备前，“坏账准备”科目的贷方余额为：12 500+3 200=15 700(元)

本年度应冲销多提的坏账准备金额为：15 700−9 000=6 700(元)

有关账务处理如下：

借：坏账准备　　6 700

　贷：资产减值损失　　6 700

(2)账龄分析法，是指根据应收款项账龄的长短来估计坏账的方法。账龄是客户欠款的时间，虽然应收账款能否收回以及能收回多少，不一定完全取决于时间的长短，但一般来说，账龄越长，发生坏账的可能性就越大。

【例 2-9】某企业 2014 年 12 月 31 日应收账款账龄及估计坏账损失的情况见表 2-1。

表 2-1　**应收账款账龄及估计坏账损失表**　单位：元

应收账款账龄	应收账款金额	估计损失(%)	估计损失金额
未到期	60 000	0.5	300
过期 1 个月	50 000	1	500
过期 2 个月	40 000	2	800
过期 3 个月	30 000	3	900
过期 3 个月以上	20 000	4	800
合　计	200 000		3 300

从表 2-1 可以看出，该企业 2014 年 12 月 31 日坏账准备的账面余额应为3 300元，企业应根据坏账准备账户的已有余额计算本年应计提的坏账准备金额。如果“坏账准备”账户 2014 年 12 月 31 日原有贷方余额 300 元，则：

2014 年末应计提的坏账准备金额 = 3 300 − 300 = 3 000(元)

账务处理如下：

借：资产减值损失　　3 000

　贷：坏账准备　　3 000

如果“坏账准备”账户 2014 年 12 月 31 日原有借方余额 300 元，则：

2014 年末应计提的坏账准备金额 = 3 300 + 300 = 3 600(元)

账务处理如下：

借：资产减值损失　　3 600

　贷：坏账准备　　3 600

(3)销货百分比法，就是根据赊销金额的一定百分比估计坏账损失的方法。企业可以根据过去的经验和有关资料，估计坏账损失与赊销金额之间的比率，也可以用其他更合理的方法进行估计。

【例 2-10】某企业 2013 年全年的赊销金额为100 000元，根据以往资料和经验，估计坏账损失率为 1%；2014 年全年的赊销金额为150 000元，当年估计的坏账损失率为 1.2%。会计处理如下：

2013 年末计提坏账准备 = 100 000×1% = 1 000(元)

借：资产减值损失　　1 000

　贷：坏账准备　　1 000

2014 年末计提坏账准备 = 150 000×1.2% = 1 800(元)

借：资产减值损失　　1 800

　贷：坏账准备　　1 800

(4)个别认定法，就是根据每一项应收账款的情况来估计坏账损失的方法。在采用账龄分析法、应收款项余额百分比法等方法的同时，如果某项应收款项的可收回性与其他各项应收款项存在明显的差别(如债务单位处在特定地区等)，导致该项应收款项如果按照与其他应收款项相同的方法计提坏账准备，将无法真实地反映其可收回金额，可对该项应收款项采用个别认定法计提坏账准备。在同一会计期间内运用个别认定法的应收款项，应从用其他方法计提坏账准备的应收款项中剔除。

任务二　应付及预收款业务核算

◎ 任务描述：

熟悉往来结算岗位的基本职责和核算任务，掌握企业应付及预收款业务的核算和处理方法，能够处理好与企业往来密切的供应商间的债务核算。

◎ 技能目标：

1. 基本会办理往来账负债会计核算岗位的各项工作；
2. 能按照规范流程和方法进行应付及预收款业务业务的账务处理。

◎ 知识目标：

1. 熟悉应付票据、应付账款、预收账款和其他应付款项目会计处理的有关规定；

2. 熟悉往来账会计核算职责、相关单证的填制方法和业务办理流程。

◎ 任务导入：

注册会计师吴生审计新兴公司“应付账款”时发现，该公司因财务状况不佳，无法支付已有3年账龄的欠A公司的货款10万元(增值税不计，下同)，经与债权人协商，达成如下债务重组协议：债权人同意以新兴公司生产的总成本6万元、公允价7万元、增值税税率17%的产品用于抵偿上述债务。双方已在本年度履行了债务重组协议，但新兴公司未按规定进行账务处理。

新兴公司应该如何进行账务处理？

一、应付票据的核算

(一)应付票据概述

应付票据是指由出票人出票，由承兑人承诺在一定时期内支付一定款项给持票人的一种书面凭证。它包括商业承兑汇票和银行承兑汇票。应付票据按是否带息分为带息应付票据和不带息应付票据两种。

(二)应付票据的账务处理

1. 账户设置

企业为了核算和监督应付票据的发生、偿付等情况，应设置“应付票据”账户。该账户属于负债类账户，借方登记到期承兑支付的票款或转出金额，贷方登记开出承兑汇票时的票面金额及带息票据预提的利息，期末余额在贷方，表示尚未到期的商业汇票的票面金额和应付未付的利息。该账户应按照债权人设明细账进行明细核算。

企业还应当设置“应付票据备查簿”，详细登记每一商业汇票的种类、编号、出票日期、到期日、票面金额、交易合同号和收款人姓名或单位名称以及付款日期和金额等资料。应付票据到期结清时，应当在备查簿内逐笔注销。

2. 账务处理

(1)不带息应付票据的核算：

①票据签发时的账务处理。企业开出商业汇票或以承兑商业汇票支付货款、应付账款时，借记“材料采购”、“库存商品”、“应付账款”、“应交税费——应交增值税(进项税额)”等账户，贷记“应付票据”账户。

企业向银行申请承兑汇票支付手续费时，借记“财务费用”账户，贷记“银行存款”账户。

②票据到期时的账务处理。当商业汇票到期时，可能会出现有能力支付票据款和无力支付票据款两种情况：

有能力支付票据款，企业支付票据款时，借记“应付票据” 账户，贷记“银行存款”账户。

银行承兑汇票到期，企业无力支付票据款，按应付票据票面金额，借记“应付票据”账户，贷记“短期借款”账户。商业承兑汇票到期，企业无力支付票据款，按应付票据票面金额，借记“应付票据” 账户，贷记“应付账款”账户。

(2)带息应付票据的核算。带息应付票据的签发、承兑、到期的核算与不带息应付票据的核算基本相同。与不带息应付票据核算不同之处是，根据权责发生制，应在持有期内按期计算带息票据的应付利息，借记“财务费用”账户，贷记“应付票据”账户。

【例 2-11】甲公司 2013 年 11 月 1 日购入价值为200 000元的商品，增值税额34 000元，企业开出一张面值234 000元、期限 3 个月、票面利率为 6%的银行承兑汇票一张，同时支付 117 元手续费。

支付银行承兑手续费时，作如下会计分录：

借：财务费用　　117

　贷：银行存款　　117

2013 年 11 月 1 日购入商品时，作如下会计分录：

借：库存商品　　200 000

　　应交税费——应交增值税(进项税额)　　34 000

　贷：应付票据　　234 000

年末，计提应付利息2 340元(234 000×6%÷12×2)，作如下会计分录：

借：财务费用　　2 340

　贷：应付票据　　2 340

2014 年 2 月 1 日到期付款时，作如下会计分录：

借：应付票据　　236 340

　　财务费用　　1 170

　贷：银行存款　　237 510

假设票据到期无力付款时，作如下会计分录：

借：应付票据　　236 340

　　财务费用　　1 170

　贷：短期借款　　237 510

二、应付账款的核算

(一) 应付账款概述

应付账款是指企业因购买材料商品、物资和接受劳务供应等而应付给供应单位的款项。应付账款是买卖双方在购销活动中由于取得物资和货款支付时间不一致而产生的负债，对那些非因供应业务而发生的各种应付、暂收款项，不应作为应付账款核算。

应付账款的入账时间应为所购物资的所有权发生转移或接受劳务供应已经发生的时间。应付账款入账金额通常按发票账单等凭证上记载的实际发生额确定。购货附有现金折扣条件的，计量应付账款的入账金额一般有总价法和净价法两种会计处理方法，我国采用总价法处理，即应付账款发生时，直接按结算凭证上应付账款总额入账，如果在折扣期内付款，所取得的现金折扣收入作为理财收益处理。

(二) 应付账款的账务处理

1. 账户设置

企业为了核算和监督应付账款的发生、偿付等情况，应设置“应付账款”账户。该账户为负债类账户，贷方登记企业购买材料、商品和接受劳务等形成的应付未付款项，借方登记偿还的应付账款，或开出商业汇票抵付应付账款的款项，或冲销无法支付的应付账款，期末余额一般在贷方，表示尚未偿还的应付账款。本科目应当按照不同的债权人进行明细核算。企业应付的各种赔款、租金、存入保证金等，不在本科目核算，而应通过“其他应付款”核算。

2. 账务处理

(1)公司购入材料、商品等验收入库，但货款尚未支付，根据有关凭证作如下会计分录：

借：原材料(或“库存商品”等)

　　应交税费——应交增值税(进项税额)

　贷：应付账款

企业接受供应单位提供劳务而发生的应付未付的款项，应根据供应单位的发票作如下会计分录：

借：制造费用(或“管理费用”等有关成本费用科目)

　贷：应付账款

应付账款附有现金折扣的，应按未扣除现金折扣的应付账款总额入账。

(2)企业偿付应付账款，作如下会计分录：

借：应付账款

　贷：银行存款

应付账款附有现金折扣，因在折扣期内付款获得现金折扣，作如下会计分录：

借：应付账款

　贷：财务费用

(3)企业开出、承兑商业汇票抵付应付账款，作如下会计分录：

借：应付账款

　贷：应付票据

(4)企业的应付账款因对方单位发生变故确实无法支付时，报经有关部门批准后，可视同企业经营业务以外的一项额外收入，作如下会计分录：

借：应付账款

　贷：营业外收入

三、预收账款的核算

(一)预收账款概述

预收账款是指企业按照合同规定向购货单位预收的款项。与应付账款不同，预收账款所形成的负债不是以货币偿付，而是以货物偿付。

(二)预收账款的账务处理

1. 账户设置

为了核算和监督预收账款的发生和结算等情况，应设置“预收账款”账户。该账户属于负债类账户，借方登记企业向购货方发货后冲销的预收账款数额和退回购货方多付的数额，贷方登记预收货款的数额和购货单位补付货款的数额，期末余额一般在贷方，反映企业向购货单位预收的款项；期末如为借方余额，反映应由购货单位补付的款项。本科目应按购货单位进行明细核算。预收账款业务不多的，也可不设“预收账款”科目，将预收的款项直接记入“应收账款”科目的贷方。

2. 账务处理

【例 2-12】甲公司为增值税一般纳税人。2014 年 6 月 3 日，甲公司与乙公司签订供货合同，向其出售一批产品，货款金额共计100 000元，应交增值税17 000元。根据购货合同的规定，乙公司在购货合同签订后一周内，应向甲公司预付货款60 000元，剩余货款在交货后付清。6 月 9 日，甲公司收到乙公司交来的预付货款60 000元并存入银行，6 月 19 日甲公司将货物发到乙公司并开出增值税专用发票，乙公司验收后付清了剩余货款。甲公司有关的会计分录如下：

6 月 9 日收到乙公司交来的预付货款 60 000 元：

借：银行存款　　60 000

　贷：预收账款——乙公司　　60 000

6 月 19 日按合同规定，向乙公司发出货物：

借：预收账款——乙公司　　117 000

　贷：主营业务收入　　100 000

　　　应交税费——应交增值税（销项税额）　　17 000

收到乙公司补付的货款：

借：银行存款　　57 000

　贷：预收账款——乙公司　　57 000

任务三　应交税费的核算

◎ 任务描述：

了解应交税费的内容，掌握增值税、营业税、消费税等主要税种的核算内容、核算方法等。

◎ 技能目标：

1. 基本会办理税费的计算、缴纳、复核、记账等事项；
2. 能完成增值税、营业税、消费税等主要税种的账务处理。

◎ 知识目标：

1. 熟悉增值税、营业税、消费税等主要税种的有关规定；
2. 熟悉增值税、营业税、消费税等主要税种相关单证的填制方法和业务办理流程。

◎ 任务导入：

江红是一名即将毕业的会计专业大学生，她在 2014 年 6 月 5 日到晨光公司应聘会计岗位的工作，该公司财务经理提供 2014 年 5 月与应交税费有关的资料如下：

晨光公司为增值税一般纳税人，适用的增值税税率为 17%，材料采用实际成本进行日常核算。该公司 2014 年 4 月 30 日“应交税金——应交增值税”科目借方余额为 20 000 元，5 月发生如下涉及增值税的经济业务：

(1)公司福利部门领用生产用原材料一批，实际成本为 4 000 元，原进项税额 680 元。

(2)在建工程领用生产用原材料一批，实际成本 5 000 元，按规定不得抵扣的进项税额为 850 元。

(3)原材料发生非常损失，其实际成本为 7 500 元，原进项税额 1 275 元。

(4)公司库存商品发生非常损失，其实际成本为 37 000 元，其中所耗原材料成本为 20 000元。

(5)公司以原材料对 B 公司投资，该材料账面实际成本为 300 000 元，计税价格为 300 000元。

(6)公司以库存商品(应税消费品)捐赠东方公司，账面实际成本为 18 000 元，计税价格为 20 000 元，消费税税率 10%。

(7)公司将自己生产的产品(应税消费品)用于在建工程，产品成本为 57 000 元，计税价格为 60 000 元，消费税税率 10%。

(8)公司将自己生产的产品(应税消费品)用于福利部门，产品成本为 50 000 元，计税价格为 60 000 元，消费税税率 10%。

(9)公司接受捐赠原材料，取得增值税发票，其确认的价值为 200 000 元，进项税额 34 000 元，另支付运费 300 元，其中可以抵扣增值税 17 元。

(10)公司对现有的一台生产设备进行修理，领用原材料价值 2 000 元，原进项税额 340 元，应付修理人员工资 100 元。

(11)销售产品一批，销售价格为 500 000 元(不含增值税)，款项尚未收到。

(12)购买原材料一批，增值税专用发票上注明的价款为 600 000 元，增值税为 102 000元，公司已开出承兑的商业汇票，原材料已验收入库。

(13)上交本月增值税 9 000 元。

请代江红回答：晨光公司除了增值税外，还需要缴纳哪些税费？在未缴纳税费前，为什么要在账上反映？为晨光公司 2014 年 5 月的上述业务编制会计分录。

一、应交增值税的核算

企业应按照税法规定计算应缴纳的各种税费，包括增值税、消费税、营业税、所得税、资源税、土地增值税、城市维护建设税、房产税、土地使用税、车船使用税、教育费附加、矿产资源补偿费等。为了总括反映各种税费的计算和缴纳情况，企业应设置“应交税费”账户。该账户贷方登记应缴纳的各种税费，借方登记实际缴纳的各种税费，期末一般为贷方余额，反映企业尚未缴纳的税费；期末如为借方余额，反映企业多交或尚未抵扣的税金。本科目应当按照应交税费的种类进行明细核算。企业不需要预计应交数的税金，如印花税、耕地占用税等，不在本科目核算。

(一)增值税概述

增值税是指对我国境内销售货物、进口货物，或提供加工、修理修配劳务的增值额征收的一种流转税。2012 年 1 月 1 日我国正式启动“营改增”，目前，增值税的征税范围已扩大至交通运输业、部分现代服务业、铁路运输与邮政业。纳税人是销售货物、进口货物及提供加工、修理修配劳务的单位和个人，包括一般纳税人和小规模纳税人。

一般纳税人应纳税额采用抵扣的办法计算，应纳增值税的计算公式为：

应纳税额=当期销项税额-当期进项税额

当期销项税额=销售额×增值税税率

不含税销售额=含税销售额/(1+增值税税率)

一般纳税人增值税税率有基本税率17%、低税率13%和零税率三档。

小规模纳税人的应纳税额按简易征收办法计算，按照销售额和征收率计算，计算公式为：

应纳税额=销售额×征收率

小规模纳税人的增值税征收率为3%。

(二)一般纳税人应交增值税的账务处理

一般纳税人应交的增值税，在“应交税费”科目下设置“应交增值税”、“未交增值税”二级科目进行核算。应交增值税还应分别按“进项税额”、“销项税额”、“出口退税”、“进项税额转出”、“已交税金”等设置专栏进行明细核算。

1. 一般购销业务账务处理

企业采购物资等，按可抵扣的增值税额借记“应交增值税——进项税额”，按应计入采购成本的金额借记“材料采购”、“在途物资”或“原材料”、“库存商品”等科目，按应付或实际支付的金额贷记“应付账款”、“应付票据”、“银行存款”等科目。购入物资发生的退货，作相反的会计分录。

销售物资或提供应税劳务，按营业收入和应收取的增值税额，借记“应收账款”、“应收票据”、“银行存款”等科目；按专用发票上注明的增值税额，贷记“应交增值税——销项税额”；按实现的营业收入，贷记“主营业务收入”、“其他业务收入”科目。发生的销售退回，作相反的会计分录。

实行“免、抵、退”的企业，按应收的出口退税额，借记“其他应收款”科目，贷记“应交增值税——出口退税”。

【例2-13】甲公司购入一批原材料，增值税专用发票上注明的原材料价款为5 000 000元，增值税额为850 000元。货款已经支付，材料已经到达并验收入库，则企业应作如下会计处理：

借：原材料　　5 000 000

　　应交税费——应交增值税(进项税额)　　850 000

　贷：银行存款　　5 850 000

【例2-14】甲公司销售产品一批，价款400 000元，应收取的增值税额为68 000元，款项尚未收到，则会计处理为：

借：应收账款　　468 000

　贷：主营业务收入　　400 000

　　　应交税费——应交增值税(销项税额)　　68 000

2. 进项税转出账务处理

进项税额转出是指企业外购货物或接受劳务，原用于生产性应税项目，并已将增值税计入“应交税费——应交增值税(进项税额)”账户，但后来又改变用途等，使抵扣链中断，按税法规定，其进项税额不能抵扣，应将已确认的进项税额予以转出，计入相关资产的成本或损失中。我国《增值税暂行条例》规定，以下项目的进项税额不得从销项税额中抵扣：

(1)用于非增值税应税项目、免征增值税项目、集体福利或者个人消费的购进货物或者应税劳务。《增值税暂行条例实施细则》规定，企业购进货物不包括既用于增值税应税项目(不含免征增值税项目)也用于非增值税应税项目、免征增值税(以下简称免税)项目、集体福利或者个人消费的固定资产，即购入生产用设备等固定资产涉及的增值税可以抵扣。

(2)非正常损失的购进货物及相关的应税劳务。《增值税暂行条例实施细则》规定，非正常损失是指因管理不善造成被盗、丢失、霉烂变质的损失。

(3)非正常损失的在产品、产成品所耗用的购进货物或者应税劳务。

(4)国务院财政、税务主管部门规定的纳税人自用消费品。

(5)上述(1)至(4)项规定货物的运输费用和销售免税货物的运输费用。

根据有关规定，在账务处理上，企业购入货物时即能分清其进项税额属不得抵扣项目的，应将其进项税额直接计入有关资产(劳务)的成本或损失中；原已确认为“应交税费——应交增值税(进项税额)”，后因改变货物用途等原因，使进项税额不得抵扣的，应将其计入“应交税费——应交增值税(进项税额转出)”。

【例 2-15】某企业对厂房进行改建，领用本厂生产的原材料1 500元，应将原材料价值加上进项税额 255 元计入在建工程成本。其会计处理如下：

借：在建工程	1 755	
贷：原材料		1 500
应交税金——应交增值税(进项税额转出)		255

3. 视同销售账务处理

《增值税暂行条例实施细则》将以下 8 种行为归入视同销售行为：(1)将货物交付他人代销；(2)销售代销货物；(3)非同一县(市)，将货物从一个机构移送他机构用于销售；(4)将自产或委托加工的货物用于非应税项目；(5)将自产、委托加工或购买货物作为投资，提供给其他单位或个体经营者；(6)将自产、委托加工或购买的货物分配给股东或投资者；(7)将自产或委托加工的货物用于集体福利或个人消费；(8)将自产、委托加工或购买的货物无偿赠送他人。《企业会计准则第 14 号——收入》对涉及视同销售业务的会计核算原则没有明确规定，仅在第 4 条规定了确认收入同时满足的五个条件。视同销售行为中哪些应确认销售收入，哪些不能确认销售收入，这就需要认真甄别其业务的实质，以判断是会计销售行为还是应税销售行为。

【例 2-16】甲公司年终为奖励 10 名先进工作者，以其生产的成本为2 000元的冰箱作为福利发放给企业职工。该型号冰箱的计税价格为每台3 000元。公司适用的增值税税率为 17%。会计处理如下：

借：管理费用	35 100	
贷：应付职工薪酬——非货币性福利		35 100
借：应付职工薪酬——非货币性福利	35 100	
贷：主营业务收入		30 000
应交税费——应交增值税(销项税额)		5 100

借：主营业务成本　　20 000
　贷：库存商品　　20 000

【例 2-17】企业将生产的一批产品无偿捐赠给福利机构，该批产品的成本为150 000元，市场售价为200 000元，增值税税率为 17%。会计处理如下：

借：营业外支出　　184 000
　贷：库存商品　　150 000
　　　应交税费——应交增值税(销项税额)　　34 000

4. 缴纳增值税的账务处理

增值税的纳税期限一般为 1 个月，纳税人应在次月的 1—10 日的征纳期申报纳税。在月末，企业应当计算当月应交未交增值税，借记“应交税费——应交增值税(转出未交增值税)”科目，贷记“应交税费——未交增值税”科目；当月多交的增值税，借记“应交税费——未交增值税”科目，贷记“应交税费——应交增值税(转出多交增值税)”科目。企业本月缴纳的增值税，借记“应交税费——应交增值税(已交税金)”，贷记“银行存款”科目；企业本月缴纳以前各期未交的增值税，借记“应交税费——未交增值税”，贷记“银行存款”科目。

(三)小规模纳税人应纳增值税的会计处理

小规模纳税人以及购入材料不能取得增值税专用发票的，发生的增值税计入材料采购成本，借记“材料采购”、“在途物资”等科目，贷记“应付账款”等科目。

【例 2-18】甲公司核定为小规模纳税企业。本期购入原材料，按照增值税专用发票上记载的原材料成本为 500 000 元，支付的增值税额为 85 000 元，企业开出、承兑商业汇票，材料尚未收到。该企业本期销售产品含税价格为 800 000 元，货款尚未收到。

购进材料时，作如下会计分录：

借：在途物资　　585 000
　贷：应付票据　　585 000

销售产品时，作如下会计分录：

不含税价格 = 800 000÷(1+3%) = 776 699(元)

应交增值税 = 776 699×3% = 23 301(元)

借：应收账款　　800 000
　贷：主营业务收入　　776 699
　　　应交税费——应交增值税　　23 301

二、应交消费税的核算

(一)消费税的概述

我国在普遍征收增值税的基础上，选择部分消费品(如烟酒、化妆品、贵重首饰及珠宝玉石、小汽车等)，再征收消费税，以正确引导消费方向。

消费税是指在我国境内生产、委托加工和进口应税消费品的单位和个人，按其流转额缴纳的一种税。消费税实行价内税，只在应税消费品的生产、委托加工和进口环节缴纳，在以后的批发、零售等环节，因为价款中已包含消费税，所以不用再缴纳消费税，税款最终由消费者承担。消费税的纳税人是我国境内生产、委托加工、零售和进口《消费税暂行条例》规定的应税消费品的单位和个人。消费税的征收采取从价定率和从量定额两种方法。

实行从价定率办法计征的应纳税额的税基为不含增值税的销售额，计算公式为：

应纳税额＝销售额×税率

实行从量定额办法计征的应纳税额的销售数量是指应税消费品的数量，计算公式为：

应纳税额＝销售数量×单位税额

(二)消费税的账务处理

企业应在“应交税费”科目下设置“应交消费税”明细科目，核算应交消费税的发生、缴纳情况。该科目贷方登记应缴纳的消费税，借方登记已缴纳的消费税；期末贷方余额为尚未缴纳的消费税，借方余额为多缴纳的消费税。

(1)销售应税消费品。企业销售税消费品应交的消费税，借记“营业税金及附加”科目，贷记“应交税费——应交消费税”科目。

(2)自产自用应税消费品。企业将生产的应税消费品用于在建工程等非生产机构时，按规定应交的消费税，借记“在建工程”等科目，贷记“应交税费——应交消费税”科目。

(3)委托加工应税消费品。需要缴纳消费税的委托加工物资，应由受托方代收代缴消费税，受托方按照应交税款金额，借记“应收账款”、“银行存款”等科目，贷记“应交税费——应缴消费税”科目。

委托加工物资收回后，直接用于销售的，应将受托方代收代缴的消费税计入委托加工物资的成本，借记“委托加工物资”等科目，贷记“应付账款”、“银行存款”等科目；委托加工物资收回后用于连续生产应税消费品，按规定准予抵扣的，应按已由受托方代收代交的消费税，借记“应交税费——应交消费税”科目，贷记“应付账款”、“银行存款”等科目。

(4)进口应税消费品。企业进口应税物资在进口环节应交的消费税，计入该项物资的成本，借记“材料采购”、“固定资产”等科目，贷记“银行存款”科目。

【例 2-19】甲公司本期销售化妆品一批，含增值税销售收入 351 000 元，该产品的增值税税率为 17%，消费税税率为 30%。产品已经发出，款项尚未收到。该企业的会计处理如下：

应税消费品销售额＝351 000÷(1+17%)＝300 000(元)

应纳消费税额＝300 000×30%＝ 90 000(元)

借：应收账款	351 000	
贷：主营业务收入		300 000
应交税费——应交增值税(销项税额)		51 000
借：营业税金及附加	90 000	
贷：应交税费——应交消费税		90 000

三、其他税费的核算

（一）营业税

1. 营业税概述

营业税是对在我国境内提供劳务、转让无形资产或销售不动产的单位和个人征收的流转税。营业税按照营业额和规定的税率计算应纳税额，其计算公式如下：

应纳税额＝营业额×税率

这里的营业额是指企业提供应税劳务、转让无形资产或者销售不动产向对方收取的全部价款和价外费用。价外费用包括向对方收取的手续费、基金、集资费、代收款项、代垫款项及其他各种性质的价外收费。

2. 应交营业税账务处理

企业按规定应交的营业税，在"应交税费"科目下设置"应交营业税"明细科目进行核算。"应交营业税"明细科目的借方发生额，反映企业已交的营业税；其贷方发生额，反映应交的营业税；期末借方余额，反映多交的营业税；期末贷方余额，反映尚未交的营业税。其账务处理如下：

（1）一般情况下，计算应交的营业税：

借：主营业务税金及附加

　贷：应交税费——应交营业税

（2）销售不动产，按销售额计算营业税：

借：固定资产清理

　贷：应交税费——应交营业税

（3）房地产开发企业经营房屋不动产应交的营业税：

借：主营业务税金及附加

　贷：应交税费——应交营业税

（4）销售无形资产，按销售额计算营业税：

借：其他业务支出

　贷：应交税费——应交营业税

（5）实际缴纳营业税：

借：应交税费——应交营业税

　贷：银行存款

（二）企业所得税

企业的生产、经营所得和其他所得，依照税法的规定需要缴纳所得税。企业应设置"应交税费——应交所得税"科目进行相应的核算。企业按照一定税率计算的所得税，借记"所得税费用"科目，贷记"应交税费——应交所得税"科目。

（三）房产税、土地增值税、城市维护建设税等

1. 房产税、土地使用税、车船使用税

房产税是指以我国境内的房产为征税对象，按照房产的评估值或房产租金收入向产权所有人征收的一种税。土地使用税是对城市、县城、建制镇和工矿区范围内使用土地的单

位和个人开征的一种税，以纳税人实际占用的土地面积为计税依据，依照规定税额计算征收，其目的是调节土地级差收入，提高土地使用效益，加强土地管理。车船使用税由拥有并且使用车船的单位和个人缴纳，车船使用税按照适用税额计算缴纳。

企业按规定计算应交的房产税、土地使用税、车船使用税时，借记“管理费用”科目，贷记“应交税费——应交房产税(或土地使用税、车船使用税)”科目；上交时，借记“应交税费——应交房产税(或土地使用税、车船使用税)”科目，贷记“银行存款”科目。

2. 土地增值税

土地增值税是对有偿转让国有土地使用权、地上建筑物及其附着物的单位、个人，就其转让房地产所取得的增值额而征收的一种税。

企业转让土地使用权时，按实际收到金额借记“银行存款”，按应交土地增值税贷记“应交税费——应交土地增值税”，同时冲销土地使用权的账面值，贷记“无形资产”，按其差额借记“营业外支出”或贷记“营业外收入”。

3. 城市维护建设税和教育费附加

城市维护建设税和教育费附加都是附加税，按流转税(增值税、消费税、营业税)的一定比例计算缴纳。

企业计算应交的城市维护建设税、教育费附加时，借记“营业税金及附加”，贷记“应交税费”。

任务四 应付利息、应付股利及其他应付款的核算

◎ 任务描述：

了解应付利息、应付股利及其他应付款的内容，掌握应付利息、应付股利及其他应付款的核算内容、核算方法等。

◎ 技能目标：

1. 能正确计算应付利息、应付股利；

2. 能完成应付利息、应付股利及其他应付款的账务处理。

◎ 知识目标：

1. 熟悉应付利息、应付股利及其他应付款的核算内容；

2. 熟悉应付利息、应付股利及其他应付款相关单证的填制方法和业务办理流程。

◎ 任务导入：

甲公司于2014年1月1日向银行借入一笔生产经营用短期借款，共计120 000元，期限为9个月，年利率为8%。根据与银行签署的借款协议，该项借款的本金到期后一次归还；利息分月预提，按季支付。甲公司如何进行会计处理？

一、应付利息的核算

应付利息核算企业按照合同约定应支付的利息，包括短期借款、分期付息到期还本的长期借款、企业债券等应支付的利息。企业应设置“应付利息”账户，该账户应当按照存款人或债权人进行明细核算。企业采用合同约定的名义利率计算确定利息费用时，应按合

同约定的名义利率计算确定的应付利息的金额，借记“利息支出”、“在建工程”、“财务费用”、“研发支出”等科目，贷记本科目。采用实际利率计算确定利息费用时，应按摊余成本和实际利率计算确定的利息费用，借记“利息支出”、“在建工程”、“制造费用”、“财务费用”、“研发支出”科目；按合同约定的名义利率计算确定的应付利息的金额，贷记本科目；按本期应摊销的交易费用金额，借记或贷记“长期借款——交易费用”、“吸收存款——交易费用”科目；按其差额，借记或贷记“长期借款——溢折价”、“吸收存款”等科目。实际支付利息时，借记本科目，贷记“银行存款”等科目。本科目期末贷方余额，反映企业按照合同约定应支付但尚未支付的利息。

【例 2-20】某企业借入 5 年期到期还本每年付息的长期借款 5 000 000 元，合同约定年利率为 3.5%。该企业的会计分录如下：

每年计算确定利息费用时：

企业每年应支付的利息＝5 000 000×3.5%＝175 000(元)

借：财务费用	175 000	
贷：应付利息		175 000

每年实际支付利息时：

借：应付利息	175 000	
贷：银行存款		175 000

二、应付股利的核算

应付股利是指企业根据股东大会或类似机构审议批准的利润分配方案确定分配给投资者的现金股利或利润。企业应设置“应付股利”账户，核算企业分配的现金股利或利润。企业分配的股票股利不通过本科目核算。本科目应当按照投资者进行明细核算。企业应根据股东大会或类似机构通过的利润分配方案，按应支付的现金股利或利润，借记“利润分配”科目，贷记本科目。实际支付现金股利或利润，借记本科目，贷记“银行存款”、“现金”等科目。

企业董事会或类似机构通过的利润分配方案中拟分配的现金股利或利润，不做账务处理，但应在附注中披露。本科目期末贷方余额，反映企业尚未支付的现金股利或利润。

【例 2-21】A 公司 2014 年度实现净利润800 000元，经过董事会批准，决定 2014 年度分配现金股利5 000 000元。股利已经用银行存款支付。A 公司的有关会计处理如下：

借：利润分配——应付现金股利或利润	5 000 000	
贷：应付股利		5 000 000
借：应付股利	5 000 000	
贷：银行存款		5 000 000

三、其他应付款的核算

其他应付款是指除应付账款、应付票据、预收账款、应付职工薪酬以外的应付或暂收款项，主要包括存入保证金、租入固定资产的租金、租入包装物的租金等。企业通常设置“其他应付款”科目核算企业应付、暂收其他单位或个人的款项。

学习情境三

职工薪酬核算

学习情境描述

职工薪酬包括企业为获得职工提供的服务或解除劳动关系而给予的各种形式的报酬或补偿。职工薪酬核算要求会计人员能够按照国家和企业有关工资的政策、制度进行职工薪酬的分配和发放的处理，本情境依据《企业会计准则第 9 号——职工薪酬》(2014 年修订版) 编写，主要包括货币性职工薪酬和非货币职工薪酬的核算。

◎ 任务描述：

了解职工薪酬的核算任务，熟悉职工薪酬的内容和确认计量标准，能完成应付职工薪酬的会计核算。

◎ 技能目标：

1. 能计算职工薪酬；
2. 能对职工薪酬进行分配核算。

◎ 知识目标：

1. 熟悉职工薪酬的核算任务；
2. 掌握计算、发放与分配工资费用的方法；
3. 掌握计提与分配职工医疗保险金、养老保险金等社会保险费用的方法。

◎ 任务导入：

财政部专员办在近期的检查过程中，发现某些企业在对“应付职工薪酬”的管理与核算方面存在一些极不规范的问题。具体表现为：由企业按员工的不同职务岗位等分类，以“通信费”、“车辆使用费”、“交通费”、“取暖费”、“物业费”等补贴名义进行凭发票报销，实际报销后直接列入“管理费用”，不通过“应付职工薪酬”核算。

请问：上述会计处理会导致什么后果？如何加强对“应付职工薪酬”的监督和管理？

任务一 应付职工薪酬认知

一、职工薪酬的定义

职工薪酬，是指企业为获得职工提供的服务或解除劳动关系而给予的各种形式的报酬或补偿。

这里所说的职工，是指与企业订立劳动合同的所有人员，含全职、兼职和临时职工，也包括虽未与企业订立劳动合同但由企业正式任命的人员。未与企业订立劳动合同或未由其正式任命，但向企业所提供服务与职工所提供服务类似的人员，也属于职工的范畴，包括与劳务中介公司签订用工合同而向企业提供服务的人员。

二、职工薪酬的内容

职工薪酬包括短期薪酬、离职后福利、辞退福利和其他长期职工福利。企业提供给职工配偶、子女、受赡养人、已故员工遗属及其他受益人等的福利，也属于职工薪酬。

(1)短期薪酬，是指企业在职工提供相关服务的年度报告期间结束后12个月内需要全部予以支付的职工薪酬，因解除与职工的劳动关系给予的补偿除外。短期薪酬具体包括：职工工资、奖金、津贴和补贴，职工福利费，医疗保险费、工伤保险费和生育保险费等社会保险费，住房公积金，工会经费和职工教育经费，短期带薪缺勤，短期利润分享计划，非货币性福利以及其他短期薪酬。带薪缺勤，是指企业支付工资或提供补偿的职工缺勤，包括年休假、病假、短期伤残、婚假、产假、丧假、探亲假等。利润分享计划，是指因职工提供服务而与职工达成的基于利润或其他经营成果提供薪酬的协议。

(2)离职后福利，是指企业为获得职工提供的服务而在职工退休或与企业解除劳动关系后，提供的各种形式的报酬和福利，短期薪酬和辞退福利除外。

(3)辞退福利，是指企业在职工劳动合同到期之前解除与职工的劳动关系，或者为鼓励职工自愿接受裁减而给予职工的补偿。

(4)其他长期职工福利，是指除短期薪酬、离职后福利、辞退福利之外所有的职工薪酬，包括长期带薪缺勤、长期残疾福利、长期利润分享计划等。

三、职工薪酬的确认与计量

(一)短期薪酬的确认与计量

企业应当在职工为其提供服务的会计期间，将实际发生的短期薪酬确认为负债，并计入当期损益，其他会计准则要求或允许计入资产成本的除外。

企业发生的职工福利费，应当在实际发生时根据实际发生额计入当期损益或相关资产成本。职工福利费为非货币性福利的，应当按照公允价值计量。

企业为职工缴纳的医疗保险费、工伤保险费、生育保险费等社会保险费和住房公积金，以及按规定提取的工会经费和职工教育经费，应当在职工为其提供服务的会计期间，根据规定的计提基础和计提比例计算确定相应的职工薪酬金额，并确认相应负债，计入当期损益或相关资产成本。

带薪缺勤分为累积带薪缺勤和非累积带薪缺勤。企业应当在职工提供服务从而增加了其未来享有的带薪缺勤权利时，确认与累积带薪缺勤相关的职工薪酬，并以累积未行使权利而增加的预期支付金额计量。企业应当在职工实际发生缺勤的会计期间确认与非累积带薪缺勤相关的职工薪酬。累积带薪缺勤，是指带薪缺勤权利可以结转下期的带薪缺勤，本期尚未用完的带薪缺勤权利可以在未来期间使用。非累积带薪缺勤，是指带薪缺勤权利不能结转下期的带薪缺勤，本期尚未用完的带薪缺勤权利将予以取消，并且职工离开企业时也无权获得现金支付。

（二）离职后福利的确认与计量

企业应当将离职后福利计划分类为设定提存计划和设定受益计划。企业应当在职工为其提供服务的会计期间，将根据设定提存计划计算的应缴存金额确认为负债，并计入当期损益或相关资产成本。

（三）辞退福利的确认与计量

企业向职工提供辞退福利的，应当在下列两者孰早日确认辞退福利产生的职工薪酬负债，并计入当期损益：(1)企业不能单方面撤回因解除劳动关系计划或裁减建议所提供的辞退福利时。(2)企业确认与涉及支付辞退福利的重组相关的成本或费用时。

企业应当按照辞退计划条款的规定，合理预计并确认辞退福利产生的应付职工薪酬。辞退福利预期在其确认的年度报告期结束后 12 个月内完全支付的，应当适用短期薪酬的相关规定；辞退福利预期在年度报告期结束后 12 个月内不能完全支付的，应当适用其他长期职工福利的有关规定。

（四）其他长期职工福利的确认与计量

企业向职工提供的其他长期职工福利，符合设定提存计划条件的，应当按设定提存计划的有关规定进行处理。除上述情形外，企业应当按设定受益计划的有关规定，确认和计量其他长期职工福利净负债或净资产。

任务二　应付职工薪酬核算

一、账户设置

企业应当设置“应付职工薪酬”账户，用来核算企业根据有关规定应付给职工的各种职工薪酬的提取、结算、使用等情况。该账户贷方登记已分配计入有关成本费用项目的职工薪酬和金额，借方登记实际发放的职工薪酬的金额。该账户期末贷方余额，反映企业应付未付的职工薪酬。“应付职工薪酬”账户可按“工资”、“职工福利”、“社会保险费”、“住房公积金”、“工会经费”、“职工教育经费”、“非货币性福利”、“辞退福利”、“股份支付”等设置明细账户，进行明细核算。

二、货币性职工薪酬的账务处理

对于货币性薪酬，在确定应付职工薪酬和应当计入成本费用的职工薪酬金额时，企业应当区分以下两种情况：

（一）具有明确计提标准的货币性薪酬

对于国务院有关部门、省、自治区、直辖市人民政府或经批准的企业年金计划规定了计提基础和计提比例的职工薪酬项目，企业应当按照规定的计提标准，计量企业承担的职工薪酬义务和计入成本费用的职工薪酬。其中：(1)“五险一金”。对于医疗保险费、养老保险费、失业保险费、工伤保险费、生育保险费和住房公积金，企业应当按照国务院、所在地政府或企业年金计划规定的标准计量应付职工薪酬义务和应相应计入成本费用的薪酬金额。(2)工会经费和职工教育经费。企业应当按照国家相关规定，分别按照职工工资总额的2%和1.5%计量应付职工薪酬(工会经费、职工教育经费)义务金额和应相应计入成本费用的薪酬金额；从业人员技术要求高、培训任务重、经济效益好的企业，可根据国家相关规定，按照职工工资总额的2.5%计量应计入成本费用的职工教育经费。按照明确标准计算确定应承担的职工薪酬义务后，再根据受益对象计入相关资产的成本或当期费用。

(二)没有明确计提标准的货币性薪酬

对于国家(包括省、市、自治区政府)相关法律法规没有明确规定计提基础和计提比例的职工薪酬，企业应当根据历史经验数据和自身实际情况，计算确定应付职工薪酬金额和应计入成本费用的薪酬金额。

企业将应付的职工薪酬确认为负债，并根据职工提供服务的受益对象，分下列具体情况进行账务处理：生产部门人员的职工薪酬，借记“生产成本”、“制造费用”、“劳务成本”等科目，贷记“应付职工薪酬”；应由在建工程、研发支出负担的职工薪酬，借记“在建工程”、“研发支出”等科目，贷记“应付职工薪酬”；管理部门人员、销售人员的职工薪酬，借记“管理费用”或“销售费用”科目，贷记“应付职工薪酬”。

【例3-1】2013年6月，甲公司当月应发工资2 000万元，其中：生产部门直接生产人员工资1 000万元；生产部门管理人员工资200万元；公司管理部门人员工资360万元；公司专设产品销售机构人员工资100万元；建造厂房人员工资220万元；内部开发存货管理系统人员工资120万元。

根据所在地政府规定，公司分别按照职工工资总额的10%、12%、2%和10.5%计提医疗保险费、养老保险费、失业保险费和住房公积金，缴纳给当地社会保险经办机构和住房公积金管理机构。公司内设医务室，根据2012年实际发生的职工福利费情况，公司预计2013年应承担的职工福利费义务金额为职工工资总额的2%，职工福利的受益对象为上述所有人员。公司分别按照职工工资总额的2%和1.5%计提工会经费和职工教育经费。假定公司存货管理系统已处于开发阶段并符合《企业会计准则第6号——无形资产》资本化为无形资产的条件。

应计入生产成本的职工薪酬金额

=1 000+1 000×(10%+12%+2%+10.5%+2%+2%+1.5%)=1 400(万元)

应计入制造费用的职工薪酬金额

=200+200×(10%+12%+2%+10.5%+2%+2%+1.5%)=280(万元)

应计入管理费用的职工薪酬金额

=360+360×(10%+12%+2%+10.5%+2%+2%+1.5%)=504(万元)

应计入销售费用的职工薪酬金额

=100+100×(10%+12%+2%+10.5%+2%+2%+1.5%)=140(万元)

应计入在建工程成本的职工薪酬金额

=220+220×(10%+12%+2%+10.5%+2%+2%+1.5%)=308(万元)

应计入无形资产成本的职工薪酬金额

=120+120×(10%+12%+2%+10.5%+2%+2%+1.5%)=168(万元)

公司在分配工资、职工福利费、各种社会保险费、住房公积金、工会经费和职工教育经费等职工薪酬时，应当作如下账务处理：

借：生产成本　14 000 000
　　制造费用　2 800 000
　　管理费用　5 040 000
　　销售费用　400 000
　　在建工程　3 080 000
　　研发支出——资本化支出　1 680 000
　贷：应付职工薪酬——工资　20 000 000
　　　应付职工薪酬——职工福利　400 000
　　　应付职工薪酬——社会保险费　4 800 000
　　　应付职工薪酬——住房公积金　2 100 000
　　　应付职工薪酬——工会经费　400 000
　　　应付职工薪酬——职工教育经费　300 000

企业发放工资，如果以现金形式发放，应根据实发工资总额向银行提取现金准备发放工资，借记“库存现金”科目，贷记“银行存款”科目；发放工资时，借记“应付职工薪酬——工资”科目，贷记“库存现金”科目；如果由银行代为发放工资，借记“应付职工薪酬——工资”科目，贷记“银行存款”科目；发放工资时，代扣款项的转账处理为借记“应付职工薪酬——工资”科目，贷记“其他应付款”科目。职工福利费使用应借记“应付职工薪酬——职工福利”科目，贷记“库存现金”、“银行存款”等相关科目。

三、非货币性职工薪酬的账务处理

企业以其自产产品或外购商品作为非货币性福利发放给职工的，应当根据受益对象，按照该产品的公允价值，计入相关资产成本或当期损益，同时确认应付职工薪酬，借记“管理费用”、“生产成本”、“制造费用”等科目，贷记“应付职工薪酬——非货币性福利”科目。对于自产产品应作为销售处理，确认营业收入，并结转产品成本，涉及增值税销项税的，还应进行相应的处理。

【例 3-2】A 公司为一家用服装生产企业，2013 年 1 月，公司以生产的每套成本为 500 元的服装作为福利发放给每名职工。该服装售价是每套 1 400 元，适用增值税税率为 17%。假定公司职工中直接参加生产的人员 100 名，管理人员 15 名。会计处理如下：

该批服装总售价＝1 400×(100+15)＝161 000(元)

该批服装应交的增值税＝161 000×17%＝27 370(元)

生产成本＝100×1 400×(1+17%)＝163 800(元)

管理费用＝15×1 400×(1+17%)＝24 570(元)

公司决定发放服装时，应作如下账务处理：

借：生产成本　163 800
　　管理费用　24 570
　贷：应付职工薪酬——非货币性福利　188 370

实际发放服装时，应作如下账务处理：

借：应付职工薪酬——非货币性福利　　188 370
　贷：主营业务收入　　161 000
　　应交税费——应交增值税(销项税额)　　27 370
借：主营业务成本　　57 500
　贷：库存商品　　57 500

将企业拥有的房屋等资产无偿提供给职工使用的，应当根据受益对象，将该住房每期应计提的折旧计入相关资产成本或当期损益，同时确认应付职工薪酬，借记“管理费用”、“生产成本”、“制造费用”等科目，贷记“应付职工薪酬——非货币性福利”科目；并且同时借记“应付职工薪酬——非货币性福利”科目，贷记“累计折旧”科目。租赁住房等资产供职工无偿使用的，应当根据受益对象，将每期应付的租金计入相关资产成本或当期损益，并确认应付职工薪酬，借记“管理费用”、“生产成本”、“制造费用”等科目，贷记“应付职工薪酬——非货币性福利”科目。难以认定受益对象的非货币性福利，直接计入当期损益和应付职工薪酬。

【例 3-3】公司为各部门经理提供汽车免费使用，同时为副总裁以上高级管理人员每人租赁一套住房。该公司部门经理以上职工 30 名，每人提供一辆奥迪汽车免费使用，假定每辆奥迪汽车每月计提折旧 2 000 元；该公司共有副总裁以上高级管理人员 10 名，公司为其每人租赁一套月租金为 5 000 元的公寓。公司每月应作如下账务处理：

借：管理费用　　110 000
　贷：应付职工薪酬——非货币性福利　　110 000
借：应付职工薪酬——非货币性福利　　110 000
　贷：累计折旧　　60 000
　　其他应付款　　50 000

筹资的核算

学习情境描述

筹资是企业通过一定渠道，采取适当方式筹措资金的财务活动，企业筹资的方式很多，按资金使用期限可分为短期资金和中长期资金的筹集；按所筹资金的权益性质不同可分为股权资本和负债资金；按所筹活动是否通过金融机构可分为直接筹资和间接筹资；按资金取得方式可分为内部筹资和外部筹资。本情境主要指企业从外部通负债方式筹集资金的核算，包括短期借款、长期借款、应付债券、长期应付款的核算。

任务一 短期借款的核算

◎ 任务描述：

了解短期借款的概念和内容，并在此基础上掌握短期借款的账务处理方法。

◎ 技能目标：

1. 会正确计算短期借款利息；
2. 会进行短期借款取得、计息和归还的账务处理。

◎ 知识目标：

掌握短期借款的概念及内容。

◎任务导入：

张三准备开一家服务公司，做文印方面的生意。经过一番市场考察，咨询到服务业公司的最低注册资本金为 5 万元。张三用自己打工挣的 5 万元成立了一家“文华公司”。因其懂美术、通排版，加上服务质量有保证，一年下来生意取得初步成功。年底，公司净获利 8 万元。张三的“文华公司”注册资本金 5 万元以及年底净获利 8 万元就是我们所说的所有者权益。但张三并不满足于现状，将所获利润用来扩大公司规模，扩大店面、增添设备。这样一来自有资金就显得不足，他向银行申请到了为期半年的短期借款 5 万元和为期 2 年的长期借款 10 万元，另外又向邻居王五借来 5 万元，以解公司燃眉之急。这样又是一年，张三的“文华公司”生意红火，赚得盆满钵满。谁知王五见张三赚那么多钱，提出张三除归还本金外，还要分一部分利润给他，理由是：“没有我借给你钱，你能赚那么多吗？公司资金中有一部分是我提供的！”

请问：王五的要求合理吗？为什么？张三开办公司投入的 5 万元、第一年赚的并用于扩大生意的 8 万元、向银行借入的短期借款 5 万元和长期借款 10 万元以及向王五借入并用于公司经营的5万元有什么区别?

一、短期借款概述

短期借款是指企业向银行或其他金融机构等借入的期限在1年以下(含1年)的各种借款。短期借款一般是企业为维持正常的生产经营所需的资金或为偿付某项短期债务而借入的款项，主要包括以下几种：

(1)临时借款。一般借款期在3个月左右。

(2)生产经营周转借款。一般借款期为1年。

(3)票据贴现借款。指持有商业汇票的企业，向银行申请取得借款。

(4)结算借款。指企业在采用托收承付结算方式进行销售情况下，在发出商品后委托银行收款时至收款银行通知购买单位承付货款之前，为解决结算资产占用资金的需要，以托收承付结算凭证为保证向银行申请取得的借款。一般借款期限为1周左右。

二、短期借款的核算

(一)账户设置

企业应设置“短期借款”账户用来核算短期借款的取得及偿还情况，该账户属负债类账户。其贷方登记取得借款的本金数额，借方登记偿还借款的本金数额。期末贷方余额反映尚未偿还的短期借款。该账户应当按照借款种类和贷款人进行明细核算。

(二)短期借款的账务处理

短期借款的核算内容包括本金和利息两部分；而按借款程序，短期借款的核算则可分为短期借款的取得、短期借款的利息费用、短期借款的偿还三部分。

1. 短期借款取得的账务处理

企业取得短期借款时，按取得短期借款的本金数额，借记“银行存款”账户，贷记“短期借款”账户。

2. 短期借款利息的的账务处理

企业取得短期借款而发生的利息应确认为费用，作为财务费用处理，计入当期损益。银行或其他金融机构一般按季度在季末结算借款利息，每季度的前两个月不支付利息。当企业按月核算利息时，借记“财务费用”，贷记“应付利息”；支付利息时，按已计息部分，借记“应付利息”，按尚未计息部分，借记“财务费用”，贷记“银行存款”。当企业不需按月核算利息时，若短期借款的借款期跨会计年度，则在资产负债表日，按借款日到资产负债表日尚未支付利息金额，借记“财务费用”，贷记“应付利息”；待支付利息时，按资产负债表日已计息部分，借记“应付利息”，按资产负债表日至到期日的利息金额，借记“财务费用”，贷记“银行存款”。

3. 短期借款归还的账务处理

企业在短期借款到期偿还本金时，应借记“短期借款”账户，贷记“银行存款”账户。

【例4-1】甲公司根据生产经营需要向银行借款20万元，期限为半年，年利率9%，按月计提利息，到期一次还本付息。甲公司应编制会计分录如下：

取得借款时：

借：银行存款　　200 000

　贷：短期借款　　200 000

按月计提借款利息 1 500 元(200 000×9%÷12)时：

借：财务费用　　1 500

　贷：应付利息　　1 500

到期归还本息时(最后一个月应付利息可不预提，直接计入财务费用即可)：

借：财务费用　　1 500

　　应付利息　　7 500

　　短期借款　　200 000

　贷：银行存款　　209 000

任务二　长期借款的核算

◎ 任务描述：

了解长期借款的概念和内容，并在此基础上掌握长期借款等业务的账务处理方法。

◎ 技能目标：

1. 会正确计算长期借款利息；
2. 会进行长期借款取得、计息和归还的账务处理。

◎ 知识目标：

掌握长期借款的概念及内容。

◎任务导入：

某企业 2011 年 1 月从银行借入长期借款1 000 000元，用于扩建厂房，年末完工交付使用。借款期为 3 年，年利率 9%，每年年末归还借款利息，到期一次还清本金，请问该企业如何进行账务处理？

一、长期借款的概述

长期借款是指企业向银行或其他金融机构借入的期限在 1 年以上(不含 1 年)的各项借款。它一般用于购进固定资产、改扩建工程以及生产经营周转等。企业的长期借款，可以按照不同的标准进行分类：

(1)长期借款按借款的条件划分，可分抵押借款、信用借款、担保借款。抵押借款是指以企业的动产或不动产作为抵押，以保证按期还款而取得的借款；信用借款是指不以特定的抵押财产作保证，仅凭借企业的良好信誉而取得的借款；担保借款，是指企业通过其他具有法人资格的单位的担保而取得的借款。

(2)长期借款按借款的偿还方式划分，可分为到期一次偿还借款、分期偿还借款。

(3)长期借款按借款的币种划分。可分为人民币借款、外币借款。

二、长期借款的核算

（一）账户设置

企业应当设置“长期借款”账户，用来核算企业向银行或其他金融机构借入的1年以上（不含1年）的各种借款，该账户属于负债类账户。其贷方登记长期借款本息的增加额，借方登记长期借款本息的减少额，期末贷方余额反映尚未偿还的长期借款。应当按照贷款单位和贷款种类，分别“本金”、“溢折价”、“交易费用”等进行明细核算。

（二）长期借款的账务处理

1. 长期借款取得的账务处理

企业借入长期借款，应按实际收到的金额，借记“银行存款”科目，贷记“长期借款——本金”科目；如存在差额，还应借记“长期借款——利息调整”科目。

2. 长期借款利息费用的账务处理

长期借款利息费用应当在资产负债表日按照实际利率法计算确定，实际利率与合同利率差异较小的，也可以采用合同利率计算确定利息费用。长期借款计算确定的利息费用，应当按以下原则计入有关成本、费用：属于筹建期间的，计入管理费用；属于生产经营期间的，计入财务费用；如果长期借款用于购建固定资产的，在固定资产尚未达到预定可使用状态前，所发生的应当资本化的利息支出，计入在建工程成本；固定资产达到预定可使用状态后发生的利息支出，以及按规定不予资本化的利息支出，计入财务费用。

企业在计提利息时，借记“在建工程”、“制造费用”、“财务费用”、“研发支出”等科目；对于分期付息、到期一次还本的长期借款，按合同利率计算确定应付未付利息，贷记“应付利息”科目；对于一次还本付息的长期借款，按合同利率计算确定应付未付利息，贷记“长期借款——应计利息”科目；按其差额，贷记“长期借款——利息调整”账户。

3. 长期借款归还的账务处理

企业归还长期借款，按归还的长期借款本金，借记“长期借款——本金”账户，按转销的利息调整金额，贷记“长期借款——利息调整”账户，按实际归还的款项，贷记“银行存款”账户，按借贷双方之间的差额，借记“在建工程”、“制造费用”、“财务费用”等账户。

【例4-2】甲公司为建造一幢厂房，2012年1月1日借入期限为两年的长期专门借款100万元，款项已存入银行。借款利率为6%，每年付息一次，期满后一次还清本金。2012年初，以银行存款支付工程价款共计60万元，2013年初又以银行存款支付工程费用40万元。该厂房于2013年8月底完工，达到预定可使用状态。假定不考虑闲置专门借款资金存款的利息收入或者投资收益，根据上述业务，编制会计分录如下：

2012年1月1日，取得借款时：

借：银行存款	1 000 000	
贷：长期借款		1 000 000

2012年初，支付工程款时：

借：在建工程	600 000	
贷：银行存款		600 000

2012 年 12 月 31 日，计算 2012 年应计入工程成本的利息时：

借款利息 = 1 000 000×6% = 60 000(元)

借：在建工程　　60 000

　贷：应付利息　　60 000

2012 年 12 月 31 日，支付借款利息时：

借：应付利息　　60 000

　贷：银行存款　　60 000

2013 年初支付工程款时：

借：在建工程　　400 000

　贷：银行存款　　400 000

2013 年 8 月底达到预定可使用状态，该期应计入工程成本的利息：

利息 = (1 000 000×6%÷12)×8 = 40 000(元)

借：在建工程　　40 000

　贷：应付利息　　40 000

借：固定资产　　1 100 000

　贷：在建工程　　1 100 000

2013 年 12 月 31 日。计算 2013 年 9—12 月应计入财务费用的利息：

利息 = (1 000 000×6%÷12)×4 = 20 000(元)

借：财务费用　　20 000

　贷：应付利息　　20 000

2013 年 12 月 31 日支付利息时：

借：应付利息　　60 000

　贷：银行存款　　60 000

2014 年 1 月 1 日到期还本时：

借：长期借款　　1 000 000

　贷：银行存款　　1 000 000

任务三　应付债券的核算

◎ 任务描述：

了解应付债券的概念和内容，并在此基础上掌握应付债券业务的账务处理方法。

◎ 技能目标：

1. 会正确计算应付债券利息；

2. 会进行应付债券发行、计息和归还的账务处理。

◎ 知识目标：

1. 掌握应付债券的概念及内容；

2. 了解应付债券发行条件。

◎任务导入：

某股份有限公司于2011年1月1日发行3年期、每年1月1日付息、到期一次还本的公司债券，债券面值为200万元，票面年利率为5%，实际利率为6%，发行价格为194.65万元。按实际利率法确认利息费用。该债券2011年度确认的利息费用为多少万元？

一、应付债券概述

(一)应付债券的概念

应付债券是指企业为筹集长期资金依法定程序对外发行、约定在一定期限还本付息的有价证券，是一种债务凭证。这里的应付债券是指企业发行的一年以上的债券，构成一项非流动负债。

(二)应付债券的分类

1. 有无担保分类

应付债券按有无担保分为抵押债券和信用债券。

(1)抵押债券，又称"有担保债券"，是指以特定的财产(如固定资产、流动资产、土地使用权等)作为抵押而发行的债券。

(2)信用债券，又称"无担保债券"，是指企业以自身资信程度作为担保发行的债券。这种债券的发行全凭公司的信用。没有特定财产作抵押，因而购买人承担的风险较大。所以在发行时这种债券的利率一般会高于有担保的债券。

2. 按是否记名分类

应付债券按是否记名分为记名债券和不记名债券。

(1)记名债券，是指公司发行债券时，在债券上记有持券人名称，在发行公司或受托人处备有记名债券持有者的记录。债券到期时持有人凭本人证件和债券到兑换处领取本息，或由公司或其受托管人按持券人登记的姓名、地址分别通知或寄送给持券人。如持券人在债券到期前转让其所有权，需向发行公司或其受托管人处登记，办理过户手续。

(2)不记名债券，又称息票债券，是指公司发行债券时，在债券上不记载持有人名称，发行公司或其受托管人也不需保留购买者的名单。一般这种债券上附有息票，息票上印有每期应付利息及付息日期，债券息票到期时，持票人可持息票到兑换处领取利息，债券到期时，持票再领取本金。这种债券买卖转让时不需向发行公司或其受托管人处登记。

3. 按偿还方式分类

应付债券按偿还方式分为到期一次偿还债券和分期偿还债券。

(1)到期一次偿还债券，是指在将来某一固定日期一次偿付本金。我国发行的债券大多属此类。

(2)分期偿还债券，是指在固定的期限内分次偿付本金。

4. 按其他标准分类

应付债券按其他标准分为可转换公司债券和可赎回债券。

(1)可转换公司债券，是指上市公司和重点国有企业依法定程序发行、在一定期间内依据约定的条件可以转换为股份的债券。这种债券对投资者来说有较大的吸引力，借款者采用此方式可很快筹足资金，但目前我国对发行该种债券的限制条件比较严格。

(2)可赎回债券，又称可提前收兑债券，是指发行企业可在债券到期前按特定价格提前赎回的债券。这种债券发行时在债券上附有在发行一定日期后可以提前收兑的条款。在收兑时一般对持券人按高于票面利率计算的本息额付款。这可给发行企业操作提供较大的灵活性。

(三)债券的发行价格和发行方式

1. 债券的发行价格

发行债券首先需要确定债券的发行价格。影响债券发行价格的因素主要有债券面值、票面利率、债券期限、利息支付方式及市场利率。在其他因素不变的情况下，债券的发行价格取决于债券发行时的市场利率。所谓市场利率是指债券发行时金融市场上那些风险和期限与该债券类似的借贷资本的通行利率。

债券发行价格是到期偿还的债券面值按发行时的市场利率折算的复利现值和债券按票面利率计算的各期利息按市场利率折算的年金现值之和。其计算公式为：

债券发行价格=债券面值按市场利率的折现值+每期债券利息按市场利率的折现值

债券面值按市场利率的折现值=债券面值×复利现值系数

每期债券利息按市场利率的折现值=每个付息期的利息额(年金)×年金现值系数

上述复利现值系数、年金现值系数均可查表得到。

2. 债券的发行方式

根据发行价格的不同，债券的发行方式分为面值发行、溢价发行和折价发行三种。债券的票面利率是一定的，而市场利率则与其有一定的差别。当票面利率等于市场利率时，为面值发行；当票面利率小于市场利率时，为折价发行；当票面利率大于市场利率时，为溢价发行。溢价或折价发行债券时，其溢价额或折价额计算如下：

债券溢价额=债券发行价格-债券面值

债券折价额=债券面值-债券发行价格

债券溢价发行时，债券购买者因溢价而多付出的价款，可以从以后各期多得的利息收入中获得补偿；而债券发行企业因溢价多得的收入，实质是在债券到期前对企业各期多付利息的一种补偿，也是对债券利息费用的一项调整，因而不能将债券溢价视为发行时的收益，而应在债券还款期限内，通过分期摊销陆续冲减企业债券的利息费用。债券折价发行时，债券购买者因折价而少付的价款，是对以后各期少得利息收入的预先补偿；而债券发行企业因折价少得的收入，实质是预先付给债券购买者的利息，它可以从以后各期少付利息中获得补偿，因而同样是对债券利息费用的一项调整，所以，企业的债券折价应在债券还款期限内分期摊销，陆续增加企业债券的利息费用。

二、一般公司债券的账务处理

(一)账户设置

对企业发行的债券需要设置“应付债券”科目进行核算，核算内容包括债券本金和利息。“应付债券”科目按“面值”、“利息调整”、“应计利息”进行明细核算。

(二)债券发行的账务处理

企业发行债券时，按实际收到的款项，借记“银行存款”等科目，按债券票面价值，贷记“应付债券——面值”科目，按实际收到的款项与票面价值之间的差额，贷记或借记“应付债券——利息调整”科目。企业在发行债券时，还应将债券的面值、票面利率、本金及付息期限与方式、发行总额、发行日期及编号、委托代售单位等情况在备查簿中进行登记。待债券到期兑付时，再在备查簿中予以注销。

【例4-3】甲公司于2013年1月1日按面值发行1 200万元，利率为8%、期限为3年的债券，债券全部委托乙证券公司发行，债券款已存入银行。甲公司应编制会计分录如下：

借：银行存款　　12 000 000

　贷：应付债券——面值　　12 000 000

(三)债券利息的账务处理

利息调整应在债券存续期间内采用实际利率法进行摊销。

企业发行的债券通常分为到期一次还本付息或分期付息、一次还本两种。资产负债表日，对于分期付息、一次还本的债券，企业应按应付债券的摊余成本和实际利率计算确定的债券利息费用，借记“在建工程”、“制造费用”、“财务费用”等科目，按票面利率计算确定的应付未付利息，贷记“应付利息”科目，按其差额，借记或贷记“应付债券——利息调整”科目。

对于一次还本付息的债券，企业应于资产负债表日按摊余成本和实际利率计算确定的债券利息费用，借记“在建工程”、“制造费用”、“财务费用”等科目，按票面利率计算确定的应付未付利息，贷记“应付债券——应计利息”科目，按其差额，借记或贷记“应付债券——利息调整”科目。

(四)债券偿还的账务处理

采用一次还本付息方式的，企业应于债券到期支付债券本息时，借记“应付债券——面值”、“应付债券——应计利息”科目，贷记“银行存款”科目。采用一次还本、分期付息方式的，在每期支付利息时，借记“应付利息”科目，贷记“银行存款”科目；债券到期偿还本金并支付最后一期利息时，借记“应付债券——面值”、“在建工程”、“财务费用”、“制造费用”等科目，贷记“银行存款”科目，按其差额，借记或贷记“应付债券——利息调整”科目。

【例4-4】2011年1月1日，甲公司经批准发行5年期一次还本、分期付息的公司债券60 000 000元，债券利息在每年12月31日支付，票面利率为年利率6%。假定债券发行时的市场利率卫5%。甲公司该批债券实际发行价格为：

60 000 000×(P/S, 5%, 5)+60 000 000×6%×(P/A, 5%, 5)

= 60 000 000×0.7835+60 000 000×6%×4.3295 = 62 596 200(元)

甲公司根据上述资料，采用实际利率法和摊余成本计算确定的利息费用见表4-1。

表 4-1　　　　单位：元

日　期	现金流出(a)	实际利息费用 (b) = 期初(d)×5%	已偿还的本金 (c) = (a)-(b)	摊余成本余额 (d) = 期初(d)-(c)
2011 年 1 月 1 日				62 596 200
2011 年 12 月 31 日	3 600 000	3 129 810	470 190	62 126 010
2012 年 12 月 31 日	3 600 000	3 106 300. 50	493 699. 50	61 632 310. 50
2013 年 12 月 31 日	3 600 000	3 081 615. 53	518 384. 47	61 113 926. 03
2014 年 12 月 31 日	3 600 000	3 055 696. 30	544 303. 70	60 569 622. 33
2015 年 12 月 31 日	3 600 000	3 030 377. 67*	569 622. 33	60 000 000
小　计	18 000 000	15 403 800	2 596 200	60 000 000
2015 年 12 月 31 日	60 000 000	—	60 000 000	0
合　计	78 000 000	15 403 800	62 596 200	—

注：* 表示尾数调整：60 000 000+3 600 000-60 569 622. 33 = 3 030 377. 67(元)

根据表 4-1 的资料，甲公司的账务处理如下：

2011 年 1 月 1 日，发行债券时：

借：银行存款　　62 596 200

　贷：应付债券——面值　　60 000 000

　　　应付债券——利息调整　　2 596 200

2011 年 12 月 31 日，计算利息费用时：

借：财务费用(或在建工程)　　3 129 810

　　应付债券——利息调整　　470 190

　贷：应付利息　　3 600 000

2011 年 12 月 31 日，支付利息时：

借：应付利息　　3 600 000

　贷：银行存款　　3 600 000

2012 年、2013 年、2014 年确认利息费用的会计分录与 2011 年相同，金额与利息费用一览表的对应金额一致。

2015 年 12 月 31 日，归还债券本金及最后一期利息费用时：

借：财务费用(或在建工程)　　3 030 377. 67

　　应付债券——面值　　60 000 000

　　应付债券——利息调整　　596 622. 33

　贷：银行存款　　63 600 000

三、可转换公司债券账务处理

我国发行可转换公司债券采取记名式无纸化发行方式。企业发行的可转换公司债券，既含有负债成分又含有权益成分，根据《企业会计准则第37号——金融工具列报》的规定，应当在初始确认时将负债和权益成分进行分拆，分别进行处理。企业在进行分拆时，应当先确定负债成分的公允价值并以此作为其初始确认金额，确认为应付债券；再按照该可转换公司债券整体的发行价格扣除负债成分初始确认金额后的金额确定权益成分的初始确认金额，确认为资本公积。负债成分的公允价值是合同规定的未来现金流量按一定利率折现的现值。其中，利率根据市场上具有可比信用等级并在相同条件下提供几乎相同现金流量，但不具有转换权的工具的适用利率确定。发行该可转换公司债券发生的交易费用，应当在负债成分和权益成分之间按照其初始确认金额的相对比例进行分摊。企业发行可转换公司债券的有关账务处理如下：

企业发行的可转换公司债券在“应付债券”科目下设置“可转换公司债券”明细科目核算。企业应按实际收到的款项借记“银行存款”等科目，按可转换公司债券包含的负债成分面值贷记“应付债券——可转换公司债券——面值”科目，按权益成分的公允价值贷记“资本公积——其他资本公积”科目，按其差额借记或贷记“应付债券——可转换公司债券——利息调整”科目。

对于可转换公司债券的负债成分，在转换为股份前，其会计处理与一般公司债券相同，即按照实际利率和摊余成本确认利息费用，按照面值和票面利率确认应付债券或应付利息，差额作为利息调整。

可转换公司债券持有人行使转换权利，将其持有的债券转换为股票的，按可转换公司债券的余额，借记“应付债券——可转换公司债券——面值”科目，借记或贷记“应付债券——可转换公司债券——利息调整”科目，按其权益成分的金额借记“资本公积——其他资本公积”科目，按股票面值和转换的股数计算的股票面值总额贷记“股本”科目，按其差额贷记“资本公积——股本溢价”科目。如用现金支付不可转换股票的部分，还应贷记“库存现金”、“银行存款”等科目。

【例4-5】甲上市公司经批准于2010年1月1日按每份面值100元发行了1 000 000份5年期一次还本、分期付息的可转换公司债券，共计100 000 000元，款项已收存银行，债券票面年利率为6%。债券发行1年后可转换为甲上市公司普通股股票，转股时每份债券可转10股，股票面值为每股1元。假定2011年1月1日债券持有人将持有的可转换公司债券全部转换为甲上市公司普通股股票。甲上市公司发行可转换公司债券时二级市场上与之类似的没有转换权的债券市场利率为9%。该可转换公司债券发生的利息费用不符合资本化条件。甲上市公司有关该可转换公司债券的账务处理如下：

2010年1月1日，发行可转换公司债券时：

首先，确定可转换公司债券负债成份的公允价值：

100 000 000×(P/S, 9%, 5)+100 000 000×6%×(P/A, 9%, 5)

= 100 000 000×0. 6499+100 000 000×6%×3. 8897 = 88 328 200(元)

可转换公司债券权益成分的公允价值为：100 000 000−88 328 200 = 11 671 800(元)

借：银行存款	100 000 000	
应付债券——可转换公司债券——利息调整	11 671 800	
贷：应付债券——可转换公司债券——面值		100 000 000

资本公积——其他资本公积——可转换公司债券 11 671 800

2010 年 12 月 31 日，确认利息费用时：

应计入财务费用的利息 = 88 328 200×9% = 7 949 538(元)

当期应付未付的利息费用 = 100 000 000×6% = 6 000 000(元)

借：财务费用 7 949 538

贷：应付利息 6 000 000

应付债券——可转换公司债券——利息调整 1 949 538

2011 年 1 月 1 日，债券持有人行使转换权时：

转换的股份数 = 1000 000×10 = 1 0000 000(股)

借：应付债券——可转换公司债券——面值 100 000 000

资本公积——其他资本公积——可转换公司债券 11 671 800

贷：股本 10 000 000

应付债券——可转换公司债券——利息调整 9 722 262

资本公积——股本溢价 91 949 538

企业发行附有赎回选择权的可转换公司债券，其在赎回日可能支付的利息补偿金，即债券约定赎回期届满日应当支付的利息减去应付债券票面利息的差额，应当在债券发行日至债券约定赎回届满日期间计提应付利息，计提的应付利息分别计入相关资产成本或财务费用。

任务四 长期应付款的核算

◎ 任务描述：

了解长期应付款的概念和内容，并在此基础上掌握长期应付款的账务处理方法。

◎ 技能目标：

1. 会进行应付融资租入固定资产租赁费的核算；
2. 会进行具有融资性质的延期付款购买资产业务的核算。

◎ 知识目标：

1. 掌握长期应付款的概念及内容；
2. 了解融资租入固定资产相关规定和流程；
3. 了解具有融资性质的延期付款购买资产相关规定和流程。

◎任务导入：

某公司 2012 年 1 月 1 日以分期付款的方式购入一台设备，总价款为 150 万元，购货合同约定购买之日首付 60 万元，以后每年年末支付 30 万元，分 3 年于 2014 年 12 月 31 日付清，建设银行同期银行贷款利率为 10%。该公司如何进行账务处理？

一、长期应付款的概述

长期应付款是指企业除长期借款、应付债券以外的其他各种长期应付款项。它包括应付融资租入固定资产的租赁费、以分期付款方式购入固定资产等发生的应付账款。企业可以采用融资租入固定资产或分期付款购入固定资产等方式获得长期资产，如融资租入固定资产时，企业先取得设备，之后在合同规定的租赁期内以支付租赁费方式分期偿还设备款。因此，融资租入固定资产和分期付款购入固定资产，在尚未支付租赁费或尚未偿还价款前，形成企业的一项非流动负债，即长期应付款。

二、长期应付款的账务处理

(一)账户设置

“长期应付款”账户该账户属负债类账户，用来核算企业融资租入固定资产和以分期付款方式购入固定资产时应付的款项及偿还情况。贷方登记发生的长期应付款项，借方登记按期支付的长期应付款项。期末贷方余额反映企业尚未支付的各种长期应付款。该账户可按长期应付款的种类和债权人进行明细核算。

“未确认融资费用”账户该账户属负债类账户，用来核算企业应当分期计入利息费用的未确认融资费用，借方登记形成的未确认融资费用，贷方登记分期转销的未确认融资费用，期末借方余额反映企业未确认融资费用的摊余价值。

(二)应付融资租入固定资产租赁费的账务处理

应付融资租入固定资产的租赁费，是指企业融资租入固定资产而发生的应付款。企业采用融资租赁方式租入固定资产，虽然在法律形式上资产的所有权在租赁期内仍然属于出租人，但由于资产的租赁期基本上包括了资产的有效使用年限，承租企业实际上获得了租赁资产所提供的主要经济利益，同时承担了与资产所有权相关的风险。因此，承租企业应将融资租入的固定资产作为一项固定资产入账，同时确认相应的负债。融资租入固定资产，在租赁期开始日，按应计入固定资产成本的金额(租赁开始日租赁资产公允价值与最低租赁付款额现值两者中较低者，加上初始直接费用，如手续费等)，借记“在建工程”或“固定资产”科目；按最低租赁付款额，贷记“长期应付款”科目。按发生的初始直接费用，贷记“银行存款”等科目；按其差额，借记“未确认融资费用”科目。按期支付租赁费时，借记“长期应付款”科目，贷记“银行存款”等科目。

未确认融资费用应当在租赁期内各个期间进行分摊。承租人分摊未确认融资费用时，应当采用实际利率法。每期采用实际利率法分摊未确认融资费用时，按当期应分摊的未确认融资费用金额，借记“财务费用”科目，贷记“未确认融资费用”科目。

【例 4-6】2011 年 12 月 28 日，A 公司与 B 公司签订了一份租赁合同。合同主要条款如下：

(1)租赁标的物：数控机床。

(2)租赁期开始日：租赁物运抵 A 公司生产车间之日(即 2012 年 1 月 1 日)。

(3)租赁期：从租赁期开始日算起 36 个月(即 2012 年 1 月 1 日至 2014 年 12 月 31 日)。

(4)租金支付方式：自租赁期开始日起每年年末支付租金 900 000 元。

(5)该机床在 2012 年 1 月 1 日的公允价值为 2 500 000 元。

(6)租赁合同规定的利率为 8%(年利率)。

(7)该机床为全新设备，估计使用年限为 5 年，不需安装调试，采用年限平均法计提折旧。

（8）2013 年和 2014 年，A 公司每年按该机床所生产产品的年销售收入的 1%向 B 公司支付经营分享收入。

A 公司在租赁谈判和签订租赁合同过程中发生可归属于租赁项目的手续费、差旅费 9 800元。2013 年和 2014 年，A 公司使用该数控机床生产产品的销售收入分别为8 000 000元和 10 000 000 元。2013 年 12 月 31 日，A 公司以银行存款支付该机床的维护费2 800元。2014 年 12 月 31 日，A 公司将该机床退还 B 公司。

A 公司(承租人)的会计处理如下：

租赁开始日的会计处理：

第一步，判断租赁类型。

本例中，租赁期(3 年)占租赁资产尚可使用年限(5 年)的 60%(小于 75%)，没有满足融资租赁的第 3 条判断标准；最低租赁付款额的现值为 2 319 390 元(计算过程见下)，大于租赁资产公允价值的 90%，即 2 250 000 元(2 500 000×90%)，满足融资租赁的判断标准，因此，A 公司应当将该项租赁认定为融资租赁。

第二步，计算租赁开始日最低租赁付款额的现值，确定租赁资产的入账价值。

本例中 A 公司不知道出租人的租赁内含利率，因此应选择租赁合同规定的利率 8%作为最低租赁付款额的折现率。

最低租赁付款额＝各期租金之和+承租人担保的资产余值 ＝ 900 000×3+0 ＝ 2 700 000(元)

最低租赁付款额的现值＝900 000×(P/A，8%，3) ＝ 900 000×2. 5771

＝2 319 390(元) ＜ 租赁资产公允价值 2 500 000 元

根据《企业会计准则第 21 号——租赁》规定的孰低原则，租赁资产的入账价值应为其折现值 2 319 390 元加上初始直接费用 9 800 元，即 2 329 190 元。

第三步，计算未确认融资费用。

未确认融资费用＝最低租赁付款额-最低租赁付款额现值＝2 700 000-2 319 390

＝ 380 610(元)

第四步，进行具体账务处理。

借：固定资产——融资租入固定资产——数控机床	2 329 190	
未确认融资费用	380 610	
贷：长期应付款——B 公司——应付融资租赁款		2 700 000
银行存款		9 800

分摊未确认融资费用的会计处理：

第一步，确定融资费用分摊率。

租赁资产的入账价值为其最低租赁付款额的折现值，因此该折现率就是其融资费用分摊率，即 8%。

第二步，在租赁期内采用实际利率法分摊未确认融资费用(见表 4-2)。

表 4-2　　　　　　　　　　　　　　　　　　　　　　　　　　　　单位：元

日　　期	租金	确认的融资费用	应付本金减少额	应付本金余额
	(a)	(b) = 期初(d)×8%	(c) = (a)-(b)	(d) = 期初(d)-(c)
2012 年 1 月 1 日				2 319 390
2012 年 12 月 31 日	900 000	185 551.2	714 448.8	1 604 941.2
2013 年 12 月 31 日	900 000	128 395.3	771 604.7	833 366.5
2014 年 12 月 31 日	900 000	66 663.5*	833 336.5	0
合　　计	2 700 000	380 610	2 319 390	—

注：* 代表尾数调整：900 000-833 336.5 = 66 663.5(元)

第三步，进行具体账务处理。

2012 年 12 月 31 日，支付第 1 期租金时：

借：长期应付款——B 公司——应付融资租赁款　　900 000

　贷：银行存款　　900 000

2012 年 1—12 月，每月分摊未确认融资费用时：

每月财务费用 = 185 551.2÷12 = 15 462.6(元)

借：财务费用　　15 462.6

　贷：未确认融资费用　　15 462.6

2012 年 2—12 月，每月计提折旧时：

每月折旧费用=2 329 190÷(3×12-1)= 66 548.29(元)

借：制造费用　　66 548.29

　贷：累计折旧　　66 548.29

2013 年 12 月 31 日，支付第 2 期租金时：

借：长期应付款——B 公司——应付融资租赁款　　900 000

　贷：银行存款　　900 000

2013 年 1—12 月，每月分摊未确认融资费用时：

每月财务费用 = 128 395.3÷12 = 10 699.61(元)

借：财务费用　　10 699.61

　贷：未确认融资费用　　10 699.61

2014 年 12 月 31 日，支付第 3 期租金时：

借：长期应付款——B 公司——应付融资租赁款　　900 000

　贷：银行存款　　900 000

2014 年 1—12 月，每月分摊未确认融资费用时：

每月财务费用 = 66 663.5÷12 = 5 555.29(元)

借：财务费用　　5 555.29

　贷：未确认融资费用　　5 555.29

履约成本的会计处理：

2013 年 12 月 31 日，A 公司发生该机床的维护费 2 800 元时：

借：管理费用　　2 800

　贷：银行存款　　2 800

或有租金的会计处理：

2013 年 12 月 31 日，根据合同规定，A 公司应向 B 公司支付经营分享收入 80 000 元：

借：销售费用　　80 000

　贷：其他应付款——B 公司　　80 000

2014 年 12 月 31 日，根据合同规定，A 公司应向 B 公司支付经营分享收入 100 000 元：

借：销售费用　　100 000

　贷：其他应付款——B 公司　　100 000

租赁期届满时的会计处理：

2014 年 12 月 31 日，A 公司将该机床退还 B 公司时：

借：累计折旧　　2 329 190

　贷：固定资产——融资租入固定资产——数控机床　　2 329 190

(三)具有融资性质的延期付款购买资产

企业购买资产有可能延期支付有关价款。如果延期支付购买价格超过正常信用条件，实质上具有融资性质，所购资产的成本应当以延期支付购买价款的现值为基础确定，实际支付价款与购买价款的现值之差额，应当在信用期内采用实际利率法进行摊销，计入相关资产成本或当期损益。具体来说，企业购入资产超过正常信用条件延期付款实质上具有融资性质时，应按购买价款的现值，借记"固定资产"、"在建工程"等科目；按应支付的价款总额，贷记"长期应付款"科目；按其差额，借记"未确认融资费用"科目。

【例 4-7】甲公司以分期付款方式购入一台设备，具有融资性质，购买总价款为 50 万元，购买价款的现值为 45 万元，假定不考虑未确认融资费用的摊销。甲公司的账务处理如下：

借：固定资产　　450 000

　　未确认融资费用　　50 000

　贷：长期应付款　　500 000

学习情境五

对外投资的核算

学习情境描述

投资指的是用某种有价值的资产，其中包括资金、人力、知识产权等投入某个企业、项目或经济活动，以获取经济回报的商业行为或过程。可分为直接投资和间接投资；对内投资和对外投资。本情境主要指企业以货币形式对外的直接和间接投资，包括交易性金融资产、持有至到期投资、可供出售金融资产、长期股权投资的核算。

任务一 交易性金融资产的核算

◎ 任务描述：

了解金融资产的概念和内容，并在此基础上掌握交易性金融资产的账务处理方法。

◎ 技能目标：

1. 能正确进行交易性金融资产的确认；
2. 会进行交易性金融资产的核算。

◎ 知识目标：

1. 掌握金融资产的概念及内容；
2. 理解公允价值的含义和计量方法。

◎任务导入：

某股份有限公司于2014年5月10日以每股12元的价格(其中包含已宣告但尚未发放的现金股利0.1元)购进某股票30万股，并确认为交易性金融资产，另支付相关税费1.8万元。5月15日如数收到宣告发放的现金股利。5月20日，以每股11元的价格又购进股票20万股，支付相关税费1万元。6月30日，该股票价格下跌到每股10元。11月25日，以每股13元的价格将该股票40万股出售，支付相关税费2.7万元。12月31日，该股票公允价值为14元。该公司如何进行账务处理？

一、金融资产概述

金融资产属于企业资产的重要组成部分，金融资产通常指企业的下列资产：现金、银行存款、应收账款、应收票据、贷款、股权投资、债权投资等；金融负债通常指企业的下列负债：应付账款、应付票据、应付债券等。企业应当结合自身业务特点和风险管理要求，将取得的金融资产在初始确认时分为以下几类：(1)以公允价值计量且其变动计入当期损益的金融资产；(2)持有至到期投资；(3)贷款和应收款项；(4)可供出售金融资产。

上述分类一经确定，不得随意变更。

二、交易性金融资产概述

(一) 交易性金融资产概念

以公允价值计量且其变动计入当期损益的金融资产，可以进一步分为交易性金融资产和直接指定为以公允价值计量且其变动计入当期损益的金融资产。交易性金融资产主要是指企业为了近期内出售而持有的金融资产，如企业以赚取差价为目的从二级市场购入的股票、债券、基金等。

(二) 交易性金融资产确认条件

满足以下条件之一的金融资产，应当划分为交易性金融资产：

(1)取得该金融资产的目的，主要是在近期内出售、回购或赎回。例如，企业以赚取差价为目的从二级市场购入股票、债券和基金等。通常情况下，这是企业交易性金融资产的主要组成部分。

(2)属于进行集中管理的可辨认金融工具组合的一部分，且有客观证据表明企业近期采用短期获利方式对该组合进行管理。在这种情况下，即使组合中有某个组成项目持有的期限稍长也不受影响。其中，“金融工具组合”指金融资产组合。

(3)属于衍生工具。衍生工具通常划分为交易性金融资产。但是，被指定为有效套期工具的衍生工具、属于财务担保合同的衍生工具、与在活跃市场中没有报价且其公允价值不能可靠计量的权益工具投资挂钩并需通过交付该权益工具结算的衍生工具除外。其中，财务担保合同是指保证人和债权人约定，当债务人不履行债务时，保证人按照约定履行债务或者承担责任的合同。

某类金融资产划分为交易性金融资产后，不能再重分类为其他类别的金融资产，其他类别的金融资产也不能再重分类为交易性金融资产。

三、交易性金融资产核算

(一) 交易性金融资产取得的核算

1. 账户设置

“交易性金融资产”账户属于资产类账户，核算企业持有的以公允价值计量且其变动计入当期损益的金融资产，包括为交易目的所持有的债券投资、股票投资、基金投资、权证投资等和直接指定为以公允价值计量且其变动计入当期损益的金融资产。衍生金融资产不在本科目核算。本账户应当按照交易性金融资产的类别和品种，分别“成本”、“公允价值变动”进行明细核算。

2. 账务处理

交易性金融资产初始确认时，应按公允价值计量，相关交易费用应当直接计入当期损益。其中，交易费用是指可直接归属于购买、发行或处置金融工具新增的外部费用。所谓新增的外部费用，是指企业不购买、发行或处置金融工具就不会发生的费用。交易费用包括支付给代理机构、咨询公司、券商等的手续费和佣金及其他必要支出，不包括债券溢价、折价、融资费用、内部管理成本及其他与交易不直接相关的费用。

企业取得交易性金融资产所支付的价款中，包含已宣告但尚未发放的现金股利或已到付息期但尚未领取的债券利息的，应当单独确认为应收项目。

企业取得交易性金融资产，按其公允价值(不含支付的价款中所包含的已宣告但尚未发放的现金股利或已到付息期但尚未领取的债券利息)，借记“交易性金融资产——成本”科目，按发生的交易费用，借记“投资收益”科目，按已宣告但尚未发放的现金股利或已到付息期但尚未领取的债券利息，借记“应收股利”或“应收利息”科目，按实际支付的金额，贷记“银行存款”等科目；收到上列现金股利或债券利息时，借记“银行存款”科目，贷记“应收股利”或“应收利息”科目。

【例 5-1】2013 年 3 月 2 日，甲公司购入乙公司每股面值 1 元的股票 50 000 股，每股购买价格 7 元，作为交易性金融资产，并支付手续费等交易费用 1 000 元。其账务处理如下：

初始投资成本 = 50 000×7 = 350 000(元)

借：交易性金融资产——乙公司股票(成本)	350 000	
投资收益	1 000	
贷：银行存款		351 000

【例 5-2】2013 年 3 月 8 日，甲公司按 84 000 元的价格购入丙公司于 2008 年 1 月 1 日发行的面值 80 000 元、期限 5 年、票面利率 4%、每年 12 月 31 日付息、到期还本的债券作为交易性金融资产，并支付交易费用 500 元。债券购买价格中包含已到付息期但尚未支付的利息 3 200 元。其账务处理如下：

2013 年 3 月 8 日，购入丙公司债券：

初始投资成本 = 84 000−3 200 = 80 800(元)

借：交易性金融资产——丙公司债券(成本)	80 800	
应收利息	3 200	
投资收益	500	
贷：银行存款		84 500

收到丙公司支付的债券利息：

借：银行存款	3 200	
贷：应收利息		3 200

(二)交易性金融资产持有期间的核算

1. 账户设置

“公允价值变动损益”账户属于损益类科目，核算企业在初始确认时划分为以公允价值计量且其变动计入当期损益的金融资产，以及采用公允价值模式计量的投资性房地产、衍生工具、套期业务中公允价值变动形成的应计入当期损益的利得或损失。其借方核算因公允价值变动而形成的损失金额和贷方发生额的转出额；贷方核算因公允价值变动而形成的收益金额和借方发生额的转出额。该账户应当按照交易性金融资产、交易性金融负债、投资性房地产等进行明细核算。

2. 账务处理

在持有期间取得的利息或现金股利，应当确认为投资收益。

持有交易性金融资产期间，被投资单位宣告发放现金股利时，投资企业按应享有的份额，借记“应收股利”科目，贷记“投资收益”科目；资产负债表日，投资企业按分期付息、一次还本债券投资的票面利率计提利息时，借记“应收利息”科目，贷记“投资收益”科目。收到现金股利或债券利息时，借记“银行存款”科目，贷记“应收股利”或“应收利息”科目。

【例 5-3】承【例 5-1】，2013 年 7 月 20 日，乙公司宣告 2013 年半年度利润分配方案，每股分派现金股利 0.2 元，并于 2013 年 9 月 26 日发放。甲公司持有长江公司股票 50 000 股。其账务处理如下：

2013 年 7 月 20 日，乙公司宣告分派现金股利：

应收现金股利 = 50 000×0.20 = 10 000(元)

借：应收股利	10 000	
贷：投资收益		10 000

2013 年 9 月 26 日，收到乙公司派发的现金股利：

借：银行存款	10 000	
贷：应收股利		10 000

【例 5-4】承【例 5-2】，甲公司对持有的交易性债券投资每半年计提一次利息。2013 年 6 月 30 日，甲公司对持有的面值 80 000 元、期限 5 年、票面利率 4%、每年 12 月 31 日付息的丙公司债券计提利息。其账务处理如下：

应计债券利息 = 80 000×4%×6/12 = 1 600(元)

借：应收利息	1 600	
贷：投资收益		1 600

交易性金融资产在最初取得时，是按公允价值入账的，反映了企业取得交易性金融资产的实际成本，但交易性金融资产的公允价值是不断变化的，会计期末的公允价值则代表了交易性金融资产的现时可变现价值。根据企业会计准则的规定，交易性金融资产的价值应按资产负债表日的公允价值反映，公允价值的变动计入当期损益。

资产负债表日，交易性金融资产的公允价值高于其账面余额时，应按二者之间的差额，调增交易性金融资产的账面余额，同时确认公允价值上升的收益，借记“交易性金融资产——公允价值变动”科目，贷记“公允价值变动损益”科目；交易性金融资产的公允价值低于其账面余额时，应按二者之间差额，调减交易性金融资产的账面余额，同时确认公允价值下跌的损失，借记“公允价值变动损益”科目，贷记“交易性金融资产——公允价值变动”科目。

【例 5-5】甲公司每年 6 月 30 日和 12 月 31 日对持有的交易性金融资产按公允价值进行再计量，确认公允价值变动损益。2013 年 6 月 30 日，甲公司持有的交易性金融资产账面余额和当日公允价值资料见表 5-1。

表 5-1　　**交易性金融资产账面余额和公允价值表**

2013 年 6 月 30 日　　单位：元

交易性金融资产	调整前账面余额	期末公允价值	公允价值变动损益	调整后账面余额
乙公司股票	350 000	300 000	-50 000	300 000
丙公司债券	80 800	83 000	2200	83 000

会计处理如下：

借：公允价值变动损益　　50 000

　贷：交易性金融资产——乙公司股票(公允价值变动)　　50 000

借：交易性金融资产——丙公司债券(公允价值变动)　　2 200

　贷：公允价值变动损益　　2 200

(三)交易性金融资产的处置的核算

处置交易性金融资产时，应按实际收到的处置价款，借记“银行存款”科目，按该交易性金融资产的初始成本，贷记“交易性金融资产——成本”科目，按该项交易性金融资产的公允价值变动，贷记或借记“交易性金融资产——公允价值变动”科目，按其差额，贷记或借记“投资收益”科目。同时，将该交易性金融资产持有期间已确认的公允价值变动净损益，转入“投资收益”科目，借记或贷记“公允价值变动损益”科目，贷记或借记“投资收益”科目。

【例 5-6】承【例 5-1】和【例 5-5】，2013 年 12 月 21 日，甲公司将持有的乙公司股票售出，实际收到出售价款 306 000 元。股票出售日，乙公司股票账面价值 300 000 元，其中，成本 350 000 元，已确认公允价值变动损失 50 000 元。其账务处理如下：

处置损益＝306 000－300 000＝6 000(元)

借：银行存款　　306 000

　　交易性金融资产——乙公司股票(公允价值变动)　　50 000

　贷：交易性金融资产——乙公司股票(成本)　　350 000

　　　投资收益　　6 000

借：投资收益　　50 000

　贷：公允价值变动损益　　50 000

【例 5-7】承【例 5-2】、【例 5-4】和【例 5-5】，2013 年 12 月 23 日，甲公司将丙公司债券售出，实际收到出售价款 88 600 元。债券出售日，丙公司债券已计提利息 1 600 元，债券账面价值83 000元，其中，成本80 800元，已确认公允价值变动收益2 200元。其账务处理如下：

处置损益＝88 600－83 000－1 600＝4 000(元)

借：银行存款　　88 600

　贷：交易性金融资产——丙公司债券(成本)　　80 800

　　　交易性金融资产——丙公司债券(公允价值变动)　　2 200

　　　应收利息　　1 600

　　　投资收益　　4 000

借：公允价值变动损益　　2 200
　贷：投资收益　　2 200

任务二　持有至到期投资的核算

◎ 任务描述：

了解持有至到期投资的概念和内容，并在此基础上掌握持有至到期投资的账务处理方法。

◎ 技能目标：

1. 能正确进行持有至到期投资的确认；
2. 会进行持有至到期投资的核算。

◎ 知识目标：

1. 掌握持有至到期投资的概念及内容；
2. 理解实际利率的含义和计算方法。

◎任务导入：

甲公司2010年1月1日购入不准备在年内变现的A公司债券一批，划分为持有至到期投资，债券票面利率8%，债券面值100 000元，期限5年，实际支付价款92 278元，无交易费用。该债券每半年付息一次，到期归还本金并付最后一次利息。甲公司购入债券时的实际市场利率为10%。请问甲公司如何进行账务处理？

一、持有至到期投资概述

持有至到期投资，是指到期日固定、回收金额固定或可确定，且企业有明确意图和能力持有至到期的非衍生金融资产。通常情况下，能够划分为持有至到期投资的金融资产，主要是债权性投资，比如从二级市场上购入的固定利率国债、浮动利率金融债券等。股权投资因其没有固定的到期日，因而不能划分为持有至到期投资。持有至到期投资通常具有长期性质，但期限较短(1年以内)的债券投资，符合持有至到期投资条件的，也可将其划分为持有至到期投资。

企业在将金融资产划分为持有至到期投资时，应当注意把握其特征：

(1)该金融资产到期日固定、回收金额固定或可确定。“到期日固定、回收金额固定或可确定”是指相关合同明确了投资者在确定的期间内获得或应收取现金流量(如投资利息和本金等)的金额和时间。因此，从投资者角度看，如果不考虑其他条件，在将某项投资划分为持有至到期投资时可以不考虑可能存在的发行方重大支付风险。

(2)企业有明确意图将该金融资产持有至到期。“有明确意图持有至到期”是指投资者在取得投资时意图就是明确的，除非遇到一些企业所不能控制、预期不会重复发生且难以合理预计的独立事项，否则将持有至到期。

(3)企业有能力将该金融资产持有至到期。“有能力持有至到期”是指企业有足够的财务资源，并不受外部因素影响将投资持有至到期。

企业将某金融资产划分为持有至到期投资后，可能会发生到期前将该金融资产予以处置或重分类的情况。这种情况的发生，通常表明企业违背了将投资持有至到期的最初意图。

企业将尚未到期的某项持有至到期投资在本会计年度内出售或重分类为可供出售金融资产的金额，相对于该类投资(即企业全部持有至到期投资)在出售或重分类前的总额较大时，则企业在处置或重分类后应立即将其剩余的持有至到期投资(即全部持有至到期投资扣除已处置或重分类的部分)重分类为可供出售金融资产，且在本会计年度及以后两个完整的会计年度内不得再将该金融资产划分为持有至到期投资。

二、持有至到期投资的核算

(一)账户设置

企业应设置“持有至到期投资”科目，核算持有至到期投资的摊余成本，并按照持有至到期投资的类别和品种，分别“成本”、“利息调整”、“应计利息”等进行明细核算。以购入债券为例，债券的购入价格有面值、溢价和折价三种。“成本”明细核算债券的面值；不同的购入价格，使得实际利率与票面利率产生差异，溢价、折价的实质是对债券利息收入进行的调整，“利息调整”明细核算的内容包括溢价、折价和交易费用；按照权责发生制，应于资产负债表日计提债券利息，“应计利息”明细核算一次还本付息债券投资计提的利息。本科目期末借方余额，反映企业持有至到期投资的摊余成本。

(二)账务处理

1. 持有至到期投资取得的账务处理

企业取得持有至到期投资，应按该投资的面值，借记“持有至到期投资——成本”科目，按支付的价款中包含的已到付息期但尚未领取的利息，借记“应收利息”科目，按实际支付的金额，贷记“银行存款”等科目，按其差额，借记或贷记“持有至到期投资——利息调整”科目。收到支付的价款中包含的已到付息期但尚未领取的利息，借记“银行存款”科目，贷记“应收利息”科目。

2. 持有至到期投资持有期间的账务处理

企业应在持有至到期投资持有期间，采用实际利率法，按照摊余成本和实际利率计算确认利息收入，计入投资收益。其中，实际利率法，是指按照金融资产的实际利率计算其摊余成本及各期利息收入的方法。摊余成本，是指该金融资产的初始确认金额经下列调整后的结果：(1)扣除已偿还的本金。(2)加上或减去采用实际利率法将该初始确认金额与到期日金额之间的差额进行摊销形成的累计摊销。(3)扣除已发生的减值损失。实际利率应当在取得持有至到期投资时确定，并在该持有至到期投资预期存续期间或适用的更短期间内保持不变。实际利率，是指将金融资产在预期存续期间或适用的更短期间内的未来现金流量，折现为该金融资产当前账面价值所使用的利率。实际利率与票面利率差别较小的，也可按票面利率计算利息收入，计入投资收益。

实际利率法计算公式如下：

当期利息收入＝期初账面摊余成本×实际利率

当期应计利息＝债券票面价值×票面利率

当期账面成本摊销额＝当期应计利息－当期利息收入

持有至到期投资如为分期付息、一次还本债券投资，应将于资产负债表日按票面利率计算确定的应收未收利息，借记“应收利息”科目；按持有至到期投资摊余成本和实际利率计算确定的利息收入，贷记“投资收益”科目；按其差额，借记或贷记“持有至到期投资——利息调整”科目。收到分期付息、一次还本持有至到期投资持有期间支付的利息，借记“银行存款”科目，贷记“应收利息”科目。

持有至到期投资如为一次还本付息债券投资，应将于资产负债表日按票面利率计算确定的应收未收利息，借记“持有至到期投资——应计利息”科目，按持有至到期投资摊余成本和实际利率计算确定的利息收入，贷记“投资收益”科目，按其差额，借记或贷记“持有至到期投资——利息调整”科目。

3. 持有至到期投资减值的账务处理

在资产负债表中，持有至到期投资通常应按账面摊余成本列示其价值。但有客观证据表明其发生了减值的，应当根据其账面摊余成本与预计未来现金流量现值之间的差额计算确认减值损失。

资产负债表日，持有至到期投资发生减值的，按应减记的金额，借记“资产减值损失”科目，贷记“持有至到期投资减值准备”科目；已计提减值准备的持有至到期投资，若其价值以后又得以恢复，应在原已计提的减值准备金额内，按恢复增加的金额，借记“持有至到期投资减值准备”科目，贷记“资产减值损失”科目。

4. 持有至到期投资处置的账务处理

处置持有至到期投资时，应按实际收到的金额，借记“银行存款”科目、按持有至到期投资账面余额，贷记“持有至到期投资——成本”、“持有至到期投资——应计利息”科目，贷记或借记“持有至到期投资——利息调整”科目，按其差额，贷记或借记“投资收益”科目。已计提减值准备的，还应同时结转减值准备。

【例 5-8】甲公司 2010 年 1 月 1 日支付价款1 000万元（含交易费用）从活跃市场上购入某公司 5 年期债券，面值为1 250万元，票面年利率为 4.72%，按年末支付利息（即1 250×4.72%=59 万元），本金最后一次支付。合同约定，该债券的发行方在遇到特定情况时可以将债券赎回，且不需要为提前赎回支付额外款项。甲公司在购买该债券时，预计发行方不会提前赎回。不考虑所得税、减值损失等因素。据此，计算该公司债券实际利率 r：

$$1\,000=59\times(1+r)^{-1}+59\times(1+r)^{-2}+59\times(1+r)^{-3}+59\times(1+r)^{-4}+59\times(1+r)^{-5}$$

由此计算出 $r=10\%$。有关利息费用的数据计算等见表 5-2。

表 5-2　　**利息费用计算表**　　单位：万元

年份	期初摊余成本 (a)	实际利息(b) (按 10%计算)	现金流入 (c)	期末摊余成本 (d=a+b-c)
2010 年	1 000	100	59	1 041
2011 年	1 041	104	59	1 086
2012 年	1 086	109	59	1 136
2013 年	1 136	113	59	1 190
2014 年	1 190	119	1 309(1 250+59)	0

根据上述数据，甲公司的有关账务处理如下：

2010 年 1 月 1 日，购入债券：

借：持有至到期投资——成本　　12 500 000
　贷：银行存款　　10 000 000
　　持有至到期投资——利息调整　　2 500 000

2010 年 12 月 31 日，确认实际利息收入、收到票面利息等：

借：应收利息　　590 000
　持有至到期投资——利息调整　　410 000
　贷：投资收益　　1 000 000
借：银行存款　　590 000
　贷：应收利息　　590 000

2011 年 12 月 31 日，确认实际利息收入、收到票面利息等：

借：应收利息　　590 000
　持有至到期投资——利息调整　　450 000
　贷：投资收益　　1 040 000
借：银行存款　　590 000
　贷：应收利息　　590 000

2012 年 12 月 31 日，确认实际利息收入、收到票面利息等：

借：应收利息　　590 000
　持有至到期投资——利息调整　　500 000
　贷：投资收益　　1 090 000
借：银行存款　　590 000
　贷：应收利息　　590 000

2013 年 12 月 31 日，确认实际利息收入、收到票面利息等：

借：应收利息　　590 000
　持有至到期投资——利息调整　　540 000
　贷：投资收益　　1 130 000
借：银行存款　　590 000
　贷：应收利息　　590 000

2014 年 12 月 31 日，确认实际利息收入、收到票面利息和本金等：

借：应收利息　　590 000
　持有至到期投资——利息调整　　600 000
　贷：投资收益　　1 190 000
借：银行存款　　590 000
　贷：应收利息　　590 000
借：银行存款　　12 500 000
　贷：持有至到期投资——成本　　12 500 000

假定在 2012 年 1 月 1 日，甲公司预计本金的一半(即 625 万元)将在该年末收回，而其余的一半本金将于2014年末付清。遇到这种情况时，甲公司应当调整2012年初的摊余成本，计入当期损益；调整时采用最初确定的实际利率。据此调整表5-2中相关数据，如表5-3所示。

表5-3　**利息费用计算表**　单位：万元

年　份	期初摊余成本(a)	实际利息(b)(按10%计算)	现金流入(c)	期末摊余成本(d=a+b-c)
2012	1 138①	114②	684	568
2013	568	57	30③	595
2014	595	60	655	0

注：①$(625+59)\times(1+10\%)^{-1}+30\times(1+10\%)^{-2}+(625+30)\times(1+10\%)^{-3}\approx 1\ 138$(四舍五入)

②$1\ 138\times10\%\approx114$(四舍五入)

③$625\times4.72\%\approx30$(四舍五入)

根据上述调整，甲公司的账务处理如下：

2012年1月1日，调整期初摊余成本：

借：持有至到期投资——利息调整　520 000
　贷：投资收益　520 000

2012年12月31日，确认实际利息、收回本金等：

借：应收利息　590 000
　　持有至到期投资——利息调整　550 000
　贷：投资收益　1 140 000

借：银行存款　590 000
　贷：应收利息　590 000

借：银行存款　6 250 000
　贷：持有至到期投资——成本　6 250 000

2013年12月31日，确认实际利息等：

借：应收利息　300 000
　　持有至到期投资——利息调整　270 000
　贷：投资收益　570 000

借：银行存款　300 000
　贷：应收利息　300 000

2014年12月31日，确认实际利息、收回本金等：

借：应收利息　300 000
　　持有至到期投资——利息调整　300 000
　贷：投资收益　600 000

借：银行存款　　　　300 000

　贷：应收利息　　　　300 000

借：银行存款　　　　6 250 000

　贷：持有至到期投资——成本　　　　6 250 000

假定甲公司购买的债券不是分次付息，而是到期一次还本付息，且利息不是以复利计算。此时，甲公司所购买债券的实际利率 r 计算如下：

$$(59+59+59+59+59+1\ 250)\times(1+r)^{-5}=1\ 000$$

由此得出 $r\approx9.05\%$，据此调整表 5-2 中相关数据，如表 5-4 所示：

表 5-4

年份	期初摊余成本(a)	实际利率(b)（按 9.05%计算）	现金流入(c)	期末摊余成本（d=a+b-c）
2010 年	1 000	90.5	0	1 090.5
2011 年	1 090.5	98.69	0	1 189.19
2012 年	1 189.19	107.62	0	1 296.81
2013 年	1 296.81	117.36	0	1 414.17
2014 年	1 414.17	130.83*	1 545	0

注：*表明数字考虑了计算过程中出现的尾差 2.85 万元。

根据上述数据，甲公司的有关账务处理如下：

2010 年 1 月 1 日，购入债券：

借：持有至到期投资——成本　　　　12 500 000

　贷：银行存款　　　　10 000 000

　　　持有至到期投资——利息调整　　　　2 500 000

2010 年 12 月 31 日，确认实际利息收入：

借：持有至到期投资——应计利息　　　　590 000

　　持有至到期投资——利息调整　　　　315 000

　贷：投资收益　　　　905 000

2011 年 12 月 31 日，确认实际利息收入：

借：持有至到期投资——应计利息　　　　590 000

　　持有至到期投资——利息调整　　　　396 900

　贷：投资收益　　　　986 900

2012 年 12 月 31 日，确认实际利息收入：

借：持有至到期投资——应计利息　　　　590 000

　　持有至到期投资——利息调整　　　　486 200

　贷：投资收益　　　　1 076 200

2013 年 12 月 31 日，确认实际利息收入：

借：持有至到期投资——应计利息　　590 000
　　持有至到期投资——利息调整　　583 600
　贷：投资收益　　1 173 600

2014 年 12 月 31 日，确认实际利息收入、收到本金和名义利息等：

借：持有至到期投资——应计利息　　590 000
　　持有至到期投资——利息调整　　718 300
　贷：投资收益　　1 308 300

借：银行存款　　15 450 000
　贷：持有至到期投资——成本　　12 500 000
　　　持有至到期投资——应计利息　　2 950 000

5. 持有至到期投资重分类的核算

企业因持有意图或能力发生改变，使某项投资不再适合划分为持有至到期投资的，应当将其重分类为可供出售金融资产，并以公允价值进行后续计量。重分类日，该投资的账面价值与公允价值之间的差额计入所有者权益，在该可供出售金融资产发生减值或终止确认时转出，计入当期损益。

企业将持有至到期投资重分类为可供出售金融资产时，应在重分类日按投资的公允价值，借记“可供出售金融资产”科目，按投资的账面余额，贷记“持有至到期投资——成本”、“持有至到期投资——应计利息”科目，贷记或借记“持有至到期投资——利息调整”科目，按其差额，贷记或借记“资本公积——其他资本公积”科目。已计提减值准备的，还应同时结转减值准备。

任务三　可供出售金融资产的核算

◎ 任务描述：

了解可供出售金融资产的概念和内容，并在此基础上掌握可供出售金融资产的账务处理方法。

◎ 技能目标：

1. 能正确进行可供出售金融资产的确认；
2. 会进行可供出售金融资产的核算。

◎ 知识目标：

1. 掌握可供出售金融资产的概念及内容；
2. 理解可供出售金融资产重分类。

◎任务导入：

2010 年 1 月 1 日，甲公司从证券市场上购入乙公司于 2010 年 1 月 1 日发行的 5 年期债券，作为可供出售金融资产进行核算，债券面值为3 000万元，票面年利率为 5%，实际利率为 4%，每年年末支付上年度的利息，到期日一次归还本金和最后一次利息。实际支付价款为3 133. 8万元。2010 年 12 月 31 日，该债券的公允价值为3 100万元。2011 年 12 月 31 日，该债券的预计未来现金流量现值为3 060万元并将继续下降。2012 年 12 月 31

日，该债券的公允价值回升至3 040万元。2013 年 2 月 4 日，甲公司将该债券全部售出，收到款项3 010万元存入银行。请问甲公司如何进行账务处理?

一、可供出售金融资产概述

可供出售金融资产，是指初始确认时即被指定为可供出售的非衍生金融资产，以及除下列各类资产以外的金融资产：(1)贷款和应收款项；(2)持有至到期投资；(3)以公允价值计量且其变动计入当期损益的金融资产。例如，企业购入的在活跃市场上有报价的股票、债券和基金等，没有划分为以公允价值计量且其变动计入当期损益的金融资产或持有至到期投资等金融资产的，可归为此类。可供出售金融资产可以重分类为持有至到期投资。

二、可供出售金融资产的核算

(一)账户设置

为了核算可供出售金融资产的取得、处置等业务，企业应当设置“可供出售金融资产”科目核算。本科目核算企业持有的可供出售金融资产的价值，包括划分为可供出售的股票投资、债券投资等金融资产。可供出售金融资产发生减值的，应在本科目设置“减值准备”明细科目进行核算，也可以单独设置“可供出售金融资产减值准备”科目进行核算。本科目应当按照可供出售金融资产类别或品种，分别设置“成本”、“利息调整”、“应计利息”、“公允价值变动”等进行明细核算。本科目期末借方余额，反映企业可供出售金融资产的公允价值。

(二)账务处理

1. 可供出售金融资产的取得的账务处理

企业取得可供出售金融资产，应按其公允价值与交易费用之和，借记“可供出售金融资产——成本”科目；按支付的价款中包含的已宣告但尚未发放的现金股利，借记“应收股利”科目；按实际支付的金额，贷记“银行存款”等科目。企业取得的可供出售金融资产为债券投资的，应按债券的面值，借记“可供出售金融资产——成本”；按支付的价款中包含的已到付息期但尚未领取的利息，借记“应收利息”科目；按实际支付的金额，贷记“银行存款”等科目；按差额，借记或贷记“可供出售金融资产——利息调整”科目。

收到支付的价款中包含的已宣告但尚未发放的现金股利或已到付息期但尚未领取的利息，借记“银行存款”科目；贷记“应收利息”或“应收股利”科目。

2. 可供出售金融资产持有期间账务处理

可供出售权益工具投资持有期间被投资单位宣告发放现金股利，按应享有的份额，借记“应收股利”科目，贷记“投资收益”科目；收到可供出售权益工具投资发放的现金股利，借记“银行存款”科目，贷记“应收股利”科目。

资产负债表日，可供出售债券如为分期付息、一次还本债券投资，应按票面利率计算确定的应收未收利息，借记“应收利息”科目；按可供出售债券摊余成本和实际利率计算确定的利息收入，贷记“投资收益”科目；按其差额，借记或贷记“可供出售金融资产——利息调整”科目。可供出售债券如为一次还本付息债券投资，应于资产负债表日按票面利率计算确定的应收未收利息，借记“可供出售金融资产——应计利息”科目；按可供出售债券摊余成本和实际利率计算确定的利息收入，贷记“投资收益”科目；按其差额，借记或贷记“可供出售金融资产——利息调整”科目。收到可供出售债券投资持有期间支付的利息，借记“银行存款”科目，贷记“应收利息”科目。

资产负债表日，可供出售金融资产的公允价值高于其账面余额(如可供出售金融资产为债券，即为其摊余成本)的金额，借记“可供出售金融资产——公允价值变动”科目，贷记“资本公积——其他资本公积”科目；公允价值低于其账面余额的金额，借记“资本公积——其他资本公积”科目，贷记“可供出售金融资产——公允价值变动”科目。

3. 可供出售金融资产的处置账务处理

处置可供出售金融资产时，应按实际收到的金额，借记“银行存款”科目；按其账面余额，贷记“可供出售金融资产——成本”、“可供出售金融资产——应计利息”科目，贷或借记“可供出售金融资产——利息调整”、“可供出售金融资产——公允价值变动”科目；按应从所有者权益中转出的公允价值累计变动额，借记或贷记“资本公积——其他资本公积”科目；按其差额，贷记或借记“投资收益”科目。

4. 可供出售金融资产减值账务处理

分析判断可供出售金融资产是否发生减值，应当注重该金融资产公允价值是否持续下降。通常情况下，如果可供出售金融资产的公允价值发生较大幅度下降，或在综合考虑各种相关因素后，预期这种下降趋势属于非暂时性的，可以认定该可供出售金融资产已发生减值，应当确认减值损失。

可供出售金融资产发生减值的，在确认减值损失时，应当将原直接计入所有者权益的公允价值下降形成的累计损失一并转出，计入减值损失。

确定可供出售金融资产发生减值的，按应减记的金额，借记“资产减值损失”科目；按应从所有者权益中转出原计入资本公积的累计损失金额，贷记“资本公积——其他资本公积”科目；按其差额，贷记“可供出售金融资产——公允价值变动”科目。

对于已确认减值损失的可供出售金融资产，在随后会计期间内公允价值已上升且客观上与确认原减值损失事项有关的，应按原确认的减值损失，借记“可供出售金融资产——公允价值变动”科目，贷记“资产减值损失”科目；但可供出售金融资产为股票等权益工具投资的(不含在活跃市场上没有报价、公允价值不能可靠计量的权益工具投资)，借记“可供出售金融资产——公允价值变动”科目，贷记“资本公积——其他资本公积”科目。

【例 5-9】2014 年 1 月 1 日甲保险公司支付价款 1 028. 244 万元购入某公司发行的 3 年期公司债券，该公司债券的票面总金额 1 000 万元，票面利率 4%，实际利率 3%，利息每年支付，本金到期支付。甲保险公司将该公司债券划分为可供出售金融资产。2014 年 12 月 31 日，该债券的市场价格为 1 000. 094 万元。假定不考虑交易费用和其他因素的影响，甲保险公司的账务处理如下(单位：万元)：

2014 年 1 月 1 日，购入债券：

借：可供出售金融资产——成本	1 000
可供出售金融资产——利息调整	28. 244
贷：银行存款	1 028. 244

2014 年 12 月 31 日，收到债券利息、确认公允价值变动：

实际利息＝1 028. 244×3%＝30. 84372≈30. 85(万元)

年末摊余成本＝1 028. 244+30. 85－40＝1 091. 094(万元)

借：应收利息　40
　贷：可供出售金融资产——利息调整　9. 15
　　投资收益　30. 85

借：银行存款　40
　贷：应收利息　40

借：资本公积——其他资本公积　19
　贷：可供出售金融资产——公允价值变动　19

【例 5-10】2013 年 5 月 6 日，甲公司支付价款 1 016 万元(含交易费用 1 万元和已宣告发放现金股利 15 万元)，购入乙公司发行的股票 200 万股，占乙公司有表决权股份的 0. 5%。甲公司将其划分为可供出售金融资产。

2013 年 5 月 10 日，甲公司收到乙公司发放的现金股利 15 万元。

2013 年 6 月 30 日，该股票市价为每股 5. 2 元。

2013 年 12 月 31 日，甲公司仍持有该股票；当日，该股票市价为每股 5 元。

2014 年 5 月 9 日，乙公司宣告发放股利 4 000 万元。

2014 年 5 月 13 日，甲公司收到乙公司发放的现金股利。

2014 年 5 月 20 日，甲公司以每股 4. 9 元的价格将股票全部转让。

假定不考虑其他因素，甲公司的账务处理如下(单位：万元)：

2013 年 5 月 6 日，购入股票：

借：应收股利　15
　　可供出售金融资产——成本　1 001
　贷：银行存款　1 016

2013 年 5 月 10 日，收到现金股利：

借：银行存款　15
　贷：应收股利　15

2013 年 6 月 30 日，确认股票价格变动：

借：可供出售金融资产——公允价值变动　39
　贷：资本公积——其他资本公积　39

2013 年 12 月 31 日，确认股票价格变动：

借：资本公积——其他资本公积　40
　贷：可供出售金融资产　公允价值变动　40

2013 年 5 月 9 日，确认应收现金股利：

借：应收股利　20
　贷：投资收益　20

2014 年 5 月 13 日，收到现金股利：

借：银行存款　20
　贷：应收股利　20

2014 年 5 月 20 日，出售股票：

借：银行存款	980
投资收益	21
可供出售金融资产——公允价值变动	1
贷：可供出售金融资产——成本	1 001
资本公积——其他资本公积	1

任务四　长期股权投资的核算

◎ 任务描述：

了解长期股权投资的目的、分类，掌握长期股权投资账务处理。

◎ 技能目标：

1. 掌握长期股权投资初始入账价值的确定方法；
2. 会进行长期股权投资的成本法、权益法的核算。

◎ 知识目标：

1. 了解企业合并取得长期股权投资的初始入账价值的确定方法；
2. 掌握长期股权投资核算的成本法与权益法的适用范围、核算程序及具体运用。

◎任务导入：

甲公司和 A 公司 2012—2014 年与投资有关资料如下：

(1)2012 年 1 月 1 日，甲公司支付现金1 000万元取得 A 公司 15%的股权(不具有重大影响)，发生相关税费 3 万元，假定该项投资无公允价值。

(2)2012 年 4 月 1 日，A 公司宣告分配 2011 年实现的净利润，分配现金股利 200 万元。

(3)甲公司于 2012 年 4 月 10 日收到现金股利。

(4)2012 年，A 公司发生亏损 200 万元。

(5)2013 年 A 公司发生巨额亏损，2013 年末甲公司对 A 公司的投资按当时市场收益率对未来现金流量折现确定的现值为 600 万元。

(6)2014 年 1 月 20 日，甲公司将持有的 A 公司的全部股权转让给乙企业，收到股权转让款 620 万元。

请问甲公司应当如何进行会计处理?

一、长期股权投资概述

根据《企业会计准则第 2 号——长期股权投资》，长期股权投资是指投资方对被投资单位实施控制、重大影响的权益性投资，以及对其合营企业的权益性投资。

在确定能否对被投资单位实施控制时，投资方应当按照《企业会计准则第 33 号——合并财务报表》的有关规定进行判断。投资方能够对被投资单位实施控制的，被投资单位为其子公司。投资方属于《企业会计准则第 33 号——合并财务报表》规定的投资性主体且子公司不纳入合并财务报表的情况除外。

重大影响，是指投资方对被投资单位的财务和经营政策有参与决策的权力，但并不能够控制或者与其他方一起共同控制这些政策的制定。在确定能否对被投资单位施加重大影响时，应当考虑投资方和其他方持有的被投资单位当期可转换公司债券、当期可执行认股权证等潜在表决权因素。投资方能够对被投资单位施加重大影响的，被投资单位为其联营企业。

在确定被投资单位是否为合营企业时，应当按照《企业会计准则第 40 号——合营安排》的有关规定进行判断。

二、长期股权投资初始计量

(一) 企业合并形成的长期股权投资的初始计量

企业合并形成的长期股权投资，应当按照下列规定确定其初始投资成本：

1. 同一控制下的企业合并形成的长期股权投资的初始计量

同一控制下的企业合并，合并方以支付现金、转让非现金资产或承担债务方式作为合并对价的，应当在合并日按照被合并方所有者权益在最终控制方合并财务报表中的账面价值的份额作为长期股权投资的初始投资成本。长期股权投资初始投资成本与支付的现金、转让的非现金资产以及所承担债务账面价值之间的差额，应当调整资本公积；资本公积不足冲减的，调整留存收益。

合并方以发行权益性证券作为合并对价的，应当在合并日按照被合并方所有者权益在最终控制方合并财务报表中的账面价值的份额作为长期股权投资的初始投资成本。按照发行股份的面值总额作为股本，长期股权投资初始投资成本与所发行股份面值总额之间的差额，应当调整资本公积；资本公积不足冲减的，调整留存收益。

2. 非同一控制下的企业合并形成的长期股权投资的初始计量

非同一控制下的企业合并，购买方在购买日应当按照《企业会计准则第 20 号——企业合并》的有关规定确定的合并成本作为长期股权投资的初始投资成本。合并方或购买方为企业合并发生的审计、法律服务、评估咨询等中介费用以及其他相关管理费用，应当于发生时计入当期损益。

(二) 除企业合并形成的其他长期股权投资的初始计量

除企业合并形成的长期股权投资以外，其他方式取得的长期股权投资，应当按照下列规定确定其初始投资成本：

(1) 以支付现金取得的长期股权投资，应当按照实际支付的购买价款作为初始投资成本。初始投资成本包括与取得长期股权投资直接相关的费用、税金及其他必要支出。

(2) 以发行权益性证券取得的长期股权投资，应当按照发行权益性证券的公允价值作为初始投资成本。与发行权益性证券直接相关的费用，应当按照《企业会计准则第 37 号——金融工具列报》的有关规定确定。

(3) 通过非货币性资产交换取得的长期股权投资，其初始投资成本应当按照《企业会计准则第 7 号——非货币性资产交换》的有关规定确定。

(4) 通过债务重组取得的长期股权投资，其初始投资成本应当按照《企业会计准则第 12 号——债务重组》的有关规定确定。

三、长期股权投资后续计量

(一)成本法

投资方能够对被投资单位实施控制的长期股权投资应当采用成本法核算。

采用成本法核算的长期股权投资应当按照初始投资成本计价。追加或收回投资应当调整长期股权投资的成本。被投资单位宣告分派的现金股利或利润，应当确认为当期投资收益。

(二)权益法

投资方对联营企业和合营企业的长期股权投资，应当按照采用权益法核算。

投资方对联营企业的权益性投资，其中一部分通过风险投资机构、共同基金、信托公司或包括投连险基金在内的类似主体间接持有的，无论以上主体是否对这部分投资具有重大影响，投资方都可以按照《企业会计准则第 22 号——金融工具确认和计量》的有关规定，对间接持有的该部分投资选择以公允价值计量且其变动计入损益，并对其余部分采用权益法核算。

长期股权投资的初始投资成本大于投资时应享有被投资单位可辨认净资产公允价值份额的，不调整长期股权投资的初始投资成本；长期股权投资的初始投资成本小于投资时应享有被投资单位可辨认净资产公允价值份额的，其差额应当计入当期损益，同时调整长期股权投资的成本。被投资单位可辨认净资产的公允价值，应当比照《企业会计准则第 20 号——企业合并》的有关规定确定。

投资方取得长期股权投资后，应当按照应享有或应分担的被投资单位实现的净损益和其他综合收益的份额，分别确认投资收益和其他综合收益，同时调整长期股权投资的账面价值；投资方按照被投资单位宣告分派的利润或现金股利计算应享有的部分，相应减少长期股权投资的账面价值；投资方对于被投资单位除净损益、其他综合收益和利润分配以外所有者权益的其他变动，应当调整长期股权投资的账面价值并计入所有者权益。投资方在确认应享有被投资单位净损益的份额时，应当以取得投资时被投资单位可辨认净资产的公允价值为基础，对被投资单位的净利润进行调整后确认。被投资单位采用的会计政策及会计期间与投资方不一致的，应当按照投资方的会计政策及会计期间对被投资单位的财务报表进行调整，并据以确认投资收益和其他综合收益等。

投资方确认被投资单位发生的净亏损，应当以长期股权投资的账面价值以及其他实质上构成对被投资单位净投资的长期权益减记至零为限，投资方负有承担额外损失义务的除外。被投资单位以后实现净利润的，投资方在其收益分享额弥补未确认的亏损分担额后，恢复确认收益分享额。

投资方计算确认应享有或应分担被投资单位的净损益时，与联营企业、合营企业之间发生的未实现内部交易损益按照应享有的比例计算归属于投资方的部分，应当予以抵消，在此基础上确认投资收益。

投资方与被投资单位发生的未实现内部交易损失，按照《企业会计准则第 8 号——资产减值》等的有关规定属于资产减值损失的，应当全额确认。

投资方因追加投资等原因能够对被投资单位施加重大影响或实施共同控制但不构成控

制的，应当按照《企业会计准则第 22 号——金融工具确认和计量》确定的原持有的股权投资的公允价值加上新增投资成本之和，作为改按权益法核算的初始投资成本。原持有的股权投资分类为可供出售金融资产的，其公允价值与账面价值之间的差额，以及原计入其他综合收益的累计公允价值变动应当转入改按权益法核算的当期损益。

投资方因追加投资等原因能够对非同一控制下的被投资单位实施控制的，在编制个别财务报表时，应当按照原持有的股权投资账面价值加上新增投资成本之和，作为改按成本法核算的初始投资成本。购买日之前持有的股权投资因采用权益法核算而确认的其他综合收益，应当在处置该项投资时采用与被投资单位直接处置相关资产或负债相同的基础进行会计处理。购买日之前持有的股权投资按照《企业会计准则第 22 号——金融工具确认和计量》的有关规定进行会计处理的，原计入其他综合收益的累计公允价值变动应当在改按成本法核算时转入当期损益。在编制合并财务报表时，应当按照《企业会计准则第 33 号——合并财务报表》的有关规定进行会计处理。

投资方因处置部分股权投资等原因丧失了对被投资单位的共同控制或重大影响的，处置后的剩余股权应当改按《企业会计准则第 22 号——金融工具确认和计量》核算，其在丧失共同控制或重大影响之日的公允价值与账面价值之间的差额计入当期损益。原股权投资因采用权益法核算而确认的其他综合收益，应当在终止采用权益法核算时采用与被投资单位直接处置相关资产或负债相同的基础进行会计处理。

投资方因处置部分权益性投资等原因丧失了对被投资单位的控制的，在编制个别财务报表时，处置后的剩余股权能够对被投资单位实施共同控制或施加重大影响的，应当改按权益法核算，并对该剩余股权视同自取得时即采用权益法核算进行调整；处置后的剩余股权不能对被投资单位实施共同控制或施加重大影响的，应当改按《企业会计准则第 22 号——金融工具确认和计量》的有关规定进行会计处理，其在丧失控制之日的公允价值与账面价值间的差额计入当期损益。在编制合并财务报表时，应当按照《企业会计准则第 33 号——合并财务报表》的有关规定进行会计处理。

对联营企业或合营企业的权益性投资全部或部分分类为持有待售资产的，投资方应当按照《企业会计准则第 4 号——固定资产》的有关规定处理，对于未划分为持有待售资产的剩余权益性投资，应当采用权益法进行会计处理。

已划分为持有待售的对联营企业或合营企业的权益性投资，不再符合持有待售资产分类条件的，应当从被分类为持有待售资产之日起采用权益法进行追溯调整。分类为持有待售期间的财务报表应当作相应调整。

四、长期股权投资期末计量

投资方应当关注长期股权投资的账面价值是否大于享有被投资单位所有者权益账面价值的份额等类似情况。出现类似情况时，投资方应当按照《企业会计准则第 8 号——资产减值》对长期股权投资进行减值测试，可收回金额低于长期股权投资账面价值的，应当计提减值准备。

五、长期股权投资的核算

(一)长期股权投资取得的核算

1. 企业合并形成的长期股权投资

同一控制下企业合并形成的长期股权投资，应在合并日按取得被合并方所有者权益账面价值的份额，借记本科目(投资成本)，按支付的合并对价的账面价值，贷记或借记有关资产、负债科目，按其差额的，贷记“资本公积”科目；如为借方差额，借记“资本公积——资本溢价或股本溢价”科目，资本公积(资本溢价或股本溢价)不足冲减的，应依次借记“盈余公积”、“利润分配——未分配利润”科目。

非同一控制下企业合并形成的长期股权投资，应在购买日按根据企业合并准则确定的合并成本，借记本科目，按支付合并对价的账面价值，贷记或借记有关资产、负债科目，按发生的直接相关费用，贷记“银行存款”等科目，按其差额，贷记“营业外收入”或借记“营业外支出”等科目。

2. 除企业合并形成的其他长期股权投资

长期股权投资可以通过不同的方式取得，除企业合并形成的长期股权投资外，其他方式取得的长期股权投资，应当按照以下要求确定初始投资成本。

(1)以支付现金取得的长期股权投资，应当按照实际支付的购买价款作为初始投资成本，包括购买过程中支付的手续费等必要支出，但所支付价款中包含的被投资单位已宣告但尚未发放的现金股利或利润应作为应收项目核算，不构成取得长期股权投资的成本。

【例 5-11】甲公司于 2013 年 2 月 10 日自公开市场买入乙公司 20%的股份，实际支付价款16 000万元。另外，在购买过程中支付手续费等相关费用 400 万元。甲公司取得该部分股权后能够对乙公司的生产经营决策施加重大影响。甲公司应当按照实际支付的购买价款作为取得长期股权投资的成本，其账务处理为：

借：长期股权投资	164 000 000	
贷：银行存款		164 000 000

【例 5-12】甲公司以支付现金的方式取得乙公司 10%的股权作为长期股权投资，实际支付的购买价款(包括相关税费)为 520 万元。股票购买价款中包含甲公司应享有的乙公司已宣告但尚未发放的现金股利 30 万元。其账务处理如下：

购入股票时：

初始投资成本 = 520 − 30 = 490(万元)

借：长期股权投资——乙公司	4 900 000	
应收股利	300 000	
贷：银行存款		5 200 000

收到现金股利时：

借：银行存款	300 000	
贷：应收股利		300 000

(2)以发行权益性证券方式取得的长期股权投资，其成本为所发行权益性证券的公允价值，但不包括应自被投资单位收取的已宣告但尚未发放的现金股利或利润。

确定发行的权益性证券的公允价值时，所发行的权益性证券存在公开市场，有明确市价可供遵循的，应以该证券的市价作为确定其公允价值的依据，同时应考虑该证券的交易量、是否存在限制性条款等因素的影响；所发行权益性证券不存在公开市场，没有明确市价可供遵循的，应考虑以被投资单位的公允价值为基础确定权益性证券的价值。

为发行权益性证券支付给有关证券承销机构等的手续费、佣金等与权益性证券发行直接相关的费用，不构成取得长期股权投资的成本。该部分费用应自权益性证券的溢价发行收入中扣除，权益性证券的溢价收入不足冲减的，应冲减盈余公积和未分配利润。

【例 5-13】2014 年 3 月，A 公司通过增发6 000万股本公司普通股(每股面值 1 元)取得 B 公司 20% 的股权，按照增发前后的平均股价计算，该6 000万股股份的公允价值为 10 400万元。为增发该部分股份，A 公司向证券承销机构等支付了 400 万元的佣金和手续费。假定 A 公司取得该部分股权后能够对 B 公司的生产经营决策施加重大影响。

本例中，A 公司应当以所发行股份的公允价值作为取得长期股权投资的成本：

借：长期股权投资	104 000 000	
贷：股本		60 000 000
资本公积——股本溢价		44 000 000

发行权益性证券过程中支付的佣金和手续费，应冲减权益性证券的溢价发行收入：

借：资本公积——股本溢价	4 000 000	
贷：银行存款		4 000 000

(3)以债务重组、非货币性资产交换等方式取得的长期股权投资，其初投资成本应按照《企业会计准则第 12 号——债务重组》和《企业会计准则第 7 号——非货币性资产交换》的原则确定。

(二)成本法的核算

投资方能够对被投资单位实施控制的长期股权投资应当采用成本法核算。

成本法，是指长期股权投资的价值通常按初始投资成本计量，除追加或收回投资外，一般不对长期股权投资的账面价值进行调整的一种会计处理方法。

1. 会计科目设置

设置“长期股权投资”科目，反映长期股权投资的初始投资成本。本科目按被投资单位进行明细核算。在未收回投资前，无论被投资单位经营情况如何，净资产是否增减，投资企业一般不对股权投资的账面价值进行调整。

2. 追加投资的核算

如果发生追加投资、将应分得的现金股利或利润转为投资、收回投资等情况，应按照追加或收回投资的数额调整股权的初始投资成本，并按调整后的成本作为长期股权投资的账面价值。

3. 被投资单位宣告分派股利的核算

被投资单位宣告分派现金股利或利润时，投资企业按应享有的部分确认为当期投资收益。借记“应收股利”科目，贷记“投资收益”科目。

被投资单位宣告分派股票股利，投资企业只作备忘记录；被投资单位未分派股利，投资企业不作任何会计处理。

【例 5-14】2013 年 1 月 20 日，B 公司以每股 5. 80 元的价格购入 A 公司股票 50 000 股作为长期股权投资，支付交易税费 2 400 元，采用成本法核算。2013 年 3 月 25 日，A 公司宣告 2012 年度股利分配方案，每股分派现金股利 0. 30 元，并于 4 月 20 日发放。其账务处理如下：

2013 年 1 月 20 日，B 公司购入 A 公司股票：

初始投资成本＝50 000×5. 80+2 400＝292 400(元)

借：长期股权投资——A 公司　　292 400

　贷：银行存款　　292 400

2013 年 3 月 25 日，A 公司宣告分派现金股利：

现金股利＝50 000×0. 30 ＝ 15 000(元)

借：应收股利　　15 000

　贷：投资收益　　15 000

2013 年 4 月 20 日，收到现金股利：

借：银行存款　　15 000

　贷：应收股利　　15 000

(三)权益法的核算

投资方对联营企业和合营企业的长期股权投资，应当采用权益法核算。

权益法，是指长期股权投资最初以投资成本计量，以后则要根据投资企业应享有被投资单位所有者权益份额的变动，对长期股权投资的账面价值进行相应调整的一种会计处理方法。

1. 会计科目的设置

采用权益法核算，在“长期股权投资”科目下除按被投资单位进行明细核算外，还应当设置“成本”、“损益调整”、“其他权益变动”明细科目，分别反映长期股权投资的初始投资成本以及因被投资单位所有者权益发生增减变动而对长期股权投资账面价值进行调整的金额。其中：

(1)成本，反映长期股权投资的初始投资成本，以及在长期股权投资的初始投资成本小于投资时应享有被投资单位可辨认净资产公允价值份额的情况下，按其差额调整初始投资成本后形成的新的投资成本。

(2)损益调整，反映投资企业应享有或应分担的被投资单位实现的净损益的份额，以及被投资单位分派的现金股利或利润中投资企业应获得的份额。

(3)其他权益变动，反映被投资单位除净损益以外所有者权益的其他变动中，投资企业应享有或承担的份额。

2. 初始投资成本的调整

企业在取得长期股权投资时，按照确定的初始投资成本入账。如果长期股权投资的初始投资成本大于投资时应享有被投资单位可辨认净资产公允价值的份额，不调整已确认的初始投资成本，在编制合并资产负债表时，其差额应当在商誉项目中列示；如果长期股权投资的初始投资成本小于投资时应享有被投资单位可辨认净资产公允价值的份额，则其差额应当计入当期损益(营业外收入)，同时调整长期股权投资的初始投资成本。投资企业应享有被投资单位可辨认净资产公允价值的份额，可用下列公式计算：

$$\frac{\text{应享有被投资单位可辨认}}{\text{净资产公允价值份额}}=\frac{\text{投资时被投资单位可辨认}}{\text{净资产公允价值总额}}\times\text{投资企业持股比例}$$

【例 5-15】2011 年 1 月 1 日，C 公司以每股 3. 50 元的价格购入 D 公司股票 1 600 万股作为长期股权投资，并支付交易税费 6 万元。该股份占 D 公司普通股股份的 30%，C 公司采用权益法核算。

假定投资当时，D 公司可辨认净资产公允价值为 15 000 万元。

初始投资成本＝1 600×3. 50 + 6 = 5 606(万元)

应享有 D 公司可辨认净资产公允价值份额＝15 000×30% = 4 500(万元)

长期股权投资的初始投资成本大于投资时应享有 D 公司可辨认净资产公允价值的份额，因此不调整长期股权投资的初始投资成本。

应作如下会计处理：

借：长期股权投资——D 公司(成本)　　56 060 000

　贷：银行存款　　56 060 000

假定投资当时，D 公司可辨认净资产公允价值为 20 000 万元。

应享有 D 公司可辨认净资产公允价值的份额＝20 000×30% = 6 000 (万元)

长期股权投资的初始投资成本小于投资时应享有 D 公司可辨认净资产公允价值的份额，因此应按其差额调整长期股权投资的初始投资成本，同时计入当期营业外收入。

应作如下会计处理：

初始投资成本调整额＝6 000－5 606 =394(万元)

借：长期股权投资——D 公司(成本)　　56 060 000

　贷：银行存款　　56 060 000

借：长期股权投资——D 公司(成本)　　3 940 000

　贷：营业外收入　　3 940 000

3. 持有长期股权投资期间投资损益的确认

投资企业取得长期股权投资后，应当按照被投资单位实现的净利润或发生的净亏损中，投资企业应享有或应分担的份额确认投资损益，同时相应调整长期股权投资的账面价值。

投资企业在确认投资损益时，应当以取得投资时被投资单位各项可辨认资产等的公允价值为基础，对被投资单位的净利润进行调整后加以确定。例如，以取得投资时被投资单位固定资产、无形资产的公允价值为基础计提的折旧额或摊销额，相对于被投资单位已计提的折旧额、摊销额之间存在差额的，应按其差额对被投资单位净损益进行调整，并按调整后的净损益和持股比例计算确认投资损益。在进行有关调整时，应当考虑具有重要性的项目。

存在下列情况之一的，可以按照被投资单位的账面净损益与持股比例计算确认投资损益，但应当在会计报表附注中说明这一事实及其原因：

(1)无法可靠确定投资时被投资单位各项可辨认资产等的公允价值；

(2)投资时被投资单位可辨认资产等的公允价值与其账面价值之间的差额较小；

(3)其他原因导致无法对被投资单位净损益进行调整。

被投资单位采用的会计政策及会计期间与投资企业不一致的，应当按照投资企业的会计政策及会计期间对被投资单位的财务报表进行调整，并据以确认投资收益。

4. 取得股利或利润的处理

被投资单位宣告分派现金股利或利润时，投资企业按应分得的部分，相应减少长期股权投资的账面价值，借记“应收股利”科目，贷记“长期股权投资——(损益调整)”科目；被投资单位分派股票股利时，投资企业不进行账务处理，但应在备查簿中登记增加的股份。

【例5-16】承【例5-15】，C公司按照D公司的账面净损益与持股比例计算确认投资损益。2011年度，D公司报告净利润1 500万元；2012年3月10日，D公司宣告2009年度利润分配方案，每股分派现金股利0.10元。

应确认投资收益＝1 500×30%＝450(万元)

借：长期股权投资——D公司(损益调整)　　4 500 000

　贷：投资收益　　4 000 000

应收现金股利＝1 600×0.10＝160(万元)

借：应收股利　　1 600 000

　贷：长期股权投资——D公司(损益调整)　　1 600 000

2012年度，D公司报告净利润1 250万元；2013年4月15日，D公司宣告2010年度利润分配方案，每股派送股票股利0.30股。

应确认投资收益＝1 250×30%＝375(万元)

借：长期股权投资——D公司(损益调整)　　3 750 000

　贷：投资收益　　3 750 000

在备查簿中登记增加的股份。

股票股利＝1 600×0.30＝480(万股)

持有股票总数＝1 600+480＝2 080(万股)

2014年度，D公司报告净亏损600万元，用以前年度留存收益弥补亏损后，于2014年4月5日宣告2013年度利润分配方案，每股分派现金股利0.10元。

应确认投资损失＝600×30%＝180(万元)

借：投资收益　　1 800 000

　贷：长期股权投资——D公司(损益调整)　　1 800 000

应收现金股利＝2 080×0.10＝208(万元)

借：应收股利　　2 080 000

　贷：长期股权投资——D公司(损益调整)　　2 080 000

5. 超额亏损的确认

需要注意的是，在被投资单位发生亏损、投资企业按持股比例确认应分担的亏损份额时，应当以长期股权投资的账面价值以及其他实质上构成对被投资单位净投资的长期权益减记至零为限，投资企业负有承担额外损失义务的除外。其中，实质上构成对被投资单位净投资的长期权益，通常是指长期性的应收项目，例如，投资企业对被投资单位的某项长期债权，如果没有明确的清收计划，且在可预见的未来期间不准备收回，则实质上构成对被投资单位的净投资。

在确认应分担被投资单位发生的亏损时，应当按照以下顺序进行处理：

首先，冲减长期股权投资的账面价值。

其次，长期股权投资的账面价值不足以冲减的，应当以其他实质上构成对被投资单位净投资的长期权益账面价值为限继续确认投资损失，冲减长期应收项目等的账面价值。

最后，经过上述处理，按照投资合同或协议约定企业仍承担额外义务的，应按预计承担的义务确认预计负债，计入当期投资损失。

如果经过上列顺序确认应分担的亏损额后，仍有未确认的亏损分担额，投资企业应先作备忘记录，待被投资单位以后年度实现盈利时，再按应享有的收益份额，先扣除未确认的亏损分担额，然后按与上述相反的顺序进行处理，减记已确认预计负债的账面余额、恢复其他实质上构成对被投资单位净投资的长期权益及长期股权投资的账面价值，同时确认投资收益。

【例 5-17】甲公司持有乙公司 40%的股份，采用权益法核算。由于乙公司持续亏损，甲公司在确认了 2009 年度的投资损失以后，该项股权投资的账面价值已减至 500 万元，其中，“长期股权投资——成本”科目借方余额 2 400 万元，“长期股权投资——损益调整”科目贷方余额 1 900 万元。甲公司未对该项股权投资计提减值准备。除了对乙公司的长期股权投资外，甲公司还有一笔金额为 300 万元的应收乙公司长期债权，该项债权没有明确的清收计划，且在可预见的未来期间不准备收回。2010 年度乙公司继续亏损，当年亏损额为 1 500 万元；2011 年度乙公司仍然亏损，当年亏损额为 800 万元；2012 年度乙公司经过资产重组，经营情况好转，当年取得净收益 200 万元；2013 年度乙公司经营情况进一步好转，当年取得净收益 600 万元；2014 年乙公司取得净收益1 200万元。

确认应分担的 2009 年度亏损份额：应分担的亏损份额 = 1 500×40% = 600(万元)

应分担的亏损份额大于该项长期股权投资的账面价值，因此，甲公司应以该项长期股权投资的账面价值减记至零为限确认投资损失，剩余应分担的亏损份额 100 万元，应继续冲减实质上构成对被投资单位净投资的长期应收款，并确认投资损失。甲公司确认当年投资损失的会计处理如下：

借：投资收益　　5 000 000

　贷：长期股权投资——乙公司(损益调整)　　5 000 000

借：投资收益　　1 000 000

　贷：长期应收款——乙公司　　1 000 000

确认应分担的 2010 年度亏损份额：应分担的亏损份额 = 800×40% = 320(万元)

应分担的亏损份额大于尚未冲减的长期应收款账面余额，因此，甲公司不能再按应分担的亏损份额确认当年的投资损失，而只能以长期应收款账面余额 200 万元为限确认当年的投资损失，其余 120 万元未确认的亏损分担额应在备查登记簿中作备忘记录，留待以后年度乙公司取得收益后抵消。甲公司确认当年投资损失的会计处理如下：

借：投资收益　　2 000 000

　贷：长期应收款——乙公司　　2 000 000

确认应享有的2011年度收益份额：应享有的收益份额=200×40% = 80(万元)

甲公司以前年度未确认的亏损分担额为120万元，而当年应享有的收益份额不足以抵消该未确认的亏损分担额，因此，不能按当年应享有的收益分享额恢复长期应收款及长期股权投资的账面价值。甲公司当年不作正式的会计处理，但应在备查登记簿中记录已抵消的未确认亏损分担额80万元以及尚未抵消的未确认亏损分担额40万元。

确认应享有的2013年度收益份额：应享有的收益份额=600×40% = 240(万元)

当年应享有的收益份额超过了以前年度尚未抵消的未确认亏损分担额，因此，应在备查登记簿中记录对以前年度尚未抵消的未确认亏损分担额40万元的抵消，并按超过部分首先恢复长期应收款的账面价值。

应恢复长期应收款账面价值=240-40 =200(万元)

借：长期应收款——乙公司　　2 000 000

　贷：投资收益　　2 000 000

确认应享有的2014年度收益份额：应享有的收益份额=1 200×40%= 480(万元)

当年应享有的收益份额超过了尚未恢复的长期应收款账面价值，在完全恢复了长期应收款的账面价值后，应按超过部分继续恢复长期股权投资的账面价值。

应恢复长期股权投资账面价值=480-100=380（万元）

借：长期应收款——乙公司　　1 000 000

　贷：投资收益　　1 000 000

借：长期股权投资——乙公司(损益调整)　　3 800 000

　贷：投资收益　　3 800 000

6. 被投资单位除净损益以外所有者权益的其他变动

投资企业对于被投资单位除净损益以外所有者权益的其他变动，在持股比例不变的情况下，按照持股比例计算的应享有或承担的部分，调整长期股权投资的账面价值，同时增加或减少资本公积(其他资本公积)。

【例5-18】甲公司持有乙公司30%的股份，采用权益法核算。2013年12月31日，乙公司持有的一项成本为1 500万元的可供出售金融资产，公允价值升至2 000万元。乙公司按公允价值超过成本的差额500万元调增该项可供出售金融资产的账面价值，并计入资本公积。其账务处理如下：

应享有资本公积份额=500×30%=150(万元)

借：长期股权投资——乙公司(其他权益变动)　　1 500 000

　贷：资本公积——其他资本公积　　1 500 000

(四)长期股权投资处置的核算

处置长期股权投资，其账面价值与实际取得价款之间的差额，应当计入当期损益。采用权益法核算的长期股权投资，在处置该项投资时，采用与被投资单位直接处置相关资产或负债相同的基础，按相应比例对原计入其他综合收益的部分进行会计处理。

【例5-19】甲公司对持有的乙公司股份采用权益法核算。2013年4月5日，甲公司将持有的乙公司股份全部转让，收到转让价款4 500万元，其中包括甲公司应收乙公司已宣告但尚未发放的现金股利300万元。转让日，该项股权投资的账面价值为3 650万元，其中，成本 2 200 万元，损益调整(借方)1 200 万元，其他权益变动(借方)250 万元。其账务处理如下：

转让损益＝4500－3 650－300＝550（万元）

借：银行存款	45 000 000	
贷：长期股权投资——乙公司(成本)		22 000 000
长期股权投资——乙公司(损益调整)		12 000 000
长期股权投资——乙公司(其他权益变动)		2 500 000
应收股利		3 000 000
投资收益		5 500 000
借：资本公积——其他资本公积	2 500 000	
贷：投资收益		2 500 000

(五)长期股权投资减值的核算

长期股权投资如果存在减值迹象的，应当按照相关准则的规定计提减值准备。其中对子公司、联营企业及合营企业的投资，应当按照《企业会计准则第 8 号——资产减值》的规定确定其应予计提的减值准备；企业持有的对被投资单位不具有共同控制或重大影响、在活跃市场中没有报价、公允价值不能可靠计量的长期股权投资，应当按照《企业会计准则第 22 号——金融工具确认和计量》的规定确定其应予计提的减值准备。

学习情境六

资本的核算

学习情境描述

资本是指所有者投入企业生产经营，能产生效益的资金。资本是企业经营活动的一项基本要素，是企业创建、生存和发展的一个必要条件。本情境指对企业所有者所益的核算，包括实收资本、资本公积、盈余公积和未分配利润的核算。

任务一　实收资本的核算

◎ 任务描述：

了解实收资本的含义，掌握实收资本的账务处理。

◎ 技能目标：

1. 掌握实收资本形成的核算；
2. 掌握实收资本增加的核算；
3. 掌握实收资本减少的核算。

◎ 知识目标：

1. 了解实收资本的含义；
2. 熟悉相关法律法规对实收资本的要求。

◎任务导入：

公民王某和李某于 2013 年 6 月 8 日将从中国建设银行某分理处开具的1 000 000元人民币虚假进账单提供给某会计师事务所，骗取了虚假的验资报告，并依此办理了工商登记手续，领取了营业执照。

请问：本例中投资者的行为合法吗？企业设立时可以有哪些出资方式？以人民币和实物资产投资时的会计分录怎么做？

一、实收资本概述

实收资本指投资者按照企业章程或合同、协议的约定，实际投入企业的各种财产、物资的价值。按照我国有关法律规定，投资者设立企业首先必须投入资本。实收资本是投资者投入资本形成法定资本的价值，所有者向企业投入的资本，在一般情况下无需偿还，可以长期使用。实收资本的构成比例，即投资者的出资比例或股东的股份比例，通常是确定所有者在企业所有者权益中所占的份额和参与企业财务经营决策的基础，也是企业进行利润分配或股利分配的依据，同时还是企业清算时确定所有者对净资产的要求权的依据。实收资本(股本)按投资主体，可分为国家投资、法人投资、外商投资和个人投资。按照出资方式的不同，可分为货币投资、实物投资和无形资产投资三种。

二、实收资本的核算

(一)账户设置

企业应当设置“实收资本”科目，核算企业接受投资者投入的实收资本，“实收资本”账户属所有者权益类账户。贷方反映投入资本的增加，借方反映投入资本的减少，余额在贷方，表示投入资本的实际数额。为了反映每个投资者投入资本的实际情况，该账户应按投资者设置明细账，进行明细分类核算。

股份有限公司应将该科目改为“股本”。“股本”账户属所有者权益类账户，用来核算股份有限公司发行的股票面值总额。贷方登记按股票面值与股份总数的乘积计算的股票面值总额，发行价格超过面值的部分计入“资本公积”账户，借方登记因注销库存股等原因而按股票面值和注销股数计算的股票面值总额，期末余额在贷方，反映公司的股本总额。在“股本”账户下，按股票种类及股东名称设置明细账，进行明细分类核算。同时，企业应按核定的股本总额、股份总数、每股面值在股本中作备查记录。

“库存股”账户属所有者权益类账户，用来核算企业收购、转让或注销的本公司股份金额。借方登记因企业减少注册资本、奖励本公司职工等原因而收购本公司的股份，贷方登记企业转让、注销的库存股，期末借方余额，反映企业持有尚未转让或注销的本公司股份金额。

(二)一般企业投入资本的核算

一般企业是指除股份有限公司以外的企业，如国有企业、有限责任公司等。投资者可以用现金投资，也可以用现金以外的其他有形资产投资，符合国家规定比例的，还可以用无形资产投资。企业收到投资时，一般应作如下会计处理：收到投资人投入的现金，应在实际收到或者存入企业开户银行时，按实际收到的金额，借记“银行存款”科目；企业接受原材料、固定资产、无形资产等非现金资产投资时，应按投资合同或协议约定的价值(不公允的除外)作为原材料、固定资产、无形资产的入账价值，在办理实物产权转移手续时，借记有关资产科目，按投入资本在注册资本或股本中所占份额，贷记“实收资本”或“股本”科目，按其差额，贷记“资本公积——资本溢价”或“资本公积——股本溢价”等科目。

另外，接受原材料投资时，增值税专用发票上注明的增值税额可以抵扣。接受固定资产投资时，若固定资产属于与生产经营有关的设备、工具、器具等，其增值税可凭增值税专用发票、海关进口增值税专用缴款书和运输费用结算单据等进行抵扣。

【例 6-1】A 公司由甲、乙、丙三家公司共同投资成立，注册资本为 900 万元。甲、乙、丙三家公司投入的资本分别为 450 万元、180 万元和 270 万元。A 公司已收到各投资者缴付的款项。A 公司编制的会计分录如下：

借：银行存款	9 000 000	
贷：实收资本——甲公司		4 500 000
实收资本——乙公司		1 800 000
实收资本——丙公司		2 700 000

【例 6-2】A 公司收到 B 公司作为资本投入的原材料一批，该批原材料合同约定的价值为 200 000 元(与公允价值相符)，增值税进项税额为 34 000 元，该进项税额允许抵扣。A 公司的账务处理如下：

借：原材料　　200 000
　　应交税费——应交增值税(进项税额)　　34 000
　贷：实收资本——B 公司　　234 000

【例 6-3】A 公司收到甲企业作为资本投入的不需要安装的新设备一台，投资合同约定该设备价款为 600 000 元，增值税进项税额为 102 000 元，经约定 A 公司接受甲企业的投入资本 585 000 元(合同约定的价值与公允价值相符)，则 A 公司应编制的会计分录如下：

借：固定资产　　600 000
　　应交税费——应交增值税(进项税额)　　102 000
　贷：实收资本——甲企业　　702 000

【例 6-4】A 公司收到 D 公司作为资本投入的一项非专利技术。双方协议约定的价值为 200 万元，按照市场估计，其公允价值为 240 万元。A 公司的账务处理如下：

借：无形资产　　2 400 000
　贷：实收资本——D 公司　　2 000 000
　　资本公积——资本溢价　　400 000

(三)股份有限公司股本的核算

股份有限公司可以通过向社会公众广泛的发行股票筹集资本，任何投资者只要认购股票和支付股款，都可成为股份有限公司的股东。我国《公司法》规定股票发行可以面值和溢价发行，不得折价发行。

1. 面值发行股票的核算

面值发行，也称“平价发行”，即公司发行股票所得收入等于股本总额。股票发行时收到股款时，借记“银行存款”账户，贷记“股本”账户，发行过程中支付券商的佣金、手续费等冲减留存收益，记入“资本公积”等账户的借方。

【例 6-5】某股份有限公司按面值发行普通股 5 000 万股，每股面值为 1 元，并收到款项。编制会计分录如下：

借：银行存款　　50 000 000
　贷：股本——普通股　　50 000 000

2. 溢价发行股票的核算

溢价发行，即股份公司发行股票所得收入大于股本总额。在采用溢价发行股票的情况下，企业发行股票取得的收入，应将相当于股票面值的部分计入“股本”账户，其余部分在扣除发行手续费、佣金等发行费用后计入“资本公积——股本溢价”账户；股票发行的溢价金额不足以支付发行费用的部分，应将不足支付的发行费用冲减盈余公积和未分配利润。

【例 6-6】某股份有限公司发行普通股 5 000 万股，每股面值 1 元，发行价格为 5 元。筹集款项 2.5 亿元已经全部收到，发行过程中发生相关税费 50 万元。编制会计分录如下：

借：银行存款　　250 000 000

　贷：股本——普通股　　50 000 000

　　资本公积——股本溢价　　200 000 000

(四)实收资本(股本)增减变动的核算

1. 实收资本增加的核算

一般企业增加资本的途径主要有：接受投资者追加投资、资本公积转增资本和盈余公积转增资本。当企业接受投资者追加投资时，其账务处理同前所述。

企业采用资本公积或盈余公积转增资本时，应按转增的资本金额确认实收资本。用资本公积转增资本时，借记“资本公积——资本溢价”科目，贷记“实收资本”科目。用盈余公积转增资本时，借记“盈余公积”科目，贷记“实收资本”科目。

【例6-7】A公司因扩大经营规模需要，决定将资本公积3 000 000元转增资本。A公司应编制如下会计分录：

借：资本公积　　3 000 000

　贷：实收资本　　3 000 000

【例6-8】经股东大会批准，B公司以盈余公积2 000 000元转增资本。B公司应编制会计分录如下：

借：盈余公积　　2 000 000

　贷：实收资本　　2 000 000

2. 实收资本减少的核算

企业实收资本减少的原因大体有两种：一是因资本过剩而减资，一般要发还股款；二是企业发生重大损失。

(1)资本过剩减资。企业因资本过剩而减资，一般要发还股款。有以下两种情况：

第一，一般企业减资。一般企业和有限公司发还投资时，按法律程序报经批准减少注册资本，借记“实收资本”账户，贷记“库存现金”、“银行存款”等账户。

第二，股份有限公司减资。股份有限公司由于采用的是发行股票方式筹集资本，发还股款时，则要回购发行的股票。发行股票的价格与股票面值可能不同，回购股票的价格也可能与发行的价格不同，因此会计处理较为复杂。

股份有限公司为减少注册资本而收购本公司股份的，应按实际支付的金额，借记“库存股”账户，贷记“银行存款”账户；注销库存股时，应按股票面值和注销股数计算的股票面值总额，借记“股本”账户；按注销库存股的账面余额，贷记“库存股”账户；按其差额，借记“资本公积——股本溢价”账户；股本溢价不足冲减的，应借记“盈余公积”、“利润分配——未分配利润”账户。如果回购股票支付的价款低于面值总额，应按股票面值借记“股本”账户；按注销的库存股账面余额贷记“库存股”账户，按其差额贷记“资本公积——股本溢价”账户。

【例6-9】甲股份有限公司2013年12月31日的股本为2亿股，每股面值1元，资本公积(股本溢价)5 000万元，盈余公积3 000万元，未分配利润5 000万元。经股东大会批准，甲股份有限公司以现金回购本公司股票3 000万股并注销。假定甲股份有限公司按照每股0.8元回购股票，不考虑其他因素。应编制会计分录如下：

回购本公司股票时：

库存股的成本 = 30 000 000×0.8 = 24 000 000（元）

借：库存股 24 000 000

　贷：银行存款 24 000 000

注销本公司股票时：

应增加的资本公积 =（30 000 000×1）-（30 000 000×0.8）= 6 000 000（元）

借：股本 30 000 000

　贷：库存股 24 000 000

　　资本公积——股本溢价 6 000 000

【例 6-10】承【例 6-9】，假定甲股份有限公司以每股 2 元回购股票，其他条件不变，应编制会计分录如下：

回购本公司股票时：

库存股的成本 = 30 000 000×2 = 60 000 000（元）

借：库存股 60 000 000

　贷：银行存款 60 000 000

注销本公司股票时：

应冲减的资本公积 =（30 000 000×2）-（30 000 000×1）= 30 000 000（元）

借：股本 30 000 000

　　资本公积——资本溢价 30 000 000

　贷：库存股 60 000 000

【例 6-11】承【例 6-9】，假定甲股份有限公司以每股 3 元回购股票，其他条件不变，应编制会计分录如下：

回购本公司股票时：

库存股成本 = 30 000 000×3 = 90 000 000（元）

借：库存股 90 000 000

　贷：银行存款 90 000 000

注销本公司股票时：

应冲减的资本公积 =（30 000 000×3）-（30 000 000×1）= 60 000 000（元）

由于应冲减的资本公积大于公司现有的资本公积，所以只能冲减资本公积 50 000 000 元，剩余的 10 000 000 元应冲减盈余公积。

借：股本 30 000 000

　　资本公积——资本溢价 50 000 000

　　盈余公积 10 000 000

　贷：库存股 90 000 000

【例 6-12】承【例 6-9】，假定甲股份有限公司按每股 4 元回购股票，其他条件不变，应编制会计分录如下：

回购本公司股票时：

库存股成本 = 30 000 000×4 = 120 000 000（元）

借：库存股　120 000 000
　贷：银行存款　120 000 000

注销本公司股票时：

应冲减的资本公积=(30 000 000×4)-(30 000 000×1)=90 000 000(元)

由于应冲减的资本公积大于公司现有的资本公积，所以只能冲减资本公积50 000 000元。剩余的先冲减盈余公积，由于公司的盈余公积只有30 000 000元，仍然不够，剩余10 000 000元再冲减未分配利润。编制会计分录如下：

借：股本　30 000 000
　　资本公积——资本溢价　50 000 000
　　盈余公积　30 000 000
　　利润分配——未分配利润　10 000 000
　贷：库存股　120 000 000

(2)亏损减资。企业因严重亏损而减资，必须经过董事会或股东大会的决议并经过有关部门批准方可进行减资，办理相关手续后，其会计处理为借记“实收资本(或股本)”账户，贷记“利润分配——未分配利润”账户。

任务二　资本公积的核算

◎ 任务描述：

了解资本公积的含义，掌握资本公积的账务处理。

◎ 技能目标：

1. 掌握资本溢价的核算方法；
2. 掌握其他资本公积的核算方法。

◎ 知识目标：

1. 了解资本公积的含义；
2. 理解资本公积的性质和用途。

◎任务导入：

某企业委托券商代理发行股票5 000万股，每股面值1元，每股发行价格9元，按发行价格的1%向券商支付发行费用，发行股票期间冻结的利息收入为75万元，该企业在收到发行股票款时，应记入“资本公积”科目的金额为多少万元？

一、资本公积概述

资本公积是指企业收到投资者出资额超出其在注册资本(或股本)中所占份额的部分，以及直接计入所有者权益的利得和损失等。

资本公积包括资本溢价(或股本溢价)和直接计入所有者权益的利得和损失等。资本溢价(或股本溢价)是指企业投资者投入的资金超过其在注册资本中所占份额的部分，一般由投资者超额缴入资本或溢价发行股票形成。直接计入所有者权益的利得和损失是指不应计入当期损益、会导致所有者权益发生增减变动的、与所有者投入资本或者向所有者分配利润无关的利得或者损失。

资本公积可以依法用于转增资本，但不得作为投资利润或股利进行分配。

二、资本公积的核算

（一）账户设置

为核算企业资本公积的增减变动情况，应设置“资本公积”账户。该账户属所有者权益类账户，贷方登记企业资本公积增加数额；借方登记企业资本公积减少数额；期末贷方余额表示企业资本公积结余数额。该账户应分别设置“资本溢价（或股本溢价）”、“其他资本公积”明细账户，进行明细分类核算。

（二）资本公积形成的账务处理

1. 资本溢价（或股本溢价）

资本溢价是指投资者缴付企业的出资额大于该所有者在企业注册资本中所占份额的数额。在企业创立时，投资者认缴的出资额往往与注册资本一致，不会产生资本公积。但在企业重组或有新的投资者加入时，为了维护原投资者的权益，新加入的投资者的出资额，并不一定全部作为实收资本处理。这是因为：第一，企业创建时的资金投入和企业已走向经营正轨时期的资金投入，即使在数量上相等，其赢利能力也是不同的；第二，接纳新投资者后，新投资者与原投资者一样有权参与原有留存收益的分配，只有新投资者的出资额大于实收资本，才能维护原投资者的已有权益。

【例 6-13】某有限责任公司原由 A、B、C 三位股东各投资 100 万元人民币设立，设立时的注册资本为 300 万元，经过几年的经营，该企业留存收益为 120 万元。现投资者 D 要加入该企业，并表示愿出资 140 万元，享有与 A、B、C 三位股东同等的权利，三位股东表示同意。公司的账务处理为：

借：银行存款　　1 400 000

　贷：实收资本——D 股东　　1 000 000

　　　资本公积——资本溢价　　400 000

股本溢价是指股份有限公司溢价发行股票时实际收到的款项超过股票面值总额的数额。在溢价发行股票的情况下，企业发行股票取得的收入，等于股票面值部分记入“股本”账户，超出股票面值的溢价收入记入“资本公积”账户。委托证券商代理发行股票而支付的手续费、佣金等，应从溢价收入中扣除，企业应按扣除手续费、佣金后的净溢价记入“资本公积”账户。

【例 6-14】某股份有限公司委托某证券公司代理发行普通股 1 000 万股，每股面值 1 元，发行价格为 4 元。与委托单位约定按发行收入的 3‰收取手续费，从发行收入中扣除。收到的发行股票款已存入银行。公司的账务处理为：

实际收到发行股票款 = 10 000 000×4×（1−3‰）= 39 880 000（元）

借：银行存款　　39 880 000

　贷：股本　　10 000 000

　　　资本公积——股本溢价　　29 880 000

此外，同一控制下企业合并形成的长期股权投资，也会产生资本或股本溢价。在合并日，合并方按照取得被合并方所有者权益账面价值的份额作为长期股权投资的初始投资成本，借记“长期股权投资”账户；按享有被投资单位已宣告但尚未发放的现金股利或利润，借记“应收股利”账户；按支付的合并对价的账面价值，贷记“银行存款”、“固定资产”等账户；按其差额借记或贷记“资本公积——资本溢价(或股本溢价)”账户。

2. 其他资本公积

企业因长期股权投资、国家拨入专项或特定用途拨款的购置项目、金融资产有关项目重分类转换，以及可供出售金融资产升值而增加的资本公积，应借记有关账户，贷记“资本公积——其他资本公积”账户。减少的资本公积，作相反分录。

【例 6-15】9 月 10 日，A 公司按规定将一项持有至到期的债券投资重分类为可供出售的金融资产，该债券投资的成本为 22 万元，应计利息为 3 万元，重分类日(9 月 10 日)该项债券投资的公允价值为 26 万元。A 公司的账务处理为：

借：可供出售金融资产　　260 000
　贷：持有至到期投资——成本　　220 000
　　　持有至到期投资——应计利息　　30 000
　　　资本公积——其他资本公积　　10 000

【例 6-16】A 公司于 12 月 31 日对公司持有的一项可供出售金融资产(不属于根据金融工具确认和计量准则确定的)进行检查，其账面余额为 20 万元，公允价值为 18 万元。A 公司的账务处理为：

借：资本公积——其他资本公积　　200 000
　贷：可供出售金融资产——公允价值变动　　200 000

(三)资本公积使用的账务处理

企业的资本公积主要用来转增资本。经股东大会或类似机构决议，将资本公积转增资本时，借记“资本公积”账户，贷记“实收资本(或股本)”账户。

【例 6-17】甲有限责任公司将资本公积 50 万元转增资本。在原来的注册资本中，A、B、C 三位投资者的投资比例分别为 40%、30%、30%。该公司按法定程序办理了增资手续，并编制会计分录如下：

借：资本公积　　500 000
　贷：实收资本——A 股东　　200 000
　　　实收资本——B 股东　　150 000
　　　实收资本——C 股东　　150 000

任务三　留存收益的核算

◎ 任务描述：

了解留存收益的含义，掌握留存收益的账务处理方法。

◎ 技能目标：

1. 掌握盈余公积的核算；
2. 掌握未分配利润的核算。

◎ 知识目标：

1. 了解盈余公积和未分配利润的含义；

2. 理解资本公积的性质和用途；

3. 理解未分配利润的形成。

◎任务导入：

某企业 2013 年初未分配利润的贷方余额为 300 万元，本年度实现的净利润为 150 万元，按 10%提取法定盈余公积，分配现金股利 100 万元。假定不考虑其他因素，该企业 2013 年末未分配利润的贷方余额应为多少万元？

一、留存收益概述

（一）留存收益的概念

留存收益是指企业从历年实现的利润中提取或留存于企业的内部积累。留存收益来源于企业的生产经营活动所实现的利润，包括企业的盈余公积和未分配利润两个部分。

留存收益是股东权益的一个重要项目，与投资者投入的资本一样均属于股东权益，但与投入资本不同的是，投入资本是由所有者从外部投入企业的、构成企业股东的基本部分，而留存收益不是由投资者从外部投入的，而是依靠企业经营所得的盈利积累而形成的。

（二）留存收益的构成

留存收益由盈余公积和未分配利润构成，盈余公积是指按照规定从净利润中提取的积累资金，包括法定盈余公积和任意盈余公积，它们属于有特定用途的留存收益，而未分配利润属于没有指定用途的留存收益。

(1)法定盈余公积，是指企业按照规定的比例从净利润中提取的盈余公积。《公司法》规定，公司制企业应当按照净利润（减弥补以前年度亏损，下同）的 10%提取法定盈余公积。法定盈余公积累计额已达注册资本的 50%时可以不再提取。值得注意的是，在计算提取法定盈余公积的基数时，不应包括企业年初未分配利润。

(2)任意盈余公积，是指企业按照股东大会或类似机构的决议提取的盈余公积。公司制企业可根据股东大会的决议提取任意盈余公积。由于任意盈余公积是企业自愿拨定的留存收益，其提取比例视实际情况而定。需要注意的是，公司如有优先股，必须在支付了优先股股利之后，方可计提任意盈余公积。

法定盈余公积和任意盈余公积的区别在于其计提的依据不同，前者以国家的法律法规为依据，后者由企业的权力机构自行决定。

外商投资企业的盈余公积由储备基金、企业发展基金、职工奖励及福利基金三项组成。

(3)未分配利润，是经过弥补亏损、提取法定盈余公积、提取任意盈余公积和向投资者分配利润等利润分配之后剩余的利润，它是留存于企业的历年结存的利润。

年度终了，企业应根据国家有关规定和企业章程、投资者协议等，对企业当年可供分配的利润进行分配。

利润分配的顺序依次是：提取法定盈余公积；提取任意盈余公积；向投资者分配利

润。从数量上来看，未分配利润是期初未分配利润加上本期实现的净利润，减去提取的盈余公积和分配的利润后的余额。用公式表达如下：

未分配利润=期初未分配利润+本期净利润-本期已分配利润

未分配利润有两层含义：一是留待以后年度处理的利润；二是未指明特定用途的利润。相对于所有者权益的其他部分来说，企业对于未分配利润的使用有较大的自主权。

二、留存收益的核算

（一）账户设置

为了核算并监督盈余公积的提取和使用等增减变动情况，企业应设置“盈余公积”账户，该账户属所有者权益类账户，贷方登记企业提取的盈余公积数额，借方登记盈余公积的使用数额，期末贷方余额为企业盈余公积的实有数额。该账户应分别设置“法定盈余公积”、“任意盈余公积”等明细账户，进行明细分类核算。

企业应通过“利润分配”科目，核算企业利润的分配（或亏损的弥补）和历年分配（或弥补）后的未分配利润（或未弥补亏损）。该账户应分别设置“提取法定盈余公积”、“提取任意盈余公积”、“应付现金股利或利润”、“盈余公积补亏”、“未分配利润”等明细账户，进行明细分类核算。企业未分配利润通过“利润分配——未分配利润”明细科目进行核算。年度终了，企业应将全年实现的净利润或发生的净亏损，自“本年利润”科目转入“利润分配——未分配利润”科目，并将“利润分配”科目所属其他明细科目的余额，转入“未分配利润”明细科目。结转后，“利润分配——未分配利润”科目如为贷方余额，表示累积未分配的利润数额；如为借方余额，则表示累积未弥补的亏损数额。

（二）盈余公积的核算

1. 盈余公积计提的核算

企业按规定提取盈余公积时，借记“利润分配——提取法定盈余公积（或提取任意盈余公积）”科目，贷记“盈余公积——法定盈余公积（或任意盈余公积）”科目。

外商投资企业按规定提取储备基金、企业发展基金、职工奖励及福利基金时，借记“利润分配——提取储备基金、提取企业发展基金、提取职工奖励及福利基金”账户，贷记“盈余公积——储备基金、企业发展基金、应付职工薪酬”账户。

【例 6-18】A 股份有限公司上年初未分配利润为 100 万元，上年度实现净利润 4 000 万元。公司董事会于本年 2 月 25 日提出公司当年利润分配方案，拟对上年实现的净利润进行分配。董事会提请批准的利润分配方案为：按照本年度实现净利润的 10%提取法定盈余公积，8%提取任意盈余公积，同时向股东按每股 0.2 元派发现金股利（该公司股本为 6 000万元，每股面值 1 元）。公司股东大会决议批准了董事会的利润分配方案。

结转本年利润，编制会计分录如下：

借：本年利润　　40 000 000

　贷：利润分配——未分配利润　　40 000 000

提取法定盈余公积、任意盈余公积，编制会计分录如下：

借：利润分配——提取法定盈余公积　　4 000 000

　　利润分配——提取任意盈余公积　　3 200 000

贷：盈余公积——法定盈余公积　　4 000 000

　　盈余公积——任意盈余公积　　3 200 000

股东大会决议批准分配现金股利时，编制会计分录如下：

借：利润分配——应付现金股利　　12 000 000

　贷：应付股利　　12 000 000

注意：按规定，对董事会或类似机构通过的利润分配方案中拟分配的现金股利或利润不作账务处理，但应在附注中披露。当董事会或类似机构通过的利润分配方案已经获得股东大会或类似机构审议批准后，企业方可进行支付现金股利或利润的账务处理。

2. 盈余公积使用的核算

企业法定盈余公积和任意盈余公积的使用一般是综合安排的，具体可以分为以下几个方面：

(1)盈余公积转增资本(或股本)。企业将盈余公积转增资本(或股本)时，必须经股东大会决议批准。转增资本(或股本)时应注意：一是要办理增资手续；二是要按股东原有的股份比例结转；三是法定盈余公积转增资本(或股本)时，转增后留存盈余公积不得少于注册资本的25%。

企业提取的盈余公积，无论是用于弥补亏损，还是用于转增资本，只不过是在企业所有者权益内部作结构上的调整，不引起企业所有者权益总额的变动。

一般企业经批准用盈余公积转增资本(或股本)时，应借记“盈余公积”账户，贷记“实收资本”账户。

股份有限公司经股东大会决议批准，用盈余公积转增资本时，应当借记“盈余公积”账户，贷记“股本”账户。

【例6-19】A股份有限公司因扩大经营规模需要，经股东大会批准，用法定盈余公积30万元转增股本。假定不考虑其他因素，编制会计分录如下：

借：盈余公积——法定盈余公积　　300 000

　贷：股本　　300 000

【例6-20】B公司经股东大会通过，用法定盈余公积20万元转增资本，并办妥增资手续。公司账务处理如下：

借：盈余公积——法定盈余公积　　200 000

　贷：实收资本　　200 000

(2)盈余公积弥补亏损。企业发生亏损时，应由企业自行弥补。弥补亏损的渠道主要有三条：一是用以后年度税前利润弥补。按照现行制度规定，企业发生亏损时，可以用以后5年内实现的税前利润弥补，即税前利润补亏的期间为5年。二是用以后年度税后利润弥补。企业发生的亏损经过5年期间未弥补足额的，尚未弥补的亏损用所得税后的利润弥补。三是以盈余公积弥补亏损。企业以提取的盈余公积弥补亏损时，应当由公司董事会提议，并经股东大会批准。

经公司董事会提议，并经股东大会批准，企业用盈余公积弥补亏损，应当借记“盈余公积”账户，贷记“利润分配——盈余公积补亏”账户。

【例6-21】C公司经研究决定，以公司结余的任意盈余公积50万元，弥补当期亏损。

公司账务处理为：

借：盈余公积——任意盈余公积　　500 000

　贷：利润分配——盈余公积补亏　　500 000

年末，应将“利润分配——盈余公积补亏”明细账与其他“利润分配”明细账一起转入“利润分配——未分配利润”明细账。

(3)盈余公积发放现金股利或利润。股份有限公司经股东大会决议，可用盈余公积分派现金股利或派送新股。分配现金股利时，借记“盈余公积”账户，贷记“应付股利”账户。

企业经股东大会决议，用盈余公积派送新股计算的金额，借记“盈余公积”账户；按派送股票面值总额，贷记“股本”账户；按其差额贷记“资本公积——股本溢价”账户。

在特殊情况下，当企业积累的盈余公积较多，未分配利润较少时，为维护企业形象，给投资者合理的回报，对于符合条件的企业，也可以用盈余公积分派现金股利或利润。

(三)未分配利润的核算

1. 未分配利润形成的核算

未分配利润是经过弥补亏损、提取法定盈余公积、提取任意盈余公积和向投资者分配利润等利润分配之后剩余的利润，它是企业留待以后年度进行分配的历年结存的利润。企业未分配利润通过“利润分配——未分配利润”明细账户进行核算。年度终了，企业应将全年实现的净利润或发生的净亏损，自“本年利润”账户转入“利润分配——未分配利润”明细账户。结转后，“利润分配——未分配利润”账户如为贷方余额，表示累积未分配的利润数额；如为借方余额则表示累积未弥补的亏损数额。

【例6-22】承【例6-18】，A股份有限公司结转“利润分配”的明细账户，编制会计分录如下：

借：利润分配——未分配利润　　19 200 000

　贷：利润分配——提取法定盈余公积　　4 000 000

　　　利润分配——提取任意盈余公积　　3 200 000

　　　利润分配——应付现金股利　　12 000 000

A公司上年底“利润分配——未分配利润”账户的余额为：

1 000 000+40 000 000−19 200 000=21 800 000(元)

即贷方余额2 180万元，反映企业的累计未分配利润为2 180万元。

2. 分配股利或利润的核算

经股东大会或类似机构决议，可以向股东或投资者分配现金股利或利润。上市公司在进行现金股利的分配时，往往要经历四个重要的日期：一是宣布股利日，是公司股利分配方案经股东大会通过后由董事会正式宣布依股东名册按持股比例发放股利的日期。在宣布股利日，借记“利润分配——应付现金股利或利润”账户，贷记“应付股利”账户。二是股权登记日，是上市公司在送股、派息或配股的时候，需要定出某一天，界定哪些股东可以参加分红或参与配股，定出的这一天就是股权登记日。三是除息日，股权登记日后的第一天就是除息日(除权日)。在股权登记日和除息日，对于股份公司来说，不需要在账上作任何会计分录。四是股利发放日，借记“应付股利”账户，贷记“银行存款”等账户。

经股东大会或类似机构决议分配给股东的股票股利，应在办理增资手续后，借记“利润分配——转作股本的股利”账户，贷记“股本”账户，如有差额，贷记“资本公积——股本溢价”账户。

【例 6-23】A 股份有限公司 5 月 12 日宣布上年度的利润分配实施方案：以上年年末公司普通股总股本 5 亿股为基数，向全体股东按每 10 股 2 元发放现金股利。股权登记日为本年 5 月 15 日，除息日为本年 5 月 19 日，现金股利发放日为本年 6 月 4 日。

股利宣布日，编制会计分录如下：

借：利润分配——应付现金股利　　100 000 000

　贷：应付股利　　100 000 000

股权登记日和除息日，不作任何会计分录。

股利发放日，编制会计分录如下：

借：应付股利　　100 000 000

　贷：银行存款　　100 000 000

财务成果的核算

学习情境描述

财务成果是企业一定生产期间经营活动的最终财务成果，是企业在一定会计期间所实现的各种收入(收益)大于相关费用(支出等)以后的差额。它综合反映企业生产、经营活动情况，是考核企业经营管理水平的一个综合指标。本情境包括收入、费用、利润形成与分配的核算。

任务一 收入的核算

◎ 任务描述：

能正确进行各类收入的确认与计量，掌握各类收入的核算方法。

◎ 能力目标：

1. 能正确确认和计量商品销售收入并进行会计处理；
2. 能正确确认和计量提供劳务收入并进行会计处理；
3. 能正确确认和计量让渡资产使用权收入并进行会计处理。

◎ 知识目标：

1. 理解收入的定义和分类；
2. 熟悉商品销售收入的确认条件；
3. 熟悉提供劳务收入的确认条件。

◎任务导入：

利用预收账款进行盈余管理是白酒企业公开的秘密。其中，最为知名的案例莫过于在行业景气度较高的2010年，贵州茅台高管收紧预收账款，故意延迟业绩释放。自2009年起，贵州茅台昔日迅猛的成长性已一去不复返，2010年，更迎来了成长神话的破裂。2010年，贵州茅台三个季度的盈利增长均低于市场预期。其中，2010年一季报净利润同比增长仅为4%，半年报净利润则同比增长11.09%，到了三季报，公司净利润同比增长则仅为10.22%。但仔细查看公司报表，利用预收账款人为控制业绩释放的现象十分明显。以贵州茅台2010年三季度报表为例，截至9月末，公司的预收账款高达32.62亿元，同比增加20亿元，比2010年中期增加13亿元。而相对应的是，贵州茅台前三季度实现营业收入93.28亿元，同比增长19.47%，归属于母公司净利润41.74亿元，如果将该部分预收账款释放业绩，那么贵州茅台的真实业绩并不至于连续低于市场预期。

请问：收入的确认对利润有何影响？如何正确确认商品销售收入？

一、收入概述

(一)收入的概念与特征

收入，是指企业在日常活动中形成的、会导致所有者权益增加的、与所有者投入资本无关的经济利益的总流入。

日常活动，是指企业为完成其经营目标所从事的经常性活动以及与之相关的活动。企业的有些活动属于为完成其经营目标所从事的经常性活动，如工业企业制造并销售产品，商业企业购进和销售商品，租赁企业出租资产，商业银行对外贷款，保险公司签发保单，咨询公司提供咨询服务，软件企业为客户开发软件，安装公司提供安装服务，广告商提供广告策划服务等，由此产生的经济利益的总流入构成收入；企业还有一些活动属于与经常性活动相关的活动，如工业企业转让无形资产使用权、出售不需用的原材料等，由此产生的经济利益的总流入也构成收入。

除了日常活动以外，企业的有些活动不是为完成其经营目标所从事的经常性活动，也不属于与经常性活动相关的活动，如企业处置固定资产、无形资产等活动，由此产生的经济利益的总流入不构成收入，应当确认为营业外收入。

收入具有四项特征：收入是企业日常活动形成的经济利益流入；收入可能表现为资产的增加或负债的减少，或者二者兼而有之；收入必然导致所有者权益的增加；收入不包括所有者向企业投入资本导致的经济利益流入。

(二)收入的分类

1. 按交易性质分类

收入按交易的性质，可分为销售商品收入、提供劳务收入和让渡资产使用权收入。

(1)销售商品收入，是指企业通过销售产品或商品而取得的收入。如制造企业销售产成品、半成品取得的收入，商品流通企业销售商品取得的收入，房地产经营商销售自行开发的房地产取得的收入等。

(2)提供劳务收入，是指企业通过提供劳务作业而取得的收入。如制造企业提供工业性劳务作业取得的收入，商品流通企业提供代购代销劳务取得的收入，交通运输企业提供运输劳务取得的收入，建筑安装企业提供建筑安装劳务取得的收入，服务性企业提供各类服务取得的收入等。

(3)让渡资产使用权收入，是指企业通过让渡资产使用权而取得的收入。如商业银行发放贷款取得的利息收入，企业对外出租无形资产取得的使用费收入等。

2. 按在经营业务中所占比重分类

收入按其在经营业务中所占的比重，可分为主营业务收入和其他业务收入。

(1)主营业务收入，或称基本业务收入，是指企业为完成其经营目标所从事的主要经营活动取得的收入。不同行业的企业，具有不同的主营业务。例如，工业企业以销售产成品、半成品和提供工业性劳务作业为主，商品流通企业以销售商品为主，银行以存贷款和办理结算为主，旅游服务企业以门票收入、客房收入、餐饮收入为主等。主营业务收入经常发生，并在收入中占有较大的比重。

(2)其他业务收入，或称附营业务收入，是指企业除主要经营业务以外的其他经营活动实现的收入，如工业企业出租固定资产、出租无形资产、出租周转材料、销售材料、用材料进行非货币性资产交换(在非货币性资产交换具有商业实质且公允价值能够可靠计量的情况下)或债务重组、用材料作为非同一控制下企业合并支付的对价等实现的收入。其他业务收入不经常发生，金额一般较小，在收入中所占比重较低。

二、销售商品收入的核算

(一)销售商品收入的确认与计量

1. 销售商品收入的确认条件

销售商品收入同时满足下列条件的，才能予以确认：

(1)企业已将商品所有权上的主要风险和报酬转移给购货方。

这是指与商品所有权有关的主要风险和报酬同时转移。与商品所有权有关的风险，是指商品可能发生减值或毁损等形成的损失；与商品所有权有关的报酬，是指商品价值增值或通过使用商品等形成的经济利益。企业已将商品所有权上的主要风险和报酬转移给购货方，构成确认销售商品收入的重要条件。

会计实务判断企业是否已将商品所有权上的主要风险和报酬转移给购货方，应当关注交易的实质，并结合所有权凭证的转移进行判断。如果与商品所有权有关的任何损失均不需要销货方承担，与商品所有权有关的任何经济利益也不归销货方所有，就意味着商品所有权上的主要风险和报酬转移给了购货方。

通常情况下，转移商品所有权凭证并交付实物后，商品所有权上的所有风险和报酬也随之转移，如大多数商品零售、预收款销售商品等。对于商品零售交易，销货方在售出商品时将商品交付给购货方，同时收到购货方支付的货款，这一交付行为发生后，购货方一般不能退货，售出商品发生的任何损失均不再需要销货方承担，售出商品带来的经济利益也不再归销货方所有，因此可以认为该售出商品所有权上的风险和报酬已转移给了购货方。

某些情况下，转移商品所有权凭证但未交付实物，商品所有权上的主要风险和报酬随之转移，企业只保留商品所有权上的次要风险和报酬，如交款提货方式销售商品。有时，已交付实物但未转移商品所有权凭证，商品所有权上的主要风险和报酬未随之转移，如采用支付手续费方式委托代销商品。

(2)企业既没有保留通常与所有权相联系的继续管理权，也没有对已售出的商品实施控制。

通常情况下，企业售出商品后不再保留与商品所有权相联系的继续管理权，也不再对售出商品实施有效控制，商品所有权上的主要风险和报酬已经转移给购货方，通常应在发出商品时确认收入。如果企业在商品销售后保留了与商品所有权相联系的继续管理权，或能够继续对其实施有效控制，说明商品所有权上的主要风险和报酬没有转移，销售交易不能成立，不应确认收入，如售后租回。

(3)收入的金额能够可靠地计量。

这是指收入的金额能够合理地估计。收入金额能合理地估计是确认收入的基本前提，如果收入的金额不能够合理估计就无法确认收入。企业在销售商品时，商品销售价格通常已经确定。但是，由于销售商品过程中某些不确定因素的影响，也有可能存在商品销售价格发生变动的情况。在这种情况下，新的商品销售价格未确定前通常不应确认销售商品收入。

(4)相关的经济利益很可能流入企业。

在销售商品的交易中，与交易相关的经济利益主要表现为销售商品的价款。相关的经济利益很可能流入企业，是指销售商品价款收回的可能性大于不能收回的可能性，即销售商品价款收回的可能性超过50%。企业在销售商品时，如估计销售价款不是很可能收回，即使收入确认的其他条件均已满足，也不应当确认收入。

企业在确定销售商品价款收回的可能性时，应当结合以前和买方交往的直接经验、政府有关政策、其他方面取得信息等因素进行分析。企业销售的商品符合合同或协议要求，已将发票账单交付买方，买方承诺付款，通常表明相关的经济利益很可能流入企业。如果企业判断销售商品收入满足确认条件而予以确认，同时确认了一笔应收债权，以后由于购货方资金周转困难无法收回该债权时，不应调整原会计处理，而应对该债权计提坏账准备、确认坏账损失。如果企业根据以前与买方交往的直接经验判断买方信誉较差，或销售时得知买方在另一项交易中发生了巨额亏损、资金周转十分困难，或在出口商品时不能肯定进口企业所在国政府是否允许将款项汇出等，就可能会出现与销售商品相关的经济利益不能流入企业的情况，不应确认收入。

(5)相关的已发生或将发生的成本能够可靠地计量。

根据收入和费用配比原则，与同一项销售有关的收入和费用应在同一会计期间予以确认，即企业应在确认收入的同时或同一会计期间结转相关的成本。因此，如果成本不能可靠计量，相关的收入就不能确认。

相关的已发生或将发生的成本能够可靠地计量，是指与销售商品有关的已发生或将发生的成本能够合理地估计。通常情况下，与销售商品相关的已发生或将发生的成本能够合理地估计，如库存商品的成本、商品运输费用等。如果库存商品是本企业生产的，其生产成本能够可靠计量；如果是外购的，购买成本能够可靠计量。某些情况下，与销售商品相关的已发生或将发生的成本不能够合理地估计时，企业不应确认收入，若已收到价款，应将已收到的价款确认为负债。

2. 销售商品收入确认条件的具体应用

企业判断销售商品收入满足确认条件的，应当提供确凿的证据，通常情况下，转移商品所有权凭证或交付实物后，才可以确认收入，列举如下：

(1)销售商品采用托收承付方式的，在办妥托收手续时确认收入。

(2)销售商品采用预收款方式的，在发出商品时确认收入，在此之前预收的货款应确认为负债。

(3)销售商品需要安装和检验的，在购买方接受商品以及安装和检验完毕前不确认收入，待安装和检验完毕时确认收入。如果安装程序比较简单，可在发出商品时确认收入。

(4)销售商品采用以旧换新方式的，销售的商品应当按照销售商品收入确认条件确认收入，回收的商品作为购进商品处理。

(5)销售商品采用支付手续费方式委托代销的，在收到代销清单时确认收入。

(6)附有销售退回条件的商品销售，根据以往经验能够合理估计退货可能性且确认与退货相关负债的，应在发出商品时确认收入；不能合理估计退货可能性，应在售出商品退货期满时确认收入。

(7)对于订货销售，应在发出商品时确认收入，在此之前预收的货款确认为负债。

(8)售后回购方式销售商品的，收到的款项应确认为负债；回购价格大于原售价的，差额应在回购期间按期计提利息，计入财务费用。有确凿证据表明售后回购交易满足销售商品收入确认条件的，销售的商品按售价确认收入，回购的商品作为购进商品处理。

(9)售后回租方式销售商品的，收到的款项应确认为负债；售价与资产账面价值之间的差额，应当采用合理的方法进行分摊，作为折旧费用或租金费用的调整。有确凿证据表明认定为经营租赁的售后租回交易是按照公允价值达成的，销售的商品按售价确认收入，并按账面价值结转成本。

【例 7-1】甲公司出售一批商品给乙公司，为保证到期收回货款，甲公司暂时保留售出商品的法定所有权。

分析：本例中，甲公司仅仅是为了到期收回货款而暂时保留商品的法定所有权，这表明销售商品过程中的重大不确定因素已不存在，货款的收回也由于保留了商品的所有权而得到相当程度的保障。购买方为了取得商品的法定所有权，通常情况下会按照约定支付货款，因此可以认为商品所有权上的主要风险和报酬已转移给购货方。

【例 7-2】甲公司在销售某商品时向客户承诺，如果售出的商品在 2 个月内因质量问题不符合要求，可以退货。根据以往的经验，甲公司估计退货的比例为销售额的 15%。

分析：对已售出的商品，甲公司承诺若有质量问题客户可以退货，甲公司仍保留一定的风险。但估计退货的比例仅为 15%，表明甲公司保留的风险是次要风险，因此可以认为与商品所有权有关的主要风险和报酬已转移给客户。

【例 7-3】某公司为推销一种新药，承诺凡是购买新产品的客户均有一个月的试用期，在试用期内如对产品使用效果不满意，该公司可无条件给予退货，货款已收。

分析：由于该公司销售的是新产品，虽然已将产品售出并已收到货款，但该公司无法估计退货的可能性，这表明产品所有权上的主要风险和报酬并未转移。

3. 销售商品收入的计量

企业销售商品满足收入确认条件时，应当按照已收或应收的合同或协议价款的公允价值确定销售商品收入金额。通常情况下，从购货方已收或应收的合同或协议价款即为其公允价值，应当以此确定销售商品收入的金额。

在涉及现金折扣、商业折扣、销售折让时，销售商品收入金额的确定方法如下：

(1)现金折扣。现金折扣是指债权人为鼓励债务人在规定的期限内付款而向债务人提供的债务扣除。现金折扣一般用符号“折扣率/付款期限”表示，例如，“2/10，1/20，n/30”表示：销货方允许客户最长的付款期限为 30 天，如果客户在 10 天内付款，销货方可按商品售价给予客户 2%的折扣；如果客户在 20 天内付款，销货方可按商品售价给予客户 1%的折扣；如果客户在 21 天至 30 天内付款，将不能享受现金折扣。

企业销售商品涉及现金折扣的，应当按照扣除现金折扣前的金额确定销售商品收入金额。现金折扣在实际发生时计入当期财务费用。

在计算现金折扣时，还应注意销售方是按不包含增值税的价款提供现金折扣，还是按包含增值税的价款提供现金折扣，两种情况下购买方享有的折扣金额不同。

(2)商业折扣。商业折扣是指企业为促进商品销售而在商品标价上给予的价格扣除。

企业销售商品涉及商业折扣的，应当按照扣除商业折扣后的金额确定销售商品收入金额。

(3)销售折让。销售折让是指企业因售出商品的质量不合格等原因而在售价上给予的减让。

销售折让如发生在确认销售收入之前，则应在确认销售收入时直接按扣除销售折让后的金额确认；已确认销售收入的售出商品发生销售折让，且不属于资产负债表日后事项的，应在发生时冲减当期销售商品收入；如按规定允许扣减增值税税额的，还应冲减已确认的应交增值税销项税额。

(二)销售商品收入的核算

销售商品收入核算主要涉及一般销售商品业务，已经发出商品但不符合收入确认条件的销售业务，销售折让，销售退回及一些特殊业务的处理。

1. 一般销售商品业务

在进行销售商品的会计处理时，首先要考虑销售商品收入是否符合收入确认条件。符合所规定的五个确认条件的，企业应及时确认收入，并结转相关销售成本。企业判断销售商品收入满足确认条件的，应当提供确凿的证据。确认销售商品收入时，应按实际收到或应收的金额，借记"应收账款"、"应收票据"、"银行存款"等科目；按确定的销售收入金额，贷记"主营业务收入"等科目；按增值税专用发票上注明的增值税额，贷记"应交税费——应交增值税(销项税额)"科目。同时，按销售商品的实际成本，借记"主营业务成本"等科目，贷记"库存商品"等科目。企业也可在月末结转本月已销商品的实际成本。

【例7-4】甲公司采用托收承付结算方式销售一批商品，开出的增值税专用发票上注明售价为600 000元，增值税额为102 000元；商品已经发出，并已向银行办妥托收手续；该批商品的成本为420 000元。甲公司的会计分录如下：

借：应收账款	702 000	
贷：主营业务收入		600 000
应交税费——应交增值税(销项税额)		102 000
借：主营业务成本	420 000	
贷：库存商品		420 000

2. 已经发出但不符合销售商品收入确认条件的商品

如果企业售出商品不符合销售商品收入确认的五个条件中的任何一条，均不应确认收入。为了单独反映已经发出但尚未确认销售收入的商品成本，企业应增设"发出商品"科目。"发出商品"科目核算一般销售方式下，已经发出但尚未确认销售收入的商品成本。

企业对于发出的商品，在不能确认收入时，应按发出商品的实际成本，借记"发出商品"科目，贷记"库存商品"科目。发出商品满足收入确认条件时，应结转销售成本，借记"主营业务成本"科目，贷记"发出商品"科目。"发出商品"科目的期末余额应并入资产负债表“存货”项目反映。

发出商品不符合收入确认条件时，如果销售该商品的纳税义务已经发生，比如已经开出增值税专用发票，则应确认应交的增值税销项税额，借记“应收账款”等科目，贷记“应交税费——应交增值税（销项税额）”科目。如果纳税义务没有发生，则不需进行上述处理。

【例 7-5】A 公司于 2014 年 3 月 3 日采用托收承付结算方式向 B 公司销售一批商品，开出的增值税专用发票上注明售价为100 000元，增值税额为17 000元；该批商品成本为60 000元。A 公司在销售该批商品时已得知 B 公司资金流转发生暂时困难，但为了减少存货积压，同时也为了维持与 B 公司长期以来建立的商业关系，A 公司仍将商品发出，并办妥托收手续。假定 A 公司销售该批商品的纳税义务已经发生。

本例中，由于 B 公司现金流转存在暂时困难，A 公司不是很可能收回销售货款。根据销售商品收入的确认条件，A 公司在发出商品时不能确认收入。为此，A 公司应将已发出的商品成本通过“发出商品”科目反映。

发出商品时，作如下会计分录：

借：发出商品 60 000

　贷：库存商品 60 000

同时，因 A 公司销售该批商品的纳税义务已经发生，应确认应交的增值税销项税额，作如下会计分录：

借：应收账款 17 000

　贷：应交税费——应交增值税（销项税额） 17 000

3. 销售中涉及商业折扣、现金折扣、销售折让的会计处理

（1）商业折扣。

【例 7-6】甲公司为增值税一般纳税人，2014 年 3 月 1 日销售 A 商品，按价目表标明的价格计算，金额为 200 000 元，A 商品适用的增值税税率为 17%；由于是成批销售，甲公司给予购货方 10%的商业折扣，该批商品的成本为 120 000 元。甲公司的账务处理如下：

3 月 1 日销售实现时：

借：应收账款 210 600

　贷：主营业务收入 180 000

　　　应交税费——应交增值税（销项税额） 30 600

借：主营业务成本 120 000

　贷：库存商品 120 000

（2）现金折扣。在存在现金折扣的情况下，应收账款的入账价值应按总价法确定，客户在折扣期内支付货款时，现金折扣作为一种理财费用，计入当期财务费用。

【例 7-7】承【例 7-6】，在销售合同中规定现金折扣条件为 2/10，1/20，n/30；A 商品于 3 月 1 日发出，购货方于 3 月 9 日付款。假定计算现金折扣时考虑增值税。甲公司作会计分录如下：

3 月 1 日销售实现时：

借：应收账款 210 600

贷：主营业务收入 180 000

应交税费——应交增值税(销项税额) 30 600

借：主营业务成本 120 000

贷：库存商品 120 000

3月9日收到货款时：

借：银行存款 206 388

财务费用 4 212

贷：应收账款 210 600

以上的4 212元为考虑增值税时的现金折扣，若本例假设计算现金折扣时不考虑增值税，则甲公司给予购货方的现金折扣为180 000×2%＝3 600(元)。

本例中，若购货方于3月19日付款，则享有的现金折扣为：210 600×1%＝2 106(元)。甲公司在收到货款时的会计分录为：

借：银行存款 208 494

财务费用 2 106

贷：应收账款 210 600

若购货方于3月底才付款，则应按全额付款。甲公司在收到货款时的会计分录为：

借：银行存款 210 600

贷：应收账款 210 600

(3)销售折让，是指企业因售出商品的质量不合格等原因而在售价上给予的减让。

如果发生的销售折让时，企业尚未确认销售商品收入的，则应在确认销售商品收入时直接按扣除销售折让后的金额确认。

企业已经确认销售商品收入后发生销售折让时，按应冲减的销售商品收入金额，借记“主营业务收入”科目；按增值税专用发票上注明的应冲减的增值税销项税额，借记“应交税费——应交增值税(销项税额)”科目；按实际支付或应退还的货款，贷记“银行存款”、“应收账款”等科目。

【例7-8】甲公司销售一批商品给乙公司，开出的增值税专用发票上注明的售价为100 000元，增值税额为17 000元。该批商品的成本为70 000元。货到后乙公司发现商品质量不合格，要求在价格上给予5%的折让。乙公司提出的销售折让要求符合原合同的约定，甲公司同意并办妥了相关手续，开具了增值税专用发票(红字)。假定此前甲公司已确认该批商品的销售收入，销售款项尚未收到，发生的销售折让允许扣减当期增值税销项税额。甲公司的账务处理如下：

销售实现时：

借：应收账款 117 000

贷：主营业务收入 100 000

应交税费——应交增值税(销项税额) 17 000

借：主营业务成本 70 000

贷：库存商品 70 000

发生销售折让时，销售折让＝100 000×5%＝5 000(元)

借：主营业务收入　　5 000

　　应交税费——应交增值税(销项税额)　　850

　贷：应收账款　　5 850

实际收到款项时：

借：银行存款　　111 150

　贷：应收账款　　111 150

4. 销售退回

企业售出的商品由于质量、品种不符合要求等原因而发生的销售退回，应分不同情况进行会计处理：

(1)尚未确认销售商品收入的售出商品发生销售退回的，应将已记入“发出商品”科目的商品成本金额转入“库存商品”科目，借记“库存商品”科目，贷记“发出商品”科目。

(2)已确认销售商品收入的售出商品发生销售退回的，除属于资产负债表日后事项外，一般应在发生时冲减当期销售商品收入，同时冲减当期销售商品成本。已确认收入的售出商品发生销售退回时，按应冲减的销售商品收入金额，借记“主营业务收入”科目；按增值税专用发票上注明的应冲减的增值税销项税额，借记“应交税费——应交增值税(销项税额)”科目；按实际支付或应退还的价款，贷记“银行存款”、“应收账款”等科目；如已发生现金折扣的，还应按相关财务费用的调整金额，贷记“财务费用”科目。同时，按退回的商品成本，借记“库存商品”科目，贷记“主营业务成本”科目。

【例 7-9】甲企业 2014 年 3 月 5 日收到上月发给乙企业的不合格 A 产品 50 件，货款 20 000元，增值税 3 400 元，乙企业已于上月付款，该商品因出现严重质量问题本月被退回，甲企业同意并办妥了有关手续，所收货款以银行存款被退回，A 产品的单位成本 250 元。甲企业应作如下会计分录：

借：主营业务收入　　20 000

　贷：应交税费——应交增值税(销项税额)　　3 400

　　　银行存款　　23 400

借：库存商品——A 产品　　12 500

　贷：主营业务成本　　12 500

5. 商品代销业务

代销业务通常有视同买断和收取手续费两种方式：

(1)视同买断方式，是指由委托方和受托方签订合同，委托方按协议价款收取代销商品的货款，实际售价可由受托方自定，差价归受托方所有的销售方式。委托方在交付商品时不确认收入，受托方也不作为购进商品处理。受托方将商品销售后，应按市场售价确认为销售收入，按委托方和受托方签订的协议价确认为商品销售成本，并向委托方开出代销清单，委托方收到代销清单时确认收入。

【例 7-10】2014 年 4 月 1 日甲公司委托丙公司销售商品 200 件，协议价格为 80 元/双，商品已经发出，每件成本为 60 元。丙公司自定售价 100 元对外销售。4 月 28 日，甲公司收到丙公司开具的代销清单时，向丙公司开具一张相同金额的增值税专用发票，标明销售

200件。

委托企业甲公司的账务处理如下：

发出代销商品时：

借：委托代销商品　12 000

　贷：库存商品　12 000

收到代销清单时：

借：应收账款　27 200

　贷：主营业务收入(或其他业务收入等)　16 000

　　　应交税费——应交增值税(销项税额)　11 200

借：主营业务成本　12 000

　贷：委托代销商品　12 000

受托企业丙公司的账务处理如下：

收到代销商品时：

借：受托代销商品　16 000

　贷：受托代销商品款　16 000

实际销售商品时：

借：银行存款　23 400

　贷：主营业务收入　20 000

　　　应交税费——应交增值税(销项税额)　3 400

借：主营业务成本　16 000

　贷：受托代销商品　16 000

借：受托代销商品款　16 000

　　应交税费——应交增值税(进项税额)　11 200

　贷：应付账款　27 200

(2)采用支付手续费方式委托代销商品，是指委托方和受托方签订合同或协议，委托方根据合同或协议约定向受托方计算支付代销手续费，受托方按照合同或协议规定的价格销售代销商品的销售方式。在这种销售方式下，委托方在发出商品时，通常不应确认销售商品收入，而应在收到受托方开出的代销清单时确认销售商品收入，同时将应支付的代销手续费计入销售费用；受托方应在代销商品销售后，按合同或协议约定的方法计算确定代销手续费，确认劳务收入。

采取支付手续费方式代销商品的，委托方已经发出但尚未确认销售收入的商品成本可通过“委托代销商品”科目核算。企业发出委托代销的商品时，借记“委托代销商品”科目，贷记“库存商品”等科目。收到受托方开具的代销清单时，根据代销清单上注明的已销商品情况，按应收的款项，借记“应收账款”等科目，按合同或协议价确定的销售收入金额，贷记“主营业务收入”科目，按应交的增值税销项税额，贷记“应交税费——应交增值税(销项税额)”科目；同时结转已销商品的成本，借记“主营业务成本”等科目，贷记“委托代销商品”科目；委托方计算确定的代销手续费，借记“销售费用”科目，贷记“应收账款”等科目。

受托方可通过“受托代销商品”、“受托代销商品款”等科目，对受托代销商品进行核算。确认代销手续费收入时，借记“受托代销商品款”科目，贷记“其他业务收入”等科目。

【例 7-11】承【例 7-10】，若甲公司按售价的 10% 向丙公司支付手续费。丙公司对外实际销售 100 件，开出的增值税专用发票上注明的销售价格为10 000元，增值税额为1 700 元，款项已经收到。甲公司收到丙公司开具的代销清单时，向丙公司开具一张相同金额的增值税专用发票。假定：甲公司发出商品时纳税义务尚未发生；甲公司采用实际成本核算，丙公司采用进价核算代销商品。

甲公司的账务处理如下：

发出商品时：

借：委托代销商品　　12 000

　贷：库存商品　　12 000

收到代销清单时：

借：应收账款　　11 700

　贷：主营业务收入　　10 000

　　　应交税费——应交增值税（销项税额）　　1 700

借：主营业务成本　　6 000

　贷：委托代销商品　　6 000

借：销售费用　　1 000

　贷：应收账款　　1 000

代销手续费金额：10 000×10% = 1 000（元）

收到丙公司支付的货款时：

借：银行存款　　10 700

　贷：应收账款　　10 700

丙公司的会计处理如下：

收到商品时：

借：受托代销商品　　20 000

　贷：受托代销商品款　　20 000

对外销售时：

借：银行存款　　11 700

　贷：受托代销商品　　10 000

　　　应交税费——应交增值税（销项税额）　　1 700

收到增值税专用发票时：

借：应交税费——应交增值税（进项税额）　　1 700

　贷：应付账款　　1 700

支付货款并计算代销手续费时：

借：受托代销商品款　　10 000

　　应付账款　　1700

　贷：银行存款　　10 700

　　　其他业务收入　　1 000

6. 以旧换新

采取以旧换新方式销售货物的，应按新货物的同期销售价格确定销售额，不得冲减旧货物的收购价格。销售货物与有偿收购旧货是两项不同的业务活动，销售额与收购额不能相互抵减。

【例 7-12】2014 年 3 月 1 日，A 家电有限公司采用以旧换新方式销售给 B 家电公司商品 100 台，单位售价为 2 000 元，单位成本为 1 500 元；同时收回 200 台同类家电商品，每台回收价为 200 元，有关款项已收入银行。两家企业都是一般纳税人。A 公司的账务处理如下：

销售业务：

借：银行存款　234 000

　贷：主营业务收入　200 000

　　应交税费——应交增值税(销项税额)　34 000

借：主营业务成本　150 000

　贷：库存商品　150 000

采购业务：

借：库存商品　40 000

　应交税费——应交增值税(进项税额)　6 800

　贷：银行存款　46 800

7. 售后回购

企业销售商品时，同意日后重新买回这批商品，其实质是企业的一种变相融资方式，销售时一般不确认为收入。收到的款项应确认为负债；回购价格大于原售价的，差额应在回购期间按期计提利息，计入财务费用。以固定价格回购，相当于以存货作抵押取得借款，回购价即到期支付的本息和。

【例 7-13】A 公司于 2014 年 4 月 1 日向 B 公司销售商品，价格为 1 000 万元，增值税税额 170 万元，成本为 800 万元。双方约定 A 公司应于 9 月 1 日以 1 100 万元购回。A 公司的账务处理如下：

销售商品时：

借：银行存款　11 700 000

　贷：其他应付款　10 000 000

　　应交税费——应交增值税(销项税额)　1 700 000

借：发出商品　8 000 000

　贷：库存商品　8 000 000

确认利息时：

每月应确认的利息 $=(1\ 100-1\ 000)\div5=20$(万元)

借：财务费用　200 000

　贷：其他应付款　200 000

购回时：

借：库存商品　8 000 000

　贷：发出商品　8 000 000

借：其他应付款　　11 000 000

　　应交税费——应交增值税(进项税额)　　1 870 000

　贷：银行存款　　12 870 000

三、提供劳务收入的核算

(一)提供劳务收入的确认与计量

1. 提供劳务收入的确认原则

(1)收入的金额能够可靠地计量；

(2)相关的经济利益很可能流入企业；

(3)交易的完工进度能够可靠地确定；

(4)交易中已发生和将发生的成本能够可靠地计量。

2. 提供劳务收入确认条件的具体应用

下列提供劳务满足收入确认条件的，应按规定确认收入：

(1)安装费，在资产负债表日根据安装的完工进度确认收入。安装工作是商品销售附带条件的，安装费在确认商品销售实现时确认收入。

(2)宣传媒介的收费，在相关的广告或商业行为开始出现于公众面前时确认收入。广告的制作费，在资产负债表日根据制作广告的完工进度确认收入。

(3)为特定客户开发软件的收费，在资产负债表日根据开发的完工进度确认收入。

(4)包括在商品售价内可区分的服务费，在提供服务的期间内分期确认收入。

(5)艺术表演、招待宴会和其他特殊活动的收费，在相关活动发生时确认收入。收费涉及几项活动的，预收的款项应合理分配给每项活动，分别确认收入。

(6)申请入会费和会员费只允许取得会籍，所有其他服务或商品都要另行收费的，在款项收回不存在重大不确定性时确认收入。申请入会费和会员费能使会员在会员期内得到各种服务或商品，或者以低于非会员的价格销售商品或提供服务的，在整个受益期内分期确认收入。

(7)属于提供设备和其他有形资产的特许权费，在交付资产或转移资产所有权时确认收入；属于提供初始及后续服务的特许权费，在提供服务时确认收入。

(8)长期为客户提供重复的劳务收取的劳务费，在相关劳务活动发生时确认收入。

3. 提供劳务收入的计量

企业应当按照从接受劳务方已收或应收的合同或协议价款确定提供劳务收入总额，但已收或应收的合同或协议价款不公允的除外。

企业应当在资产负债表日按照提供劳务收入总额乘以完工进度扣除以前会计期间累计已确认提供劳务收入后的金额，确认当期提供劳务收入；同时，按照提供劳务估计总成本乘以完工进度扣除以前会计期间累计已确认劳务成本后的金额，结转当期劳务成本。

(1)企业在资产负债表日提供劳务交易的结果能够可靠估计的，应当采用完工百分比法确认提供劳务收入。提供劳务交易的结果能够可靠估计是指同时满足下列条件：收入的金额能够可靠地计量；相关的经济利益很可能流入企业；交易的完工进度能够可靠地确定；交易中已发生和将发生的成本能够可靠地计量。

完工百分比法，是指按照提供劳务交易的完工进度确认收入与费用的方法。此时，收入和相关的费用的计算公式如下：

本期确认的收入=劳务总收入×本期末止劳务的完成程度-以前会计期间累计已确认的收入

本期确认的费用=劳务总成本×本期末止劳务的完成程度-以前会计期间累计已确认的费用

从上述公式中可知，在劳务总收入和劳务总成本能够可靠计量的情况下，关键是确定劳务的完成程度。企业应根据所提供的劳务的特点，在下列3种方法中选择一种：已完工作的测量、已经提供的劳务占应提供劳务总量的比例、已经发生的成本占估计总成本的比例。

(2)企业在资产负债表日提供劳务交易的结果不能够可靠估计的，应当分别按下列情况处理：已经发生的劳务成本预计能够得到补偿的，按照已经发生的劳务成本金额确认提供劳务收入，并按相同金额结转劳务成本；已经发生的劳务成本预计不能够得到补偿的，应当将已经发生的劳务成本计入当期损益，不确认提供劳务收入。

(二)提供劳务收入的核算

企业对外提供劳务所实现的收入以及结转的相关成本，如属于企业的主营业务，应通过“主营业务收入”、“主营业务成本”等科目核算；如属于主营业务以外的其他经营活动，应通过“其他业务收入”、“其他业务成本”等科目核算。企业对外提供劳务发生的支出一般先通过“劳务成本”科目予以归集，待确认为费用时，再由“劳务成本”科目转入“主营业务成本”或“其他业务成本”科目。

1. 在同一会计期间内开始并完成的劳务

对于一次就能完成的劳务，或在同一会计期间内开始并完成的劳务，应在提供劳务交易完成时确认收入，确认的金额通常为从接受劳务方已收或应收的合同或协议价款，确认原则可参照销售商品收入的确认原则。对于一次就能完成的劳务，企业应在提供劳务完成时按所确定的收入金额，借记“应收账款”、“银行存款”等科目，贷记“主营业务收入”等科目；同时，按提供劳务所发生的相关支出，借记“主营业务成本”等科目，贷记“银行存款”等科目。对于持续一段时间但在同一会计期间内开始并完成的劳务，企业应在为提供劳务发生相关支出时，借记“劳务成本”科目，贷记“银行存款”、“应付职工薪酬”、“原材料”等科目。劳务完成确认劳务收入时，按确定的收入金额，借记“应收账款”、“银行存款”等科目，贷记“主营业务收入”等科目；同时，结转相关劳务成本，借记“主营业务成本”等科目，贷记“劳务成本”科目。

【例7-14】甲公司于2014年3月10日接受一项设备安装任务，该安装任务可一次完成，合同总价款为9 000元，实际发生安装成本5 000元。假定安装业务属于甲公司的主营业务。甲公司应在安装完成时作如下会计分录：

借：应收账款(或银行存款)	9 000	
贷：主营业务收入		9 000
借：主营业务成本	5 000	
贷：银行存款等		5 000

2. 劳务的开始和完成分属不同的会计期间

(1)提供劳务交易结果能够可靠估计。如劳务的开始和完成分属不同的会计期间，且企业在资产负债表日提供劳务交易的结果能够可靠估计的，应采用完工百分比法确认提供劳务收入。

采用完工百分比法确认劳务收入及相关的费用时，对于预收的款项，应借记“银行存款”科目，贷记“预收账款”等科目；对于所发生的成本，借记“劳务成本”科目，贷记“银行存款”、“应付职工薪酬”等科目；确认本期的劳务收入时，按确定的劳务收入金额借记“预收账款”、“应收账款”等科目，贷记“主营业务收入”等科目；确认本期的费用时，按确定的金额借记“主营业务成本”等科目，贷记“劳务成本”科目。

【例 7-15】甲公司于 2014 年 12 月 1 日接受一项设备安装任务，安装期为 3 个月，合同总收入300 000元，至年底已预收安装费220 000元，实际发生安装费用140 000元(假定均为安装人员薪酬)，估计完成安装任务还需发生安装费用60 000元。假定甲公司按实际发生的成本占估计总成本的比例确定劳务的完工进度。甲公司的会计处理如下：

实际发生的成本占估计总成本的比例＝140 000÷(140 000+60 000)＝70%

2014 年 12 月 31 日确认的劳务收入＝300 000×70%－0＝210 000(元)

2014 年 12 月 31 日确认的费用＝(140 000+60 000)×70%＝140 000(元)

实际发生劳务成本 140 000 元：

借：劳务成本	140 000	
贷：应付职工薪酬		140 000

预收劳务款 220 000 元：

借：银行存款	220 000	
贷：预收账款		220 000

2014 年 12 月 31 日确认提供劳务收入并结转劳务成本：

借：预收账款	210 000	
贷：主营业务收入		210 000
借：主营业务成本	140 000	
贷：劳务成本		140 000

(2)提供劳务交易结果不能可靠估计。如劳务的开始和完成分属不同的会计期间，且企业在资产负债表日提供劳务交易结果不能可靠估计的，即不能同时满足上述四个条件的，不能采用完工百分比法确认提供劳务收入。此时，企业应当正确预计已经发生的劳务成本能否得到补偿，分别按下列情况处理：

(1)已经发生的劳务成本预计全部能够得到补偿的，应按已收或预计能够收回的金额确认提供劳务收入，并结转已经发生的劳务成本；

(2)已经发生的劳务成本预计部分能够得到补偿的，应按能够得到补偿的劳务成本金额确认提供劳务收入，并结转已经发生的劳务成本；

(3)已经发生的劳务成本预计全部不能得到补偿的，应将已经发生的劳务成本计入当期损益(主营业务成本或其他业务成本)，不确认提供劳务收入。

【例 7-16】甲公司于 2013 年 12 月 25 日接受乙公司委托，为其培训一批学员，培训期为 6 个月，2014 年 1 月 1 日开学。协议约定，乙公司应向甲公司支付的培训费总额为60 000元，分三次等额支付，第一次在开学时预付，第二次在 2014 年 3 月 1 日支付，第三次在培训结束时支付。2014 年 1 月 1 日，乙公司预付第一次培训费。至 2014 年 2 月 28 日，甲公司发生培训成本30 000元(假定均为培训人员薪酬)。2014 年 3 月 1 日，甲公司得知乙公司经营发生困难，后两次培训费能否收回难以确定。甲公司的会计处理如下：

2014 年 1 月 1 日收到乙公司预付的培训费：

借：银行存款　　20 000

　贷：预收账款　　20 000

实际发生培训成本 30 000 元：

借：劳务成本　　30 000

　贷：应付职工薪酬　　30 000

2014 年 2 月 28 日确认提供劳务收入并结转劳务成本：

借：预收账款　　20 000

　贷：主营业务收入　　20 000

借：主营业务成本　　30 000

　贷：劳务成本　　30 000

四、让渡资产使用权的核算

企业的有些交易活动，并不转移资产的所有权，而只让渡资产的使用权，由此取得的收入，即为让渡资产使用权收入，主要包括利息收入和使用费收入。

利息收入，是指金融企业存、贷款形成的利息收入以及同业之间发生往来形成的利息收入；使用费收入，是指他人使用本企业无形资产(如商标权、专利权、专营权、软件、版权等)而形成的使用费收入。企业对外出租资产收取的租金、进行债权投资收取的利息、进行股权投资取得的现金股利，也构成让渡资产使用权收入。利息收入和使用费收入，应当在以下条件均能满足时予以确认：

(1)相关的经济利益很可能流入企业。相关的经济利益是否很可能流入企业，应根据交易对方的信用状况、支付能力等情况以及双方就结算方式、付款期限等达成的协议等进行判断。如果企业估计款项收回的可能性不大，就不应确认收入。

(2)收入的金额能够可靠地计量。企业应当分别下列情况确定让渡资产使用权收入金额：

利息收入金额，按照他人使用本企业货币资金的时间和实际利率计算确定。利息的支付方式包括分期付息和到期一次付息。无论利息如何支付，企业均应分期计算并确认利息收入。

使用费收入金额，按照有关合同或协议约定的收费时间和方法计算确定。使用费的收费时间和收费方法是多种多样的，有的使用费是一次收回一笔固定的金额，如一次收取 10 年的场地使用费；有的使用费是在协议规定的有效期内等额收回，如合同规定在使用期内每期收取一笔固定的金额；还有的使用费是分期不等额收回，如合同规定按资产使用方每期销售额的百分比收取使用费等。如果合同、协议规定使用费一次支付，且不提供后期服务的，应视同该项资产的销售一次确认收入；如提供后续服务，应在合同、协议规定的有效期内分期确认收入。如果合同规定分期支付使用费，应按合同规定的收款时间和金额或合同规定的收费方法计算的金额分期确认收入。

【例 7-17】甲公司向丁公司转让其商品的商标使用权，约定丁公司每年年末按年销售收入的 10%支付使用费，使用期 10 年。第一年，丁公司实现销售收入 1 000 000 元；第二年，丁公司实现销售收入 1 500 000 元。假定甲公司均于每年年末收到使用费，不考虑其他因素。甲公司的账务处理如下：

第一年年末确认使用费收入：

使用费收入金额 = 1 000 000×10% = 100 000(元)

借：银行存款　　100 000

　贷：其他业务收入　　100 000

第二年年末确认使用费收入：

使用费收入金额 = 1 500 000×10% = 150 000(元)

借：银行存款　　150 000

　贷：其他业务收入　　150 000

任务二　费用与成本的核算

◎ 任务描述：

能正确进行各类费用和成本的确认与计量，掌握费用与成本的核算方法。

◎ 能力目标：

1. 能正确进行营业成本的核算；
2. 能正确进行营业税金及附加的核算；
3. 能正确进行期间费用的核算。

◎ 知识目标：

1. 理解费用的定义和分类；
2. 熟悉营业税金及附加的内容；
3. 熟悉期间费用的内容。

◎任务导入：

甲企业本月发生下列各项经济业务：

(1) 以银行存款支付广告费 25 000 元；

(2) 以现金支付运费 300 元；

(3) 以银行存款支付专设销售机构经费 6 000 元；

(4) 本月摊销一项无形资产，该项资产入账价值为 480 000 元，受益期限为 10 年；

(5) 通过银行转账支付印花税 400 元；

(6) 分别计提销售部门和行政管理部门折旧费 1 000 元和 1 500 元；

(7) 支付短期借款利息 3 000 元，其中 1 800 元已预提；

(8) 通过银行转账收回原登记入账的应收账款 35 100 元，同时按合同规定给予购货方现金折扣 100 元；

(9) 月末，结转本期发生的各项期间费用。

要求：根据本月发生的各项经济业务，分别编制有关的会计分录。

一、费用概述

费用是指企业在日常活动中发生的、会导致所有者权益减少的、与向所有者分配利润无关的经济利益的总流出。

（一）费用的特点

1. 费用是企业在日常活动中发生的经济利益的总流出

如前所述，日常活动是指企业为完成其经营目标所从事的经常性活动以及与之相关的其他活动。工业企业制造并销售产品、商业企业购买并销售商品、咨询公司提供咨询服务、软件开发企业为客户开发软件、安装公司提供安装服务、租赁公司出租资产等活动中发生的经济利益的总流出构成费用。工业企业对外出售不需用的原材料结转的材料成本等，也构成费用。

费用形成于企业日常活动的特征使其与产生于非日常活动的损失相区分。企业从事或发生的某些活动或事项也能导致经济利益流出企业，但不属于企业的日常活动，例如，企业处置固定资产、无形资产等非流动资产，因违约支付罚款、对外捐赠，因自然灾害等非正常原因造成财产毁损等，这些活动或事项形成的经济利益的总流出属于企业的损失而不是费用。

2. 费用会导致企业所有者权益的减少

费用既可能表现为资产的减少，如减少银行存款、库存商品等；也可能表现为负债的增加，如增加应付职工薪酬、应交税费（应交营业税、消费税等）等。根据“资产-负债=所有者权益”的会计等式，费用一定会导致企业所有者权益的减少。企业经营管理中的某些支出并不减少企业的所有者权益，也就不构成费用。例如，企业以银行存款偿还一项负债，只是一项资产和一项负债的等额减少，对所有者权益没有影响，因此，不构成企业的费用。

3. 费用与向所有者分配利润无关

向所有者分配利润或股利属于企业利润分配的内容，不构成企业的费用。

（二）费用的分类

企业发生的各项费用根据其性质，可以按照不同的标准进行分类。其中最基本的是按照费用的经济内容分类和按照费用的经济用途分类。此外，还有一些其他分类方法。

1. 费用按其经济内容分类

费用按照经济内容（或性质）进行分类，不外乎劳动对象方面的费用、劳动手段方面的费用和劳动力方面的费用三大类，一般可细分为以下九类：

（1）外购材料，指企业为进行生产而耗用的一切从外部购入的原材料及主要材料、半成品、辅助材料、包装物、修理用备件和低值易耗品等。

（2）外购燃料，指企业为进行生产而耗用的从外部购进的各种燃料。

（3）外购动力，指企业为进行生产而耗用的从外部购进的各种动力。

（4）工资，指企业应计入成本费用的职工工资。

（5）提取的职工福利费用，指按照一定比例从成本费用中提取的职工福利费用。

(6)折旧费，指企业按照核定的固定资产折旧率计算提取的折旧基金。

(7)利息支出，指企业应计入成本费用的利息支出减去利息收入后的净额。

(8)税金，指企业应计入成本费用的各种税金。

(9)其他支出，指不属于以上各要素的费用支出。

2. 费用按其经济用途分类

费用按照经济用途分类，可分为直接材料、直接人工、制造费用和期间费用。

(1)直接材料，指构成产品实体，或有助于产品形成的各项原料及主要材料、辅助材料、燃料、备品备件、外购半成品和其他直接材料。

(2)直接人工，指直接从事产品生产人员的工资、奖金、津贴、补贴和福利费。

(3)制造费用，指企业各生产单位为组织和管理生产所发生的各项费用。

(4)期间费用，指企业在生产经营过程中发生的销售费用、管理费用和财务费用。

3. 费用按其同产量之间的关系分类

按照费用同产量之间的关系，可以把费用分为固定费用和变动费用。

所谓固定费用，是指产量在一定范围内，费用总额不随着产品产量的变动而变动的费用，如固定资产折旧费、管理人员工资、办公费等。所谓变动费用，是指费用总额随着产品产量的变动而变动的费用，如原材料费用和生产工人计件工资等。

二、营业成本的核算

(一)营业成本概述

营业成本是企业为生产产品、提供劳务等发生的可归属于产品成本、劳务成本等的费用，在确认收入时，经已销售商品、已提供劳务的成本等计入当期损益。包括主营业务成本和其他业务成本。主营业务成本是指企业确认销售商品、提供劳务等主营业务收入时应结转的成本。企业一般在确认销售商品、提供劳务等主营业务收入时，或在月末，将已销售商品、已提供劳务的成本结转入主营业务成本。其他业务成本是指除主营业务活动以外的其他经营活动所发生的支出，如销售材料的成本、随同产品出售单独计价的包装物成本等。

(二)营业成本的核算

1. 账户设置

企业应通过“主营业务成本”科目，核算主营业务成本的确认和结转情况。该科目属损益类科目，借方登记已销产品的成本，贷方登记月末结转到“本年利润”的产品成本，月末一般无余额；本科目按销售及其他业务的种类设置明细账，进行明细核算。

企业应通过“其他业务成本”科目，核算其他业务成本的确认和结转情况。该科目属损益类科目，借方登记已销产品的成本，贷方登记月末结转到“本年利润”的产品成本，月末一般无余额；本科目按销售及其他业务的种类设置明细账，进行明细核算。

2. 账务处理

结转主营业务成本时，借记“主营业务成本”科目，贷记“库存商品”、“劳务成本”科目。期末，应将“主营业务成本”科目余额结转入“本年利润”科目，借记“本年利润”科目，贷记“主营业务成本”科目。

企业发生的其他业务成本，借记“其他业务成本”科目，贷记“原材料”、“周转材料”、“累计折旧”、“累计摊销”、“应付职工薪酬”、“银行存款”等科目。期末，应将本科目余额转入“本年利润”科目，结转后“其他业务成本”科目无余额。

【例7-18】某企业2014年5月销售甲产品100件，单位售价14元，单位销售成本10元。该批产品于2014年6月因质量问题发生退货10件，货款已经退回。该企业2014年6月销售甲产品150件，每件成本11元。冲减销售成本有两种方法：

一是如果本月有同种或同类产品销售的，销售退回产品，可以直接从本月的销售数量中减去，得出本月销售净数量然后计算应结转的销售成本。

二是单独计算本月退回产品的成本。退回产品成本的确定，可以按照退回月份销售的同种或同类产品的实际销售成本计算，也可以按照销售月份该种产品的销售成本计算确定，然后从本月销售产品的成本中扣除。2014年6月账务处理如下：

方法一：结转当月销售产品成本(150 - 10)×11＝1 540(元)。

借：主营业务成本　　1 540

　贷：库存商品　　1 540

方法二：结转当月销售产品成本。

借：主营业务成本　　1 650

　贷：库存商品　　1 650

冲减退回产品的成本10×11＝110(元)：

借：库存商品　　110

　贷：主营业务成本　　110

三、营业税金及附加的核算

(一)营业税金及附加概述

营业税金及附加是指企业经营活动应负担的营业税、消费税、城市建设维护税、资源税和教育费附加等相关税费。

(二)营业税金及附加核算

1. 账户设置

企业应通过“营业税金及附加”账户，核算企业日常主要经营活动应负担的税金及附加。该科目属损益类账户，借方登记销售商品应交的各项销售税金及附加，贷方登记月末结转到“本年利润”的各项销售税金及附加，月末一般无余额。

2. 账务处理

企业按规定计算确定的与经营活动相关的税费，借记“营业税金及附加”科目，贷记“应交税费”科目；期末，应将本科目余额转入“本年利润”科目，结转后“营业税金及附加”科目无余额。

【例7-19】某企业9月销售小轿车15辆，汽缸容量为2 200毫升，出厂价15万元/辆，价外收取有关费用每辆11 000元。有关的计算公式如下：

应纳消费税额＝(150 000+11 000)×8%×15＝193 200(元)

应纳增值税额＝(150 000+11 000)×17%×15＝410 550(元)

应纳城建税额=(193 200+410 550)× 7% =42 262.5(元)

应纳教育费附加=(193 200+410 550)× 3% =18 112.5(元)

根据上述资料，作会计分录如下：

借：银行存款	2 825 550	
贷：主营业务收入		2 415 000
应交税金——应交增值税(销项税额)		410 550
借：营业税金及附加	253 575	
贷：应交税费——应交消费税		193 200
应交税费——应交城建税		42 262.5
应交税费——应交教育费附加		18 112.5

四、期间费用的核算

(一)期间费用概述

期间费用是指不能直接归属于某个特定产品成本的费用。期间费用在发生当期全部计入当期损益，而不计入产品成本，这样有助于简化成本核算工作，提高成本核算的准确性。期间费用主要包括管理费用、财务费用和销售费用。

管理费用是指企业为组织和管理企业生产经营所发生的各种费用，主要包括企业在筹建期间内发生的开办费、公司经费、工会经费、董事会费、聘请中介机构费、咨询费(含顾问费)、诉讼费、业务招待费、房产税、车船税、土地使用税、印花税、技术转让费、矿产资源补偿费、研究费用、排污费以及生产车间(部门)和行政管理部门等发生的固定资产修理费等。

销售费用是指企业销售商品和材料、提供劳务过程中发生的各种费用，包括保险费、包装费、展览费、广告费、商品维修费、预计产品质量保证损失、运输费、装卸费等，以及专设销售机构(含销售网点、售后服务网点等)的相关费用。

财务费用是指企业为筹集生产经营所需资金而发生的各种费用，包括利息支出、汇兑差额及相关手续费(包括票据贴现利息)、企业发生的现金折扣或收到的现金折扣等。

(二)期间费用的核算

1. 账户设置

企业应设置“管理费用”账户，核算企业管理费用的发生和结转情况，该账户是损益类账户，借方登记管理费用的发生额，贷方登记期末结转到“本年利润”中去的管理费用，结转后无余额。本科目按管理费用的费用项目设置明细账，进行明细核算。

企业应设置“销售费用”账户，核算企业销售费用的发生和结转情况，该账户是损益类账户，借方登记营业费用的发生额，贷方登记期末结转到“本年利润”中去的销售费用，结转后无余额。本科目按销售费用的费用项目设置明细账，进行明细核算。

企业应设置“财务费用”账户，核算企业财务费用的发生和结转情况，该账户是损益类账户，借方登记营业费用的发生额，贷方登记期末结转到“本年利润”中去的财务费用，以及应冲减财务费用的利息收入等。结转“本年利润”后无余额。本科目按财务费用的费用项目设置明细账，进行明细核算。

2. 账务处理

管理费用发生时，借记“管理费用”账户，贷记“库存现金”、“银行存款”、“原材料”、“应付职工薪酬”、“累计折旧”等账户。

销售费用发生时，借记“销售费用”账户，贷记“库存现金”、“银行存款”、“应付职工薪酬”等账户。

财务费用发生时，借记“财务费用”账户，贷记“银行存款”、“应付利息”等账户；发生利息收入、汇兑收益时，借记“银行存款”等账户，贷记“财务费用”账户。

【例 7-20】某企业开出转账支票支付广告费5 000元，销售产品领用包装物1 000元，结转专职销售机构人员工资3 000元，计提福利费 420 元。编制会计分录如下：

借：销售费用	9 420	
贷：银行存款		5 000
周转材料		1 000
应付职工薪酬		3 420

月末，将本期发生的销售费用，全部转入“本年利润”账户：

借：本年利润	9 420	
贷：销售费用		9 420

【例 7-21】企业用库存现金支付业务招待费 1 000 元，编制会计分录如下：

借：管理费用	1 000	
贷：库存现金		1 000

【例 7-22】企业支付金融机构手续费 500 元，作会计分录如下：

借：财务费用	500	
贷：银行存款		500

任务三　利润与利润分配的核算

◎ 任务描述：

能正确办理营业外收支业务，计算和结转利润，掌握利润与利润分配的核算方法。

◎ 能力目标：

1. 能正确办理营业外收支业务；
2. 能正确计算和结转利润；
3. 能正确进行利润分配业务的处理。

◎ 知识目标：

1. 理解营业外收入的含义和内容；
2. 熟悉营业利润、利润总额和净利润的含义；
3. 了解利润分配的顺序。

◎任务导入：

不少上市公司的利润来自于不靠谱的营业外收入，据统计，2013 年度营业外收支净额(营业外收入–营业外支出)超过当年利润总额的上市公司数量多达 179 家，营业外收支净额合计达到311亿元，当年利润总额为147亿元。其中，35家营业外收支净额超过2亿元。

请问：营业外收支可能包括哪些内容？你对这些公司的业绩有何评价？

一、利润的构成

利润是指企业在一定会计期间的经营成果。利润包括收入减去费用后的净额、直接计入当期利润的利得和损失等。

直接计入当期利润的利得和损失，是指应当计入当期损益、会导致所有者权益发生增减变动的、与所有者投入资本或者向所有者分配利润无关的利得或者损失。

利润的相关计算公式如下：

（一）营业利润

$$\text{营业利润}=\text{营业收入}-\text{营业成本}-\text{营业税金及附加}-\text{销售费用}-\text{管理费用}-\text{财务费用}-\text{资产减值损失}+\text{公允价值变动收益}\left(-\text{公允价值变动损失}\right)+\text{投资收益}\left(-\text{投资损失}\right)$$

其中，营业收入是指企业经营业务所确认的收入总额，包括主营业务收入和其他业务收入。

营业成本是指企业经营业务所发生的实际成本总额，包括主营业务成本和其他业务成本。

资产减值损失是指企业计提各项资产减值准备所形成的损失。

公允价值变动收益（或损失）是指企业交易性金融资产等公允价值变动形成的应计入当期损益的利得（或损失）。

投资收益（或损失）是指企业以各种方式对外投资所取得的收益（或发生的损失）。

（二）利润总额

$$\text{利润总额}=\text{营业利润}+\text{营业外收入}-\text{营业外支出}$$

其中，营业外收入是指企业发生的与其日常活动无直接关系的各项利得。营业外支出是指企业发生的与其日常活动无直接关系的各项损失。

（三）净利润

$$\text{净利润}=\text{利润总额}-\text{所得税费用}$$

其中，所得税费用是指企业确认的应从当期利润总额中扣除的所得税费用。

二、利润的形成

（一）营业外收支的核算

1. 营业外收入的核算

营业外收入是指企业发生的与其日常活动无直接关系的各项利得，主要包括非流动资产处置利得、盘盈利得、捐赠利得、确实无法支付而按规定程序经批准后转作营业外收入的应付款项等。其中，非流动资产处置利得包括固定资产处置利得和无形资产出售利得。固定资产处置利得，指企业出售固定资产所取得价款或报废固定资产的材料价值和变价收入等，扣除处置固定资产的账面价值、清理费用、处置相关税费后的净收益；无形资产出售利得，指企业出售无形资产所取得价款，扣除出售无形资产的账面价值、出售相关税费后的净收益。

盘盈利得，主要指对于现金等清查盘点中盘盈的现金等，报经批准后计入营业外收入的金额。

捐赠利得，指企业接受捐赠产生的利得。

企业应设置"营业外收入"账户，核算营业外收入的取得及结转情况。贷方登记企业发生的各项营业外收入，借方登记期末转入"本年利润"科目的营业外收入，结转后该科目无余额。本账户应按收入项目设置明细账，进行明细核算。

企业确认营业外收入，借记"固定资产清理"、"银行存款"、"库存现金"、"应付账款"等科目，贷记"营业外收入"科目。期末，应将"营业外收入"科目余额转入"本年利润"科目，借记"营业外收入"科目，贷记"本年利润"科目。

【例 7-23】A 公司取得罚款收入 10 000 元，存入银行，作账务处理如下：

借：银行存款　　10 000

　贷：营业外收入——罚没利得　　10 000

2. 营业外支出的核算

营业外支出是指企业发生的与其日常活动无直接关系的各项损失，主要包括非流动资产处置损失、盘亏损失、公益性捐赠支出、非常损失等。

其中，非流动资产处置损失包括固定资产处置损失和无形资产出售损失。固定资产处置损失，指企业出售固定资产所取得价款或报废固定资产的材料价值和变价收入等，不足以抵补处置固定资产的账面价值、清理费用、处置相关税费所发生的净损失；无形资产出售损失，指企业出售无形资产所取得价款，不足以抵补出售无形资产的账面价值、出售相关税费后所发生的净损失。

盘亏损失，主要指对于财产清查盘点中盘亏的资产，在查明原因处理时按确定的损失计入营业外支出的金额。

公益性捐赠支出，指企业对外进行公益性捐赠发生的支出。

非常损失，指企业对于因客观因素（如自然灾害等）造成的损失，在扣除保险公司赔偿后应计入营业外支出的净损失。

企业应通过"营业外支出"科目，核算营业外支出的发生及结转情况。借方登记企业发生的各项营业外支出，贷方登记期末转入"本年利润"科目的营业外支出，结转后该科目无余额。本账户应按收入项目设置明细账，进行明细核算。

企业发生营业外支出时，借记"营业外支出"科目，贷记"固定资产清理"、"待处理财产损溢"、"库存现金"、"银行存款"等科目。期末，应将"营业外支出"科目余额转入"本年利润"科目，借记"本年利润"科目，贷记"营业外支出"科目。

【例 7-24】企业用银行存款 20 000 元捐赠给社会福利部门。其账务处理如下：

借：营业外支出　　20 000

　贷：银行存款　　20 000

(二)所得税费用的核算

企业所得税是指对在中华人民共和国境内，企业和其他取得收入的组织(以下统称企业)就其来源于中国境内、境外的所得所征收的税。

《企业会计准则第 18 号——所得税准则》借鉴了国际会计准则，并结合我国的实际情况，要求对所得税采用全新的资产负债表债务法进行核算。资产负债表债务法是以资产负债表为重心，按企业资产、负债的账面价值与税法规定的计税基础之间的差额，计算暂时性差异，据以确认递延所得税负债或资产，再确认所得税费用的会计核算方法。

1. 计税基础

企业在取得资产、负债时，应当确定其计税基础、资产、负债的账面价值与其计税基础存在差异的，应当确认所产生的递延所得税资产或递延所得税负债。

(1)资产的计税基础，是指企业收回资产账面价值过程中，计算应纳税所得额时按照税法规定可以自应税经济利益中抵扣的金额，如果这些经济利益不需要纳税，那么该资产的计税基础即为其账面价值。从理论上说，资产取得时其入账价值与计税基础既可以相同，也可以不同．我国目前存在大量资产取得时其入账价值与计税基础不同的情况，如前所述，即使资产取得时其入账价值与计税基础相同，但后续计量因会计准则规定与税法规定不同，也可能造成账面价值与计税基础的差异。

如甲公司 2013 年末无形资产(土地使用权)账面余额为4 000万元，其中原账面余额为3 000万元，在企业改制评估中增值1 000万元。按税法规定，评估增值不能抵税，可抵税的是原始成本，即无形资产的计税基础为3 000万元。因此，无形资产账面价值4 000万元与计税基础3 000万元的差额，形成暂时性差异为1 000万元。现对资产价值、计税基础、暂时性差异进行比较，如表 7-1 所示：

表 7-1　　**资产暂时性差异比较表**　　单位：万元

项目	账面价值	计税基础	暂时性差异	暂时性差异类别
无形资产	4 000	3 000	1 000	应纳税暂时性差异(将来应纳税)

(2)负债的计税基础，是指负债的账面价值减去未来期间计算应纳税所得额时按照税法规定可予抵扣的金额。一般而言，短期借款、应付票据、应付账款、其他应交款等负债的确认和偿还，不会对当期损益和应纳税所得额产生影响，其计税基础即为账面价值。某些情况下，负债的确认可能会涉及损益，进而影响不同期间的应纳税所得额，使得其计税基础与账面价值之间产生差额，如企业因或有事项确认的预计负债。会计上对于预计负债按照最佳估计数确认，计入相关资产成本或者当期损益。按照税法规定，与预计负债相关的费用多在实际发生时税前扣除，该类负债的计税基础为 0，形成会计上的账面价值与计税基础之间的暂时性差异。

如甲公司 2013 年预计负债账面金额为 100 万元(预提产品保修费用)，假设产品保修费用在实际支付时抵扣，该预计负债计税基础为 0(负债账面价值 100 万元减去其在未来期间计算应税利润时可予抵扣的金额 100 万元)。因此，预计负债账面价值 100 万元与计税基础 0 的差额，形成暂时性差异 100 万元。现对负债账面价值、计税基础、暂时性差异进行比较，见表 7-2：

表 7-2　　负债暂时性差异比较表　　单位：万元

项目	账面价值	计税基础	暂时性差额	暂时性差异类别
预计负债	100	0	100	可抵减暂时性差异(将来可抵扣)

2. 暂时性差异

暂时性差异是指资产或负债的账面价值与其计税基础之间的差额，根据对未来期间应税金额的影响不同，分为应纳税暂时性差异和可抵扣暂时性差异。

(1)应纳税暂时性差异，是指在确定未来收回资产或清偿负债期间的应纳税所得额时，将导致产生应税金额的暂时性差异，按应纳税暂时性差异确认的就是递延所得税负债。应纳税暂时性差异，具体又可分为以下两类：一是资产的账面价值大于其计税基础产生的应纳税暂时性差异；二是负债的账面价值小于其计税基础产生的应纳税暂时性差异。

(2)可抵扣暂时性差异，是指在确定未来收回资产或清偿负债期间的应纳税所得额时，将导致产生可抵扣金额的暂时性差异，按可抵扣暂时性差异确认的递延所得税资产。可抵扣暂时性差异，具体也可分为以下两类：一是负债的账面价值大于其计税基础产生的可抵扣暂时性差异；二是资产的账面价值小于其计税基础产生的可抵扣暂时性差异。另外，按照税法规定允许抵减以后年度利润的可抵扣亏损，视同可抵扣暂时性差异。

3. 所得税费用的核算程序

所得税费用，指递延所得税负债大于递延所得税资产的金额。理论上，递延所得税资产大于递延所得税负债即递延所得税负债小于递延所得税资产的金额，可称为递延所得税收益。

$$\text{当期所得税费用} = \text{当期应纳所得税税额} + \left(\text{期末递延所得税负债} - \text{期初递延所得税负债}\right) - \left(\text{期末递延所得税资产} - \text{期初递延所得税资产}\right)$$

$$= \text{当期应纳所得税税额} + \text{期初递延所得税净资产} - \text{期末递延所得税净资产}$$

(1)确定每项资产或负债的计税基础。

(2) 依据该资产或负债的账面金额与其计税基础之间的差额，确定暂时性差异。

(3)暂时性差异乘以适用税率得到递延所得税资产或递延所得税负债的期末余额。

(4)本期发生和转回的递延所得税资产或递延所得税负债：

$$\text{递延所得税资产} = \text{发生的可抵减性暂时性差异的所得税影响金额} - \text{已转回的可抵减暂时性差异的所得税影响金额} \pm \text{调整金额}$$

$$\text{递延所得税负债} = \text{发生的应纳税暂时性差异的所得税影响金额} - \text{已转回的应纳税暂时性差异的所得税影响金额} \pm \text{调整金额}$$

4. 所得税费用核算账户设置

(1)“所得税费用”，属损益类账户，核算企业确认的应从当期利润总额中扣除的所得税费用，借方反映企业计入本期损益的所得税费用；贷方反映转入“本年利润”账户的所得税费用。本账户可按“当期所得税费用”、“递延所得税费用”进行明细核算。

(2)“递延所得税资产”，属资产类账户，核算企业确认的可抵扣暂时性差异产生的递延所得税资产，借方登记“递延所得税资产”增加额，贷方登记“递延所得税资产”减少额。“递延所得税资产”借方余额为资产，表示将来可以少交的所得税金额。有关计算公式为：

递延所得税资产期末余额 = 可抵扣暂时性差异期末余额×所得税税率

本期递延所得税资产发生额 = 递延所得税资产期初余额-递延所得税资产期末余额

本科目应按可抵扣暂时性差异等项目进行明细核算。

(3)“递延所得税负债”，属负债类账户，核算企业确认的应纳税暂时性差异产生的所得税负债。贷方登记“递延所得税负债”增加额，借方登记“递延所得税负债”减少额。“递延所得税负债”贷方余额为负债，表示将来应交所得税金额。有关计算公式为：

递延所得税负债期末余额=应纳税暂时性差异期末余额×所得税税率

本期所得税负债发生额=递延所得税负债期末余额-递延所得税负债期初余额

本科目可按应纳税暂时性差异的项目进行明细核算。

5. 所得税费用的账务处理

资产负债表日，企业按照税法计算确定的当期应交所得税金额，借记“所得税费用”账户，贷记“应交税费——应交所得税”账户；根据企业所得税准则应予确定的递延所得税资产大于“递延所得税资产”账户余额的差额，借记“递延所得税资产”账户，贷记“所得税费用”账户，“资本公积——其他资本公积”等账户；应予确定的递延所得税资产小于“递延所得税资产”账户余额的差额时，作相反的会计分录。企业应予确定的递延所得税负债的变动，应比照上述原则调整“递延所得税负债”账户及有关账户。期末，应将“所得税费用”账户的余额转入“本年利润”账户，结转后本账户应无余额。

【例 7-25】甲公司 2013 年 1 月 1 日向乙公司投资并持有乙公司 30%的股份，采用权益法核算。甲公司适用的所得税税率为 25%，乙公司适用的所得税税率为 15%，甲公司按乙公司 2013 年税后净利润的 30%计算确认的投资收益为 85 万元。假定甲公司除此项目外无其他纳税调整。假定甲公司不能够控制暂时性差异转回的时间，该暂时性差异在可预见的未来能够转回。甲公司作如下会计处理：

甲公司 2013 年应确认的递延所得税负债=85÷(1-15%)×(25%-15%)= 10(万元)

借：所得税费用　　100 000

　贷：递延所得税负债　　100 000

【例 7-26】甲公司利润总额 100 万元，本年罚款支出 20 万元，招待费超标 30 万元，固定资产年初账面价值 15 万元，计税基础 12 万元，本年会计折旧 5 万元，税法折旧 6 万元，所得税税率 25%，采用资产负债表税务法核算，编制计算所得税费用的会计分录。

由于资产账面价值大于计税基础，该差异为应纳税暂时性差异；应纳税暂时性差异年初 3 万元，年末 4 万元，递延所得税负债贷方发生额为 0. 25 万元。

应交所得税=(100+20+30-1)×25%= 37. 25(万元)

借：所得税费用　　375 000

　贷：应交税费——应交所得税　　372 500

　　　递延所得税负债　　2 500

【例 7-27】甲公司有关所得税资料如下：

(1)甲公司所得税采用资产负债表债务法核算，所得税税率为 25%，年初递延所得税资产为 49.5 万元。

(2)本年度实现利润总额 500 万元，其中取得国债利息收入 20 万元，因发生违法经营被罚款 10 万元，因违反合同支付违约金 30 万元，工资及相关附加超过计税标准 60 万元；上述收入或支出已全部用现金结算完毕。

(3)年末计提固定资产减值准备 50 万元(年初减值准备为 0)，使固定资产账面价值比其计税基础少 50 万元；转回存货跌价准备 70 万元，税法规定，计提的减值准备不得在税前抵扣。

(4)年末计提产品保修费用 40 万元，计入销售费用，预计负债余额为 40 万元。税法规定，产品保修费在实际发生时可以在税前抵扣。

(5)弥补年初亏损 60 万元。

(6)假设除上述事项外，没有发生其他纳税调整事项。

甲公司所得税会计处理如下：

计算应交所得税：

$$\text{应交所得税} = \text{应纳税所得额} \times \text{所得税率}$$

$$= \left[\left(\begin{matrix}\text{利润}\\\text{总额}\end{matrix} - \begin{matrix}\text{国债利息}\\\text{收入}\end{matrix} + \begin{matrix}\text{违法经营}\\\text{罚款}\end{matrix} + \begin{matrix}\text{工资}\\\text{超标}\end{matrix} + \begin{matrix}\text{计提固定}\\\text{资产减值}\end{matrix} - \begin{matrix}\text{转回存货}\\\text{跌价准备}\end{matrix} + \begin{matrix}\text{计提}\\\text{保修费}\end{matrix}\right) - \begin{matrix}\text{弥补}\\\text{亏损}\end{matrix}\right] \times 25\%$$

$$= [(500+20+10+60+50-70+40)-60] \times 25\%$$

$$= (570-60) \times 25\% = 510 \times 25\% = 127.5(\text{万元})$$

计算暂时性差异影响额，确认递延所得税资产和递延所得税负债：

固定资产项目的递延所得税资产 = 50×25% = 12.5(万元)

存货项目的递延所得税资产 = −70×25% = −17.5(万元)

预计负债项目的递延所得税资产 = 40×25% = 10(万元)

弥补亏损项目的递延所得税资产 = −60×25% = −15(万元)

递延所得税资产合计 = 12.5−17.5+10−15 = −10(万元)

计算所得税费用：

所得税费用 = 127.5−(−10) = 137.5(万元)

编制会计分录：

借：所得税费用	1 375 000	
贷：应交税费——应交所得税		1 275 000
递延所得税资产		100 000

(三) 本年利润的核算

会计期末，企业应将损益类科目的发生额转入"本年利润"科目。"本年利润"科目用于核算企业当年实现的净利润或发生的净亏损。期末，企业应将收入类科目的贷方发生额转入"本年利润"科目的贷方，借记"主营业务收入"、"其他业务收入"、"营业外收入"等科目，贷记"本年利润"科目；将支出类科目的借方发生额转入"本年利润"科目的借方，借记"本年利润”科目，贷记“主营业务成本”、“其他业务成本”、“营业税金及附加”、“销售费用”、“管理费用”、“财务费用”、“资产减值损失”、“营业外支出”、“所得税费用”等科目。“公允价值变动损益”、“投资收益”科目如为净收益，借记“公允价值变动损益”、“投资收益”科目，贷记“本年利润”科目；如为净损失，借记“本年利润”科目，贷记“公允价值变动损益”、“投资收益”科目。期末结转后，“本年利润”科目如为贷方余额，反映年初至本期末累计实现的净利润；如为借方余额，反映年初至本期末累计发生的净亏损。

年度终了，企业应将收入和支出相抵后结出的本年实现的净利润，转入“利润分配——未分配利润”科目，借记“本年利润”科目，贷记“利润分配——未分配利润”科目；如果为净亏损，借记“利润分配——未分配利润”科目，贷记“本年利润”科目。结转后，“本年利润”科目应无余额。

为了简化核算，企业在中期期末可以不进行上述利润结转，年内各期实现的利润直接通过利润表计算；年度终了时，再将各损益类科目全年累计余额一次转入“本年利润”科目。

【例 7-28】甲公司 2014 年度取得主营业务收入 6 000 万元，其他业务收入 1 500 万元，投资净收益 600 万元，营业外收入 120 万元；发生主营业务成本 3 800 万元，其他业务成本 1 300 万元，营业税金及附加 80 万元，销售费用 260 万元，管理费用 370 万元，财务费用 150 万元，资产减值损失 350 万元，公允价值变动净损失 100 万元，营业外支出 220 万元；本年度确认的所得税费用为 670 万元。甲公司中期期末不进行利润结转，年末一次结转利润。甲公司账务处理如下：

2014 年 12 月 31 日，结转本年损益类科目余额：

借：主营业务收入	60 000 000	
其他业务收入	15 000 000	
投资收益	6 000 000	
营业外收入	1 200 000	
贷：本年利润		82 200 000
借：本年利润	73 000 000	
贷：主营业务成本		38 000 000
其他业务成本		13 000 000
营业税金及附加		800 000
销售费用		2 600 000
管理费用		3 700 000
财务费用		1 500 000
资产减值损失		3 500 000
公允价值变动损益		1 000 000
营业外支出		2 200 000
所得税费用		6 700 000

2014 年 12 月 31 日，结转本年净利润：

借：本年利润	9 200 000	
贷：利润分配——未分配利润		9 200 000

三、利润分配的核算

利润分配是指将企业实现的利润(包括本年净利润和以前年度的未分配利润)按国家有关规定和企业投资者的决议，向各方利益人分配的过程。

(一)利润分配的一般程序

第一，弥补以前年度损失。

第二，对可供分配利润进行分配。企业当期实现的净利润，加上年初未分配利润(或减去年初未弥补亏损)和其他转入后的余额即为可供分配的利润。只有可供分配的利润大于零时，企业才能进行后续分配。可供分配的利润，按下列顺序进行分配：

(1)提取法定盈余公积。

(2)提取任意盈余公积，是指企业按规定提取的任意盈余公积。

(3)应付现金股利或利润，是指企业按照利润分配方案分配给股东的现金股利，也包括非股份有限公司分配给投资者的利润。

(4)转作股本的股利，是指企业按照利润分配方案以分派股票股利的形式转作股本的股利，也包括非股份有限公司以利润转增的资本。

(二)利润分配的核算

企业应当设置“利润分配”科目，核算利润的分配(或亏损的弥补)情况，以及历年积存的未分配利润(或未弥补亏损)。该科目还应当分别“提取法定盈余公积”、“提取任意盈余公积”、“应付现金股利或利润”、“转作股本的股利”、“盈余公积补亏”和“未分配利润”等进行明细核算。

企业按有关法律规定提取的法定盈余公积，借记“利润分配——提取法定盈余公积”科目，贷记“盈余公积——法定盈余公积”科目；按股东大会或类似机构决议提取的任意盈余公积，借记“利润分配——提取任意盈余公积”科目，贷记“盈余公积——任意盈余公积”科目；按股东大会或类似机构决议分配给股东的现金股利，借记“利润分配——应付现金股利或利润”科目，贷记“应付股利”科目；按股东大会或类似机构决议分配给股东的股票股利，在办理增资手续后，借记“利润分配——转作股本的股利”科目，贷记“股本”科目，如有差额，贷记“资本公积——股本溢价”科目。企业用盈余公积弥补亏损，借记“盈余公积——法定盈余公积(任意盈余公积)”科目，贷记“利润分配——盈余公积补亏”科目。

年度终了，企业应将“利润分配”科目所属其他明细科目余额转入“未分配利润”明细科目。结转后，除“未分配利润”明细科目外，其他明细科目应无余额。

【例 7-29】甲公司 2014 年全年实现净利润1 720 000元，其利润分配方案如下：按净利润的 10%提取法定盈余公积；按可供分配利润的 80%向投资者分配利润。年初“利润分配——未分配利润”有贷方余额138 000元。会计处理如下：

提取法定盈余公积 = 1 720 000 × 10% = 172 000(元)

借：利润分配——提取法定盈余公积	172 000	
贷：盈余公积		172 000

应付利润 = (1 720 000 − 172 000 + 138 000) × 80%

= 1 686 000 × 80% = 1 348 800(元)

年末未分配利润 = 1 686 000 − 134 800 = 337 200(元)

借：利润分配——应付利润　　1 348 800

　贷：应付利润　　1 348 800

2014 年 12 月 31 日，甲公司结转“利润分配”账户：

借：利润分配——未分配利润　　1 520 800

　贷：利润分配——提取盈余公积　　172 000

　　　利润分配——应付利润　　1 348 800

财务报表编制

学习情境描述

财务报表是对企业财务状况、经营成果和现金流量的结构性表述，财务报表编制是会计处理很重要的一项工作，企业通过编制的财务报表向报表使用者提供有用的会计信息。本情境主要包括资产负债表、利润表、现金流量表、所有者权益变动表的编制。

任务一　资产负债表的编制

◎ 任务描述：

了解会计报表的含义，熟悉资产负债表的基本结构，能独立完成资产负债表的编制。

◎ 技能目标：

掌握资产负债表各项目的填列方法。

◎ 知识目标：

1. 了解会计报表的含义及组成；
2. 理解资产负债表的概念和作用，熟悉资产负债表的基本结构。

◎ 任务导入：

甲公司为从事机械制造的增值税一般纳税人。2014 年 1 月 1 日所有者权益总额为 5 400万元，其中实收资本4 000万元，资本公积 400 万元，盈余公积 800 万元，未分配利润 200 万元。2014 年度甲公司发生如下经济业务：

(1) 经批准，甲公司接受乙公司投入不需要安装的设备一台并交付使用，合同约定的价值为3 500万元(与公允价值相符)，增值税税额为 595 万元；同时甲公司增加实收资本 2 000万元，相关法律手续已办妥。

(2) 出售一项专利技术，售价 25 万元，款项存入银行，不考虑相关税费。该项专利技术实际成本 50 万元，累计摊销额 38 万元，未计提减值准备。

(3) 被投资企业丙公司可供出售金融资产的公允价值净值增加 300 万元，甲公司采用权益法按 30%持股比例确认应享有的份额。

(4) 结转固定资产清理净收益 50 万元。

(5) 摊销递延收益 31 万元(该递延收益是以前年度确认的与资产相关的政府补助)。

(6) 年末某研发项目完成并形成无形资产，该项目研发支出资本化金额为 200 万元。

(7) 除上述经济业务外，甲公司当年实现营业收入10 500万元，发生营业成本4 200万元、营业税金及附加600万元、销售费用200万元、管理费用300万元、财务费用200万元，经计算确定营业利润为5 000万元。

按税法规定当年准予税前扣除的职工福利费120万元，实际发生并计入当年利润总额的职工福利费150万元。除此之外，不存在其他纳税调整项目，也未发生递延所得税。所得税税率为25%。

(8)确认并结转全年所得税费用。

(9)年末将“本年利润”科目贷方余额3 813万元结转至未分配利润。

(10)年末提取法定盈余公积381.3万元，提取任意盈余公积360万元。

(11)年末将“利润分配——提取法定盈余公积”、“利润分配——提取任意盈余公积”明细科目余额结转至未分配利润。

假定除上述资料外，不考虑其他相关因素，金额单位用万元表示。

要求：根据资料(1)至(6)，逐项编制甲公司相关经济业务的会计分录。

根据资料(2)至(7)，计算甲公司2014年度利润总额和全年应交所得税。

根据资料(8)至(11)，逐项编制甲公司相关经济业务的会计分录。

计算甲公司2014年12月31日资产负债表中“实收资本”、“资本公积”、“盈余公积”、“未分配利润”项目的期末余额。

一、财务会计报表概述

(一)财务会计报表的概念

财务会计报表是对企业财务状况、经营成果、现金流量的结构性表述。财务会计报表包括资产负债表、利润表、现金流量表、所有者权益(或股东权益，下同)变动表、附注。上述组成部分具有同等的重要程度。

(二)财务会计报表编制的目的

企业编制财务会计报表的主要目的，是为财务会计报表使用者进行决策提供会计信息。财务会计报表使用者通常包括投资者、债权人、政府及相关机构、企业管理人员、职工和社会公众等，他们对财务会计报表所提供的要求各有侧重。

投资者最关注的是投资的内在风险和报酬；债权人最关注的是其所提供给企业的资金是否安全，自己的债权是否能够按期如数收回；政府及其相关机构最关注的是国家资源的分配和运用情况，需要了解与经济政策(如税收政策)的制定、国民收入的统计等有关方面的信息；企业管理人员最关注的是企业财务状况的好坏、经营业绩的大小以及现金的流动情况；企业职工最关注的是企业为其所提供的就业机会及其稳定性、劳动报酬高低和职工福利好坏等方面的资料；而上述情况又与企业的债务结构及盈利能力密切相关，社会公众(包括企业潜在的投资者或债权人)最关注企业，特别是股份有限公司的兴衰及其发展情况。

(三)财务会计报表编制的一般要求

(1)企业应当以持续经营为基础，根据实际发生的交易和事项，按照《企业会计准则——基本准则》和其他各项会计准则的规定进行确认和计量，在此基础上编制财务报表。企业不应以附注披露代替确认和计量，不恰当的确认和计量也不能通过充分披露相关会计政策而纠正。如果按照各项会计准则规定披露的信息不足以让报表使用者了解特定交易或事项对企业财务状况和经营成果的影响时，企业还应当披露其他的必要信息。

在编制财务报表的过程中，企业管理层应当利用所有可获得信息来评价企业自报告期末起至少12个月的持续经营能力。

评价时需要考虑宏观政策风险、市场经营风险、企业目前或长期的盈利能力、偿债能力、财务弹性以及企业管理层改变经营政策的意向等因素。

评价结果表明对持续经营能力产生重大怀疑的，企业应当在附注中披露导致对持续经营能力产生重大怀疑的因素以及企业拟采取的改善措施。

企业正式决定或被迫在当期或将在下一个会计期间进行清算或停止营业的，则表明以持续经营为基础编制财务报表不再合理。在这种情况下，企业应当采用其他基础编制财务报表，并在附注中声明财务报表未以持续经营为基础编制的事实、披露未以持续经营为基础编制的原因和财务报表的编制基础。

(2)性质或功能不同的项目，应当在财务报表中单独列报，但不具有重要性的项目除外。性质或功能类似的项目，其所属类别具有重要性的，应当按其类别在财务报表中单独列报。

某些项目的重要性程度不足以在资产负债表、利润表、现金流量表或所有者权益变动表中单独列示，但对附注却具有重要性，则应当在附注中单独披露。

重要性，是指在合理预期下，财务报表某项目的省略或错报会影响使用者据此作出经济决策的，该项目具有重要性。

重要性应当根据企业所处的具体环境，从项目的性质和金额两方面予以判断，且对各项目重要性的判断标准一经确定，不得随意变更。判断项目性质的重要性，应当考虑该项目在性质上是否属于企业日常活动、是否显著影响企业的财务状况、经营成果和现金流量等因素；判断项目金额大小的重要性，应当考虑该项目金额占资产总额、负债总额、所有者权益总额、营业收入总额、营业成本总额、净利润、综合收益总额等直接相关项目金额的比重或所属报表单列项目金额的比重。

(3)财务报表中的资产项目和负债项目的金额、收入项目和费用项目的金额、直接计入当期利润的利得项目和损失项目的金额，不得相互抵消，但其他会计准则另有规定的除外。

①一组类似交易形成的利得和损失应当以净额列示，但具有重要性的除外。

②资产或负债项目按扣除备抵项目后的净额列示，不属于抵消。

③非日常活动产生的利得和损失，以同一交易形成的收益扣减相关费用后的净额列示更能反映交易实质的，不属于抵消。

(4)当期财务报表的列报，至少应当提供所有列报项目上一个可比会计期间的比较数据，以及与理解当期财务报表相关的说明，但其他会计准则另有规定的除外。

根据本准则第八条的规定，财务报表的列报项目发生变更的，应当至少对可比期间的数据按照当期的列报要求进行调整，并在附注中披露调整的原因和性质，以及调整的各项目金额。对可比数据进行调整不切实可行的，应当在附注中披露不能调整的原因。

不切实可行，是指企业在作出所有合理努力后仍然无法采用某项会计准则规定。

(5)企业至少应当按年编制财务报表。年度财务报表涵盖的期间短于一年的，应当披露年度财务报表的涵盖期间、短于一年的原因以及报表数据不具可比性的事实。

二、资产负债表的编制

(一)资产负债表的内容和格式

1. 资产负债表的含义

资产负债表，是总括反映企业在某一特定日期财务状况的静态会计报表。

通过“资产”可以了解企业拥有或控制的经济资源及其分布情况，是分析企业生产经营能力的重要资料；通过“负债”可以了解企业所负担的债务总额以及结构，分析企业的偿债能力；通过“所有者权益”可以了解投资者在企业资产中所占的份额，分析所有者权益的构成情况；通过前后期资产负债表的比较，可以了解企业资金结构的变化情况和未来财务状况的变动趋势。

2. 资产负债表的结构

国际上流行的资产负债表格式主要有账户式和报告式两种。按照我国企业会计准则的规定，企业的资产负债表一般采用账户式。账户式资产负债表分为左右两方，左方列示资产各项目，各项目按资产的流动性大小排列。右方列示负债和所有者权益，其中负债各项目按偿还期的长短顺序排列；而所有者权益各项目则按永久性程度排列。资产负债表的具体格式见表8-1。

表8-1　**资产负债表**

编制单位：　　　　年　月　日

资　产	期末余额	年初余额	负债及所有者权益	期末余额	年初余额
流动资产：			流动负债：		
货币资金			短期借款		
交易性金融资产			交易性金融负债		
应收票据			应付票据		
应收账款			应付账款		
预付账款			预收账款		
应收股利			应付职工薪酬		
应收利息			应交税费		
其他应收款			应付利息		
存货			应付股利		
其中：消耗性生物资产			其他应付款		
待摊费用			预提费用		

续表

资　　产	期末余额	年初余额	负债及所有者权益	期末余额	年初余额
一年内到期的非流动资产			预计负债		
其他流动资产			一年内到期的非流动负债		
流动资产合计			其他流动负债		
非流动资产：			流动负债合计		
可供出售金融资产			非流动负债：		
持有至到期投资			长期借款		
投资性房地产			应付债券		
长期股权投资			长期应付款		
长期应收款			专项应付款		
固定资产			递延所得税负债		
在建工程			其他非流动负债		
工程物资			非流动负债合计		
固定资产清理			负债合计		
生产性生物资产			所有者权益(或股东权益)：		
油气资产			实收资本(或股本)		
无形资产			资本公积		
开发支出			盈余公积		
商誉			未分配利润		
长期待摊费用			减：库存股		
递延所得税资产			所有者权益(或股东权益)合计		
其他非流动资产					
非流动资产合计					
资产总计			负债和所有者权益(或股东权益)合计		

企业负责人：××　　　　　　　　财务负责人：××

(二)资产负债表的编制方法

1. 资产负债表的资料来源

资产负债表的各项目均需填列“年初数”和“期末数”两栏。其中：“年初数”栏内各项数字，应根据上年末资产负债表的“期末数”栏内所列数字填列。如果本年度资产负债表规定资产负债表各项目的名称和内容与上年度不一致，则应对上年末资产负债表各项目的名称和数字按照本年度的规定进行调整，填入本表“年初数”栏内。“期末数”则可分月末、季末或年末的数字，其资料来源有以下几个方面：(1)总账余额。(2)明细账余额。(3)资产负债表的许多项目，需要依据总账和明细账两者的余额计算填列，反映资产账户与有关备抵账户抵消过程，以反映其净额。(4)反映或有负债的情况和备查登记簿记录。

2. 资产负债表"期末数"各项目的内容和填列方法

(1)"货币资金"项目，反映企业库存现金、银行基本存款户存款、银行一般存款户存款、外埠存款、银行汇票存款等的合计数。本项目应根据"现金"、"银行存款"、"其他货币资金"账户的期末余额合计数填列。

(2)"交易性金融资产"项目，反映企业为交易目的而持有的债券投资、股票投资、基金投资等交易性金融资产的公允价值。本项目应根据"交易性金融资产"账户的期末余额填列。

(3)"应收票据"项目，反映企业收到的未到期收款而且也未向银行贴现的商业承兑汇票和银行承兑汇票等应收票据余额，减去已计提的坏账准备后的净额。本项目应根据"应收票据"账户的期末余额减去"坏账准备"账户中有关应收票据计提的坏账准备余额后的金额填列。

(4)"应收账款"项目，反映企业因销售商品、提供劳务等而应向购买单位收取的各种款项，减去已计提的坏账准备后的净额。本项目应根据"应收账款"和"预收账款"账户所属各明细账户的期末借方余额合计，减去"坏账准备"账户中有关应收账款计提的坏账准备期末余额后的金额填列。

(5)"预付账款"项目，反映企业预付的款项，减去已计提的坏账准备后的净额。本项目根据"预付账款"和"应付账款"账户所属各明细账户的期末借方余额合计，减去"坏账准备"账户中有关预付账款计提的坏账准备期末余额后的金额填列。

(6)"应收股利"项目，反映企业应收取的现金股利和应收取其他单位分配的利润。本项目根据"应收股利"账户期末余额填列。

(7)"应收利息"项目，反映企业因持有交易性金融资产、持有至到期投资和可供出售金融资产等应收取的利息。本项目应根据"应收利息"账户的期末余额填列。

(8)"其他应收款"项目，反映企业对其他单位和个人的应收和暂付的款项，减去已计提的坏账准备后的净额。本项目应根据"其他应收款"账户的期末余额，减去"坏账准备"账户中有关其他应收款计提的坏账准备期末余额后的金额填列。

(9)"存货"项目，反映企业期末在库、在途和在加工中的各项存货的可变现净值，包括各种原材料、商品、在产品、半成品、发出商品、包装物、低值易耗品和委托代销商品等。本项目应根据"在途物资(材料采购)"、"原材料"、"库存商品"、"周转材料"、"委托加工物资"、"生产成本"和"劳务成本"等账户的期末余额合计，减去"存货跌价准备"账户期末余额后的金额填列。材料采用计划成本核算以及库存商品采用计划成本或售价核算的小企业，应按加或减材料成本差异、减商品进销差价后的金额填列。

(10)"一年内到期的非流动资产"项目，反映企业非流动资产项目中在一年内到期的金额，包括一年内到期的"持有至到期投资"、"长期待摊费用"和一年内可收回的"长期应收款"。本项目应根据上述账户分析计算后填列。

(11)"其他流动资产"项目，反映企业除以上流动资产项目外的其他流动资产，本项目应根据有关账户的期末余额填列。

(12)“可供出售金融资产”项目，反映企业持有的可供出售金融资产的公允价值。本项目根据“可供出售金融资产”账户期末余额填列。

(13)“持有至到期投资”项目，反映企业持有至到期投资的摊余价值。本项目根据“持有至到期投资”账户期末余额减去一年内到期的投资部分和“持有至到期投资减值准备”账户期末余额后填列。

(14)“长期股权投资”项目，反映企业不准备在1年内(含1年)变现的各种股权性质投资的账面余额，减去减值准备后的净额。本项目应根据“长期股权投资”账户的期末余额减去“长期股权投资减值准备”账户期末余额后填列。

(15)“长期应收款”项目，反映企业长期应收款净额。本项目根据“长期应收款”期末余额，减去一年内到期的部分、“未确认融资收益”账户期末余额、“坏账准备”账户中按长期应收款计提的坏账损失后的金额填列。

(16)“固定资产”项目，反映企业固定资产的净值。本项目根据“固定资产”账户期末余额，减去“累计折旧”和“固定资产减值准备”账户期末余额后填列。

(17)“在建工程”项目，反映企业尚未达到预定可使用状态的在建工程价值。本项目根据“在建工程”账户期末余额，减去“在建工程减值准备”账户期末余额后填列。

(18)“工程物资”项目，反映企业为在建工程准备的各种物资的价值。本项目根据“工程物资”账户期末余额，减去“工程物资减值准备”账户期末余额后填列。

(19)“固定资产清理”项目，反映企业因出售、毁损、报废等原因转入清理但尚未清理完毕的固定资产的账面价值，以及固定资产清理过程中所发生的清理费用和变价收入等各项金额的差额。本项目应根据“固定资产清理”账户的期末借方余额填列，如“固定资产清理”账户期末为贷方余额，以“-”号填列。

(20)“无形资产”项目，反映企业持有的各项无形资产的净值。本项目应根据“无形资产”账户期末余额，减去“累计摊销”和“无形资产减值准备”账户的期末余额填列。

(21)“开发支出”项目，反映企业开发无形资产过程中发生的、尚未形成无形资产成本的支出。本项目根据“开发支出”账户的期末余额填列。

(22)“商誉”项目，反映企业商誉的价值。本项目根据“商誉”账户期末余额填列。

(23)“长期待摊费用”项目，反映小企业尚未摊销的摊销期限在1年以上(不含1年)的各项费用。本项目应根据“长期待摊费用”账户的期末余额减去将于1年内(含1年)摊销的数额后的金额填列。

(24)“递延所得税资产”项目，反映企业应可抵扣暂时性差异形成的递延所得税资产。本项目根据“递延所得税资产”账户期末余额填列。

(25)“其他非流动资产”项目，反映企业除以上资产外的其他长期资产。本项目应根据有关账户的期末余额填列。

(26)“短期借款”项目，反映企业借入尚未归还的1年期以下(含1年)的借款。本项目应根据“短期借款”账户的期末余额填列。

(27)“交易性金融负债”项目，反映企业发行短期债券等所形成的交易性金融负债公允价值。本项目根据“交易性金融负债”账户期末余额填列。

(28)“应付票据”项目，反映企业为了抵付货款等而开出并承兑的、尚未到期付款的应付票据，包括银行承兑汇票和商业承兑汇票。本项目应根据“应付票据”账户的期末余额填列。

(29)“应付账款”项目，反映企业购买原材料、商品和接受劳务供应等而应付给供应单位的款项。本项目应根据“应付账款”和“预付账款”账户所属各明细账户的期末贷方余额合计填列。

(30)“预收账款”项目，反映企业按合同规定预收的款项。本项目根据“预收账款”和“应收账款”账户所属各明细账户的期末贷方余额合计填列。

(31)“应付职工薪酬”项目，反映企业应付未付的工资和社会保险费等职工薪酬。本项目应根据“应付职工薪酬”账户的期末贷方余额填列，如“应付职工薪酬”账户期末为借方余额，以“-”号填列。

(32)“应交税费”项目，反映企业期末未交、多交或未抵扣的各种税金。本项目应根据“应交税费”账户的期末贷方余额填列；如“应交税费”账户期末为借方余额，以“-”号填列。

(33)“应付利息”项目，反映企业应付未付的各种利息。本项目根据“应付利息”账户期末余额填列。

(34)“应付股利”项目，反映企业尚未支付的现金股利或利润。本项目应根据“应付股利”账户的期末余额填列。

(35)“其他应付款”项目，反映企业所有应付和暂收其他单位和个人的款项。本项目应根据“其他应付款”账户的期末余额填列。

(36)“预计负债”项目，反映企业计提的各种预计负债。本项目根据“预计负债”账户期末余额填列。

(37)“一年内到期的非流动负债”项目，反映企业各种非流动负债在一年之内到期的金额，包括一年内到期的长期借款、长期应付款和应付债券。本项目应根据上述账户分析计算后填列。

(38)“其他流动负债”项目，反映企业除以上流动负债以外的其他流动负债。本项目应根据有关账户的期末余额填列。

(39)“长期借款”项目，反映企业借入尚未归还的1年期以上(不含1年)的各期借款。本项目应根据“长期借款”账户的期末余额减去一年内到期部分的金额填列。

(40)“应付债券”项目，反映企业尚未偿还的长期债券摊余价值。本项目根据“应付债券”账户期末余额减去一年内到期部分的金额填列。

(41)“长期应付款”项目，反映企业除长期借款、应付债券以外的各种长期应付款。本项目应根据“长期应付款”账户的期末余额，减去“未确认融资费用”账户期末余额和一年内到期部分的长期应付款后填列。

(42)“递延所得税负债”项目，反映企业根据应纳税暂时性差异确认的递延所得税负债。本项目根据“递延所得税负债”账户期末余额填列。

(43)“其他非流动负债”项目，反映企业除以上长期负债项目以外的其他长期负债。本项目应根据有关账户的期末余额填列。

(44)“实收资本”项目，反映企业各投资者实际投入的资本总额。本项目应根据“实收资本(或股本)”账户的期末余额填列。

(45)“资本公积”项目，反映企业资本公积的期末余额。本项目应根据“资本公积”账户的期末余额填列，其中“库存股”按“库存股”账户余额填列。

(46)“盈余公积”项目，反映企业盈余公积的期末余额。本项目应根据“盈余公积”账户的期末余额填列。

(47)“未分配利润”项目，反映企业尚未分配的利润。本项目应根据“本年利润”账户和“利润分配”账户的期末余额计算填列，如为未弥补的亏损，在本项目内以“-”号填列。

3. 资产负债表编制举例

【例 8-1】甲股份有限公司属于增值税一般纳税人，适用的增值税税率为 17%，材料按实际成本计价进行日常核算。适用的所得税税率为 25%。2013 年 12 月 31 日资产负债表和 2014 年 12 月 31 日科目余额表如表 8-2、表 8-3 所示：

表 8-2　　**资产负债表**　　会企 01 表

编制单位：甲股份有限公司　　2013 年 12 月 31 日　　单位：元

资　产	期末余额	年初余额	负债及所有者权益	期末余额	年初余额
流动资产：			流动负债：		
货币资金	1 406 300		短期借款	300 000	
交易性金融资产	15 000		交易性金融负债	0	
应收票据	246 000		应付票据	200 000	
应收账款	299 100		应付账款	953 800	
预付款项	100 000		预收款项	0	
应收利息	0		应付职工薪酬	110 000	
应收股利	0		应交税费	36 600	
其他应收款	5 000		应付利息		
存货	2 580 000		应付股利		
一年内到期的非流动资产	0		其他应付款	50 000	
其他流动资产	100 000		一年内到期的非流动负债	1 000 000	
流 动 资 产 合 计	4 751 400		流 动 负 债 合 计	2 651 400	
非流动资产：			非流动负债：		
可供出售金融资产	0		长期借款		
持有至到期投资	0		应付债券		
长期应收款	0		长期应付款	0	
长期股权投资	250 000		专项应付款		
投资性房地产	0		预计负债		

续表

资　产	期末余额	年初余额	负债及所有者权益	期末余额	年初余额
固定资产	1 100 000		递延所得税负债	0	
在建工程	1 500 000		其他非流动负债		
工程物资	0		非 流 动 负 债 合 计	600 000	
无形资产	600 000		负　债　合　计	3 251 400	
开发支出	0		所有者权益(或股东权益)：		
商誉	0		股本	5 000 000	
长期待摊费用	0		资本公积	0	
递延所得税资产	0		减：库存股	0	
其他非流动资产	200 000		盈余公积	100 000	
非 流 动 资 产 合 计	3 650 000		未分配利润	50 000	
			所 有 者 权 益 合 计	5 150 000	
资　产　总　计	8 401 400		负债和所有者权益总计	8 401 400	

企业法人：(签章)　　　　财务总监：(签章)　　　　制表：(签章)

表 8-3　　　　**科目余额表**

2014 年 12 月 31 日　　　　单位：元

科目名称	借方余额	科目名称	贷方余额
库存现金	2 000	短期借款	50 000
银行存款	805 831	应付票据	100 000
其他货币资金	7 300	应付账款	953 800
交易性金融资产	0	其他应付款	50 000
应收票据	66 000	应付职工薪酬	180 000
应收账款	600 000	应交税费	226 731
坏账准备	-1 800	应付利息	0
预付账款	100 000	应付股利	32 215. 85
其他应收款	5 000	一年内到期的长期负债	0
在途物资	275 000	长期借款	1 160 000
原材料	49 250	股本	5 000 000
周转材料	38 050	盈余公积	124 770. 4
库存商品	2 122 400	利润分配(未分配利润)	218 013. 75

续表

科目名称	借方余额	科目名称	贷方余额
其他流动资产	100 000		
长期股权投资	250 000		
固定资产	2 401 000		
累计折旧	-170 000		
固定资产减值准备	-30 000		
工程物资	300 000		
在建工程	428 000		
无形资产	600 000		
累计摊销	-60 000		
递延所得税资产	7 500		
其他长期资产	200 000		
合　计	8 095 531	合　计	8 095 531

根据上述资料，编制甲股份有限公司2014年12月31日的资产负债表，见表8-4：

表8-4　　**资产负债表**　　会企01表

编制单位：甲股份有限公司　　2014年12月31日　　单位：元

资　　产	期末余额	年初余额	负债和所有者权益（或股东权益）	期末余额	年初余额
流动资产：			流动负债：		
货币资金	815 131	1 406 300	短期借款		300 000
交易性金融资产	0	15 000	交易性金融负债	0	0
应收票据	66 000	246 000	应付票据	100 000	200 000
应收账款	598 200	299 100	应付账款	953 800	953 800
预付账款	100 000	100 000	预收款项	0	0
应收利息	0	0	应付职工薪酬	180 000	110 000
应收股利	0	0	应交税费	226 731	36 600
其他应收款	5 000	5 000	应付利息		
存货	2 484 700	2 580 000	应付股利	32 215. 85	
一年内到期的非流动资产	0	0	其他应付款	50 000	50 000
其他流动资产	100 000	100 000	一年内到期的非流动负债	0	1 000 000

续表

资　产	期末余额	年初余额	负债和所有者权益（或股东权益）	期末余额	年初余额
流动资产合计	4 169 031	4 751 400	流动负债合计	1 592 746.85	2 651 400
非流动资产：			非流动负债：		
可供出售金融资产	0	0	长期借款		
持有至到期投资	0	0	应付债券		
长期应收款	0	0	长期应付款	0	0
长期股权投资	250 000	250 000	专项应付款		
投资性房地产	0	0	预计负债		
固定资产	2 201 000	1 100 000	递延所得税负债	0	0
在建工程	428 000	1 500 000	其他非流动负债		
工程物资	300 000	0	非流动负债合计	1 160 000	600 000
无形资产	540 000	600 000	负债合计	2 752 746.85	3 251 400
开发支出	0	0	所有者权益(或股东权益)：		
商誉	0	0	股本	5 000 000	5 000 000
长期待摊费用	0	0	资本公积	0	0
递延所得税资产	7 500	0	减：库存股	0	0
其他非流动资产	200 000	200 000	盈余公积	124 770.4	100 000
非流动资产合计	3 926 500	3 650 000	未分配利润	218 013.75	50 000
			所有者权益合计	5 342 784.15	5 150 000
资产总计	8 095 531	8 401 400	负债和所有者权益总计	8 095 531	8 401 400

企业法人：(签章)　　　　财务总监：(签章)　　　　制表：(签章)

任务二　利润表的编制

◎ 任务描述：

熟悉利润表的基本结构，能独立完成利润表的编制。

◎ 技能目标：

掌握利润表各项目的填列方法。

◎ 知识目标：

1. 理解利润表的概念和作用；
2. 熟悉利润表的基本结构。

◎ 任务导入：

甲公司适用所得税税率25%，该公司2014年11月的利润表如表8-5所示。

表8-5　　利润表(简表)

编制单位：甲公司　　2014年11月　　单位：元

项　目	本期金额	本年累计金额
一、营业收入	略	1 289 600
减：营业成本		885 400
营业税金及附加		21 700
销售费用		18 500
管理费用		40 900
财务费用		2 000
资产减值准备		3 500
二、营业利润(损失以"-"号填列)		317 600
加：营业外收入		1 400
减：营业外支出		3 000
三、利润总额(损失以"-"号填列)		316 000
减：所得税费用		79 000
四、净利润(亏损以"-"号填列)		237 000

甲公司12月发生以下经济业务：

(1)对外销售甲商品1 000件，单价135元，增值税率17%，收到对方开来的一张金额为157 950元的商业汇票。

(2)经批准处理财产清查中的账外设备一台，估计原价10 000元，七成新。

(3)计算分配本月应付职工工资共计45 000元，其中管理部门30 000元，专设销售机构人员工资15 000元。

(4)计提本月办公用固定资产折旧1 200元。

(5)结转已销售的1 000件甲商品的销售成本87 000元。

(6)将本月实现的损益结转至"本年利润"账户。

要求：根据上述资料，完成甲公司2014年利润表的编制。

一、利润表概述

利润表又称损益表或收益表，是反映企业在一定期间的经营成果的会计报表。利润表反映的经营成果是企业一定期间的收入与费用相配比而形成的净收益。

编制利润表的目的在于向与企业经济活动有关的报表使用者提供反映企业经营成果和获利能力的信息，以便报表的使用者作出正确的决策。

利润表的格式主要有多步式利润表和单步式利润表两种，我国企业的利润表一般采用多步式。具体格式如表8-6所示。

表8-6　**利　润　表**

编制单位：　　　　　　　　　　　　　　　　　　　　　　　单位：元

项　　目	本期金额	上期金额
一、营业收入		
减：营业成本		
营业税金及附加		
销售费用		
管理费用		
财务费用（收益以“-”号填列）		
资产减值损失		
加：公允价值变动净收益（净损失以“-”号填列）		
投资净收益（净损失以“-”号填列）		
二、营业利润（亏损以“-”号填列）		
加：营业外收入		
减：营业外支出		
其中：非流动资产处置净损失（净收益以“-”号填列）		
三、利润总额（亏损总额以“-”号填列）		
减：所得税费用		
四、净利润（净亏损以“-”号填列）		
五、每股收益：		
（一）基本每股收益		
（二）稀释每股收益		
六、其他综合收益		
七、综合收益总额		

二、利润表的填列方法

（一）上期金额栏的填列方法

利润表中的“上期金额”栏应根据上年该期利润表“本期金额”栏内所列数字填列。如果上年该期利润表规定的各个项目的名称和内容同本期不相一致，应对上年该期利润表各项目的名称和数字按本期的规定进行调整，填入利润表“上期金额”栏内。

（二）本期金额栏的填列方法

利润表“本期金额”栏内各项数字一般应根据损益类账户的发生额分析填列：

(1)“营业收入”项目，应根据“主营业务收入”和“其他业务收入”的发生额填列。

(2)“营业成本”项目，应根据“主营业务成本”和“其他业务支出”的发生额分析填列。

(3)“营业税金及附加”项目，应根据“主营业务税金及附加”的发生额分析填列。

(4)“销售费用”、“管理费用”、“财务费用”项目，应根据“销售费用”、“管理费用”、“财务费用”的发生额分析填列。

(5)“资产减值损失”项目，应根据“资产减值损失”的发生额分析填列。

(6)“公允价值变动净收益”项目，应根据“公允价值变动损益”的发生额分析填列，如为净损失，用“-”填列。

(7)“投资净收益”项目，反映企业以各种方式对外投资所取得的扣除投资损失后的净损益，其中包括分得的投资利润、债券投资的利息收入以及认购股票取得的股利和收回投资时发生的收益等。

(8)“营业利润”项目，反映企业实现的营业利润。如为亏损，以“-”号填列。

(9)“营业外收入”和“营业外支出”项目，分别根据“营业外收入”和“营业外支出”的发生额分析填列。

(10)“利润总额”项目，反映企业实现的利润。如为亏损，以“-”号填列。

(11)“所得税费用”项目，应根据“所得税费用”的余额分析填列。

(12)“净利润”项目，反映企业缴纳所得税后的利润。如为亏损，以“-”号填列。

(13)“每股收益”项目，企业应当在利润表中单独列示基本每股收益和稀释每股收益。

(14)“其他综合收益”项目，是指企业根据其他会计准则规定未在当期损益中确认的各项利得和损失。其他综合收益项目应当根据其他相关会计准则的规定分为下列两类列报：

①以后会计期间不能重分类进损益的其他综合收益项目，主要包括重新计量设定受益计划净负债或净资产导致的变动、按照权益法核算的在被投资单位以后会计期间不能重分类进损益的其他综合收益中所享有的份额等。

②以后会计期间在满足规定条件时将重分类进损益的其他综合收益项目，主要包括按照权益法核算的在被投资单位以后会计期间，在满足规定条件时将重分类进损益的其他综合收益中所享有的份额、可供出售金融资产公允价值变动形成的利得或损失、持有至到期投资重分类为可供出售金融资产形成的利得或损失、现金流量套期工具产生的利得或损失中属于有效套期的部分、外币财务报表折算差额等。

(15)“综合收益总额”项目，反映企业净利润与其他综合收益的合计金额。

(三)利润表的编制实例

【例 8-2】甲股份有限公司 2014 年度有关损益类科目本年累计发生净额如表 8-7 所示。

表 8-7　**甲股份有限公司损益类科目 2014 年度累计发生净额**　单位：元

科目名称	借方发生额	贷方发生额
主营业务收入		1 250 000
主营业务成本	750 000	

续表

科目名称	借方发生额	贷方发生额
营业税金及附加	2 000	
销售费用	20 000	
管理费用	157 100	
财务费用	41 500	
资产减值损失	30 900	
投资收益		31 500
营业外收入		50 000
营业外支出	19 700	
所得税费用	85 300	

根据上述资料，编制甲股份有限公司2014年度利润表，如表8-8所示。

表8-8　　**利　润　表**　　会企02表

编制单位：甲股份有限公司　　2014年度　　单位：元

项　　目	本期金额	上期金额
一、营业收入	1 250 000	略
减：营业成本	750 000	
营业税金及附加	2 000	
销售费用	20 000	
管理费用	157 100	
财务费用	41 500	
资产减值损失	30 900	
加：公允价值变动收益(损失以“-”号填列)	0	
投资收益(损失以“-”号填列)	31 500	
其中：对联营企业和合营企业的投资收益	0	
二、营业利润(亏损以“-”号填列)	280 000	
加：营业外收入	50 000	
减：营业外支出	19 700	
其中：非流动资产处置损失	0	
三、利润总额(亏损总额以“-”号填列)	310 300	
减：所得税费用	85 300	

续表

项　目	本期金额	上期金额
四、净利润(净亏损以“-”号填列)	225 000	
五、每股收益：		
(一)基本每股收益	0.045	
(二)稀释每股收益	0.042	
六、其他综合收益		
七、综合收益总额		

企业法人：(签章)　　财务总监：(签章)　　制表：(签章)

任务三　现金流量表的编制

◎ 任务描述：

熟悉现金流量表的基本结构，能独立完成现金流量表的编制。

◎ 技能目标：

掌握现金流量表各项目的填列方法。

◎ 知识目标：

1. 理解现金流量表的概念和作用；

2. 熟悉现金流量表的基本结构。

◎ 任务导入：

某公司发生如下经济业务：

(1)销售产品一批，成本为250万元，售价为400万元，增值税发票注明税款68万元，货已发出，款已入账；

(2)出口产品一批，成本为100万元，售价为200万元，当期收到货款及出口退税18万元；

(3)收回以前年度应收账款20万元，存入银行。

该企业本期现金流量表中“销售商品、提供劳务收到的现金”的金额是多少？

一、现金流量表概述

现金流量表是以现金为基础编制的反映企业财务状况变动的报表，它反映公司或企业一定会计期间内有关现金和现金等价物的流入和流出的信息，表明企业获得现金和现金等价物(除特别说明外以后所称的现金均包括现金等价物)的能力。

编制现金流量表的目的是为会计报表使用者提供企业一定会计期间内现金和现金等价物流入和流出的信息，以便于报表使用者了解和评价企业获取现金和现金等价物的能力，并据以预测企业未来现金流量。

现金流量表的作用如下：

(1)现金流量表可以提供企业的现金流量信息，从而对企业整体财务状况作出客观评价。

(2)现金流量表是在以营运资金为基础编制的财务状况变动表基础上发展起来的，它提供了新的信息。

(3)通过现金流量表，不但可以了解企业当前的财务状况，还可以预测企业未来的发展情况。

(一)现金流量表的编制基础

现金流量表是以现金为基础编制的，这里的现金是指企业库存现金、可以随时用于支付的存款，以及现金等价物。具体包括：(1)库存现金。(2)银行存款。(3)其他货币资金，是指企业存在金融企业有特定用途的资金。(4)现金等价物，是指企业持有的期限短、流动性高、易于转换为已知金额的现金、价值变动风险很小的短期投资。现金等价物通常指购买在3个月或更短时间内即到期或即可转换为现金的投资。

(二)现金流量的分类

1. 现金流量的含义

现金流量是某一段时期内企业现金流入和流出的数量，如企业销售商品、提供劳务、出售固定资产、向银行借款等取得现金，形成企业的现金流入；购买原材料、接受劳务、购建固定资产、对外投资、偿还债务等而支付现金等，形成企业的现金流出。现金流量信息能够表明企业经营状况是否良好，资金是否紧缺，企业偿付能力大小，从而为投资者、债权人、企业管理者提供非常有用的信息。

应该注意的是，企业现金形式的转换不会产生现金的流入和流出，如企业从银行提取现金，是企业现金存放形式的转换，并未流出企业，不构成现金流量；同样，现金与现金等价物之间的转换也不属于现金流量，比如，企业用现金购买将于3个月内到期的国库券。

2. 按照企业经营业务发生的性质对现金流量进行划分

(1)经营活动产生的现金流量。经营活动是指企业投资活动和筹资活动以外的所有交易和事项，包括销售商品或提供劳务、购买商品或接受劳务、收到返还的税费、经营性租赁、支付工资、支付广告费用、缴纳各项税款等。通过经营活动产生的现金流量，可以说明企业的经营活动对现金流入和流出的影响程度，判断企业在不动用对外筹得资金的情况下，是否足以维持生产经营、偿还债务、支付股利和对外投资等。

(2)投资活动产生的现金流量。投资活动是指企业长期资产的购建和不包括在现金等价物范围内的投资及其处置活动。现金流量表中的“投资”既包括对外投资，又包括长期资产的购建与处理。投资活动包括取得和收回投资、购建和处置固定资产、购买和处置无形资产等。通过投资活动产生的现金流量，可以判断投资活动对企业现金流量净额的影响程度。

(3)筹资活动产生的现金流量。筹资活动是指导致企业资本即债务规模和构成发生变化的活动。筹资活动包括发行股票或接受投入资本、分派现金股利、取得和偿还银行借款、发行和偿还公司债券等。通过筹资活动产生的现金流量，可以分析企业通过筹资活动获取现金的能力，判断筹资活动对企业现金流量净额的影响程度。

(三)现金流量表的内容和结构

1. 现金流量正表

现金流量正表是现金流量表的主体，企业一定会计期间现金流量的信息主要由正表提供。正表采用报告式的结构，按照现金流量的性质，依次分类反映经营活动产生的现金流量、投资活动产生的现金流量和筹资活动产生的现金流量，最后汇总反映企业现金及现金等价物净增加额。在有外币现金流量及境外子公司的现金流量折算为人民币的企业，正表中还应单设"汇率变动对现金的影响"项目，以反映企业外币现金流量及境外子公司的现金流量折算为人民币时，所采用的现金流量发生日的汇率或平均汇率折算的人民币金额与"现金及现金等价物增加额"中外币现金净增加额按期末汇率折算的人民币金额之间的差额。

2. 现金流量表补充资料

包括三部分：(1)将净利润调节为经营活动的现金流量(即按间接法编制的经营活动现金流量)；(2)不涉及现金收支的投资和筹资活动；(3)现金及现金等价物净增加额。

二、现金流量表的编制

(一)现金流量表的编制程序

在具体编制现金流量表时，企业可根据业务量的大小及复杂程度，采用工作底稿法、T形账户法，或直接根据有关科目的记录分析填列。

1. 工作底稿法

工作底稿法是以工作底稿为手段，以利润表和资产负债表为基础，结合有关科目的记录，对现金流量表的每一项目进行分析并编制调整分录，从而编制出现金流量表的一种方法。

采用工作底稿法编制现金流量表的具体步骤是：

第一步，将资产负债表的期初数和期末数过入工作底稿的期初数和期末数栏。

第二步，对当期业务进行分析并编制调整分录。调整分录大体有这样几类：第一类涉及利润表中的收入、成本和费用项目以及资产负债表中的资产、负债及所有者权益项目，通过调整，将权责发生制下的收入、费用转换为现金基础；第二类涉及资产负债表和现金流量表中的投资、筹资项目，反映投资和筹资活动的现金流量；第三类涉及利润表和现金流量表中的投资和筹资项目，目的是将利润表中有关投资和筹资方面的收入和费用列入现金流量表投资、筹资现金流量中。此外，还有一些调整分录并不涉及现金收支，只是为了核对资产负债表项目的期末数变动。

在调整分录中，有关现金和现金等价物的事项，并不直接借记或贷记现金，而是分别记入"经营活动产生的现金流量"、"投资活动产生的现金流量"、"筹资活动产生的现金流量"有关项目，借记表明现金流入，贷记表明现金流出。

第三步，将调整分录过入工作底稿中的相应部分。

第四步，核对调整分录，借贷合计应当相等，资产负债表项目期初数加减调整分录中的借贷金额以后，应当等于期末数。

第五步，根据工作底稿中的现金流量表项目部分编制正式的现金流量表。

2. T形账户法

T形账户法是以利润表和资产负债表为基础，结合有关科目的记录，对现金流量表的每一项目进行分析并编制调整分录，通过T形账户编制出现金流量表的一种方法。

采用T形账户法编制现金流量表的具体步骤是：

第一步，为所有的非现金项目(包括资产负债表项目和利润表项目)分别开设T形账户，并将各自的期末期初变动数过入该账户。

第二步，开设一个大的“现金及现金等价物”T形账户。每边分为经营活动、投资活动和筹资活动三个部分，左边记现金流入，右边记现金流出。与其他账户一样，过入期初期末变动数。

第三步，以利润表项目为基础，结合资产负债表分析每一个非现金项目的增减变动，并据此编制调整分录。

第四步，将调整分录过入各T形账户，并进行核对，该账户借贷相抵后的余额与原先过入的期末期初变动数应当一致。

第五步，根据大的“现金及现金等价物”T形账户编制正式的现金流量表。

(二)现金流量表各项目的内容和填列方法

1. 经营活动产生的现金流量各项目的内容和填列方法

(1)销售商品、提供劳务收到的现金项目，反映企业本期销售商品、提供劳务收到的现金，以及前期销售商品、提供劳务本期收到的现金(包括销售收入和应向购买者收取的增值税销项税额)和本期预收的款项，减去本期销售本期退回商品和前期销售本期退回商品支付的现金。企业销售材料和代购代销业务收到的现金，也在本项目反映。计算公式为：

$$\text{销售商品、提供劳务收到的现金}=\text{当期销售商品或提供劳务收到的现金收入}+\text{当期收到前期的应收账款}+\text{当期收到前期的应收票据}$$
$$+\text{当期的预收账款}-\text{当期因销售退回而支付的现金}+\text{当期收回前期核销的坏账损失}$$

(2)收到的税费返还项目，包括收到返还的增值税、消费税、营业税、关税、所得税、教育费附加等。

(3)收到的其他与经营活动有关的现金项目，包括罚款、流动资产损失中由个人赔偿的现金、经营租赁的租金等。

(4)购买商品、接受劳务支付的现金项目，反映企业本期购买商品、接受劳务实际支付的现金(包括增值税进项税额)，以及本期支付前期购买商品、接受劳务的未付款项和本期预付款项，减去本期发生的购货退回收到的现金。企业购买材料和代购代销业务支付的现金，也在本项目反映。计算公式为：

$$\text{购买商品、接受劳务支付的现金}=\text{当期购买商品、接受劳务支付的现金}+\text{当期支付前期的应付账款}+\text{当期支付前期的应付票据}+\text{当期预付的账款}-\text{当期因购货退回收到的现金}$$
$$=\text{购买商品、接受劳务的销售成本和进项税}+\text{应付账款本期减少额(期初－期末)}+\text{应付票据本期减少额(期初－期末)}+\text{预付款项本期增加额(期末－期初)}$$
$$+\text{存货本期增加额(期末－期初)}\pm\text{特殊调整业务}$$

(5)支付给职工以及为职工支付的现金项目，反映企业本期实际支付给职工的工资、奖金、各种津贴和补贴等职工薪酬(包括代扣代缴的职工个人所得税)。

(6)支付的各项税费项目，反映企业本期发生并支付、以前各期发生本期支付以及预交的各项税费，包括本期发生并支付的税费；本期支付以前各期发生的税费；本期预交的税费，包括：所得税、增值税、营业税、消费税、印花税、房产税、土地增值税、车船使用税、教育费附加、矿产资源补偿费，但不包括计入固定资产价值、实际支付的耕地占用税，也不包括本期退回的增值税、所得税，本期退回的增值税、所得税在“收到的税费返还”项目反映。

(7)支付其他与经营活动有关的现金项目，反映企业经营租赁支付的租金、支付的差旅费、业务招待费、保险费、罚款支出等其他与经营活动有关的现金流出，金额较大的应当单独列示。

【例 8-3】甲股份有限公司为商品流通企业，2014 年度有关资料如下：

(1)2014 年度 12 月 31 日资产负债表有关项目年初、年末数见表 8-9。

表 8-9　**资产负债表有关项目及其金额**　单位：元

资　产	年初数	期末数	负债和所有者权益	年初数	期末数
应收票据	30 000	20 000	应付账款	40 000	25 000
应收账款	49 500	69 300	应付职工薪酬	5 000	60 000
预付账款	15 000	15 000	应交税费	3 700	4 600
存货	100 000	70 000	其中：增值税	1 000	600
			其他税费	2 700	4 000
			其他应付款	500	1 400

(2)2014 年度利润表有关项目本年累计数见表 8-10。

表 8-10　**利润表有关项目及其金额**　单位：元

项　目	本年累计数
营业收入	800 000
营业成本	450 000
营业税金及附加	6 460
销售费用	200 000
所得税费用	40 000

(3)其他有关资料：

① 预付款项中的 5 000 元为支付的预付保险费；② 本期增值税销项税额为 136 000 元，进项税额为 71 400 元，已缴增值税为 65 000 元；③ 其他应付款为收取的出借包装物

押金；④ 2014 年度没有实际发生坏账，2013 年、2014 年两年年末均没有提取存货跌价准备；⑤ 未单独设置“管理费用”科目，销售费用中包含职工工资 100 000 元、福利费14 000 元、折旧费 2 000 元、计提应收账款坏账准备 200 元、水电费 10 000 元、差旅费20 000 元、会议费 8 000 元、办公费 20 000 元、咨询费 15 000 元、业务招待费 5 800 元及摊销的预付保险费 5 000 元；⑥ 上述资产负债表和利润表项目均与投资活动和筹资活动无关。

根据上述资料，计算现金流量表中下列项目金额的过程如下：

销售商品、提供劳务收到的现金

= 800 000+136 000+(30 000−20 000)+(49 500−69 300)−200 = 926 000(元)

收到其他与经营活动有关的现金 = 1 000−200 = 800(元)

购买商品、接受劳务支付的现金

= 450 000+71 400−(100 000−70 000)+(40 000−25 000)+(15 000−10 000)

= 511 400(元)

支付给职工以及为职工支付的现金＝100 000+14 000+(5 000−6 000)＝113 000(元)

支付的各项税费＝40 000+6 460+65 000+(2 700−4 000)+(300−400)＝110 060 (元)

支付其他与经营活动有关的现金＝200 000−100 000−14 000−2 000−200−5 000

＝78 800(元)

2. 投资活动产生的现金流量各项目的内容和填列方法

(1)收回投资收到的现金项目，反映企业出售、转让或到期收回除现金等价物以外的交易性金融资产、可供出售金融资产、长期股权投资(不包括处置子公司)以及收回持有至到期投资本金而收到的现金。

(2)取得投资收益收到的现金项目，反映企业除现金等价物以外的对其他企业的权益工具、债务工具和合营中的权益投资分回的现金股利和利息等。

(3)处置固定资产、无形资产和其他长期资产收回的现金净额项目，反映企业处置固定资产、无形资产和其他长期资产收到的现金(包括固定资产毁损收到的赔偿款)，减去处置资产而支付的有关费用后的净额。

(4)处置子公司及其他营业单位收到的现金净额项目，反映处置子公司及其他营业单位收到的现金，减去相关处置费用以及子公司及其他营业单位持有的现金和现金等价物后的净额。

(5)收到其他与投资活动有关的现金项目，即除上述各项目外，收到的其他与投资活动有关的现金流入。包括已宣告但尚未领取的现金股利或已到付息期但尚未领取的债券利息。

(6)购建固定资产、无形资产和其他长期资产实际支付的现金项目，反映企业购建固定资产、无形资产和其他长期资产实际支付的现金，以及用现金支付的应由在建工程和无形资产负担的职工薪酬及员工保险及福利费。不包括资本化借款利息、融资租赁租入固定资产支付的租赁费。

(7)投资支付的现金项目，指狭义投资，反映企业取得现金等价物以外的对其他企业的权益工具、债务工具和合营中的权益投资所支付的现金，以及佣金、手续费等。但取得子公司及其他营业单位支付的现金净额除外。

(8)取得子公司和其他营业单位支付的现金净额项目，反映企业取得子公司及其他营业单位支付的现金即企业购买子公司及其他营业单位购买出价中已现金支付的部分减去子公司及其他单位持有的现金等价物后的净额。

(9)支付其他与投资活动有关的现金项目，反映企业除上述各项目外，支付的其他与投资活动有关的现金还包括：购买股票支付的价款中包含的已宣告但尚未领取的股利；企业购买债券时支付的已到付息期尚未领取的债券利息。

3. 筹资活动产生的现金流量各项目的内容和填列方法

(1)吸收投资收到的现金项目，反映企业以发行股票、债券等方式筹集资金实际收到的款项，减去直接支付给金融企业的佣金、手续费、宣传费、咨询费、印刷费等发行费用后的净额。

(2)取得借款收到的现金项目，反映企业举借各种短期、长期借款实际收到的现金。

(3)收到其他与筹资活动有关的现金项目，反映企业除上述项目外，收到或支付的其他与筹资活动有关的现金流入或流出，金额较大的应当单独列示，如接受现金捐赠等。

(4)偿还债务支付的现金项目，反映企业偿还债务本金所支付的现金。

(5)分配股利、利润或偿付利息支付的现金项目，反映企业实际支付的现金股利、支付给其他投资单位的利润和支付的借款利息、债券利息，包括为购建固定资产支付的借款利息。

(6)支付的其他与筹资活动有关的现金项目，反映企业除上述各项目外，支付的其他与筹资活动有关的现金。如对外捐赠现金支出、支付的融资租赁费、分期付款购建固定资产除第一期外其他各期支付的款项。

【例 8-4】甲股份有限公司 2014 年度发生以下业务：

(1)当期销售商品实现收入 100 000 元，应收账款期初余额 20 000 元，期末余额 50 000元；预收账款期初余额 10 000 元，期末余额 30 000 元。假定不考虑坏账准备和增值税因素。

(2)当期用银行存款支付购买原材料货款 48 000 元，当期支付前期的应付账款 12 000 元，当期购买原材料预付账款 15 000 元，当期因购货退回现金 6 000 元。

(3)当期实际支付职工工资及各种奖金 44 000 元。其中：生产经营人员工资及奖金 35 000 元，在建工程人员工资及奖金 9 000 元。另外，用现金支付离退休人员退休金 7 000元。

(4)当期购买工程物资预付货款 22 000 元，向承包商支付工程款 16 000 元。

(5)当期购入某公司股票 1 000 股，实际支付全部价款 14 500 元。其中，相关税费 200 元，已宣告但尚未领取的现金股利 300 元。

(6)当期发行面值为 80 000 元的企业债券，扣除支付的佣金等发行费用 8 000 元后，实际收到款项 72 000 元。另外，为发行企业债券实际支付审计费用 3 000 元。

(7)当期用银行存款偿还借款本金 60 000 元，偿还借款利息 6 000 元。

(8)当期用银行存款支付分配的现金股利 30 000 元。

根据上述资料，计算甲股份有限公司现金流量表中下列有关项目的金额：销售商品、提供劳务收到的现金，购买商品、接受劳务支付的现金，支付给职工及为职工支付的现金，购建固定资产、无形资产和其他长期资产所支付的现金，投资所支付的现金，吸收投资所收到的现金，偿还债务所支付的现金，分配股利、利润或偿付利息所支付的现金。

销售商品、提供劳务收到的现金=100 000+(20 000-50 000)+(30 000-10 000)=90 000(元)

购买商品、接受劳务支付的现金 =48 000+12 000+15 000-6 000=69 000(元)

支付给职工及为职工支付的现金 =44 000-9 000=35 000(元)

购建固定资产、无形资产和其他长期资产所支付的现金 =9 000+22 000+16 000=47 000(元)

投资所支付的现金 =14 500-300=14 200(元)

吸收投资所收到的现金 =72 000(元)

偿还债务所支付的现金 =60 000(元)

分配股利、利润或偿付利息所支付的现金 =30 000+6 000 =36 000(元)

4. 汇率变动对现金及现金等价物的影响的内容和填列方法

反映下列项目之间的差额：

(1)企业外币现金流量折算为记账本位币时，所采用的现金流量发生日的即期汇率或按照系统合理的方法确定的、与现金流量发生日即期汇率近似的汇率折算的金额(编制合并现金流量表时还包括折算境外子公司的现金流量，应当比照处理)。

(2)“现金及现金等价物净增加额”中外币现金净增加额按期末汇率折算的金额。

在编制现金流量表时，可逐笔计算外汇业务所发生的汇率变动对现金的影响，也可不逐笔计算，而采用简化的计算方法，即通过报表补充资料中的“现金及现金等价物净增加额”数额与正表中的“经营活动产生的现金流量净额”、“投资活动产生的现金净额”、“筹资活动产生的现金净额”三项之和比较，其差额即为“汇率变动对现金的影响”项目的金额。

5. 现金流量表补充资料各项目的内容和填列方法

现金流量表采用直接法反映经营活动产生的现金流量，同时，企业还应采用间接法反映经营活动产生的现金流量。即以净利润为起点，调整不涉及现金的收入费用、营业外收支、经营性应收应付项目，调整不属于经营活动的现金收支项目，据以计算经营活动产生的现金流量。需要对四大类项目进行调整：实际没有支付现金的费用(调加)、实际没有收到现金的收益(调减)、不属于经营活动的损益(调加或减)和经营性应收应付项目的增减变动(调加或减)。

将净利润调整为经营活动的现金流量的调整方法是：净利润+使净利润减少的项目(不影响经营活动的现金流量)-使净利润增加的项目(不影响经营活动的现金流量)+使经营活动现金流量增加的项目(不影响净利润)-使经营活动现金流量减少的项目(不影响净利润)。

具体内容为：

(1)“资产减值准备”项目，反映企业本期计提的坏账准备、存货跌价准备、短期投资跌价准备、长期股权投资减值准备、持有至到期投资减值准备、投资性房地产减值准备、固定资产减值准备、在建工程减值准备、无形资产减值准备、商誉减值准备、生产性生物资产减值准备、油气资产减值准备等资产减值准备。

(2)“固定资产折旧”、“油气资产折耗”、“生产性生物资产折旧”项目，分别反映企业本期计提的固定资产折旧、油气资产折耗、生产性生物资产折旧。

(3)“无形资产摊销”、“长期待摊费用摊销”项目，分别反映企业本期计提的无形资产摊销、长期待摊费用摊销。

(4)“处置固定资产、无形资产和其他长期资产的损失”项目，反映企业本期处置固定资产、无形资产和其他长期资产发生的损益。

(5)“公允价值变动损失”项目，反映企业持有的金融资产、金融负债以及采用公允价值计量模式的投资性房地产的公允价值变动损益。

(6)“财务费用”项目，反映企业利润表“财务费用”项目的金额。

(7)“投资损失”项目，反映企业利润表“投资收益”项目的金额。

(8)“递延所得税资产减少”项目，反映企业资产负债表“递延所得税资产”项目的期初余额与期末余额的差额。

(9)“递延所得税负债增加”项目，反映企业资产负债表“递延所得税负债”项目的期初余额与期末余额的差额。

(10)“存货的减少”项目，反映企业资产负债表“存货”项目的期初余额与期末余额的差额。

(11)“经营性应收项目的减少”项目，反映企业本期经营性应收项目(包括应收票据、应收账款、预付款项、长期应收款和其他应收款中与经营活动有关的部分及应收的增值税销项税额等)的期初余额与期末余额的差额。

(12)“经营性应付项目的增加”项目，反映企业本期经营性应付项目(包括应付票据、应付账款、预收款项、应付职工薪酬、应交税费、应付利息、应付股利、长期应付款、其他应付款中与经营活动有关的部分及应付的增值税进项税额等)的期初余额与期末余额的差额。

6. 不涉及现金收支的投资和筹资活动项目的内容和填列方法

该项目反映企业一定期间内影响资产或负债但不形成该期现金收支的所有投资和筹资活动的信息，包括：

(1)“债务转为资本”项目，反映企业本期转为资本的债务金额。

(2)“一年内到期的可转换公司债券”项目，反映企业一年内到期的可转换公司债券的本息。

(3)“融资租入固定资产”项目，反映企业本期融资租入固定资产的最低租赁付款额扣除应分期计入利息费用的未确认融资费用的净额。

7. 现金及现金等价物净增加额的内容和填列方法

现金及现金等价物净增加额与现金流量表中的“现金及现金等价物净增加额”项目的金额应当相等。

【例 8-5】甲股份有限公司 2014 年 12 月 31 日资产负债表见表 8-11。

表 8-11

资产负债表

2014 年 12 月 31 日

会企 01 表

编制单位：甲股份有限公司　　单位：元

资　　产	期末余额	年初余额	负债和股东权益	期末余额	年初余额
流动资产：			流动负债：		
货币资金	815 131	1 406 300	短期借款	50 000	300 000
交易性金融资产	0	15 000	交易性金融负债	0	0
应收票据	66 000	246 000	应付票据	100 000	200 000
应收账款	598 200	299 100	应付账款	953 800	953 800
预付账款	100 000	100 000	预收款项	0	0
应收利息	0	0	应付职工薪酬	180 000	110 000
应收股利	0	0	应交税费	226 731	36 600
其他应收款	5 000	5 000	应付利息	0	1 000
存货	2 484 700	2 580 000	应付股利	3 215. 85	0
一年内到期的非流动资产	0	0	其他应付款	50 000	50 000
其他流动资产	100 000	100 000	一年内到期的非流动负债	0	1 000 000
流动资产合计	4 169 031	4 751 400	其他流动负债	0	0
非流动资产：			流动负债合计	1 592 746. 85	2 651 400
可供出售金融资产	0	0	非流动负债：		
持有至到期投资	0	0	长期借款	1 160 000	600 000
长期应收款	0	0	应付债券	0	0
长期股权投资	250 000	250 000	长期应付款	0	0
投资性房地产	0	0	专项应付款	0	0
固定资产	2 201 000	1 100 000	预计负债	0	0
在建工程	428 000	1 500 000	递延所得税负债	0	0
工程物资	300 000	0	其他非流动负债	0	0
固定资产清理	0	0	非流动负债合计	1 160 000	600 000
生产性生物资产	0	0	负 债 合 计	2 752 746. 85	3 251 400
油气资产	0	0	股东权益：		
无形资产	540 000	600 000	实收资本(股本)	5 000 000	5 000 000
开发支出	0	0	资本	0	0

续表

资　产	期末余额	年初余额	负债和股东权益	期末余额	年初余额
商誉	0	0	减：库存股	0	0
长期待摊费用	0	0	盈余公积	124 770.4	100 000
递延所得税资产	7 500	0	未分配利润	218 013.75	50 000
其他非流动资产	200 000	200 000	股东权益合计	5 342 784.15	5 150 000
非流动资产合计	3 926 500	3 650 000			
资产总计	8 095 531	8 401 400	负债和股东权益合计	8 095 531	8 401 400

资产负债表有关项目的明细资料如下：

(1)本期收回交易性股票投资本金 15 000 元、公允价值变动 1 000 元，同时实现投资收益 500 元。

(2)存货中生产成本、制造费用的组成：职工薪酬 324 900 元，折旧费用 80 000 元。

(3)应交税费的组成：本期增值税进项税额 42 466 元，增值税销项税额 212 500 元，已交增值税 100 000 元；应交所得税期末余额为 20 097 元，应交所得税期初余额为 0；应交税费期末数中应由在建工程负担的部分为 100 000 元。

(4)应付职工薪酬的期初数无应付在建工程人员的部分，本期支付在建工程人员职工薪酬 200 000 元，应付职工薪酬的期末数中应付在建工程人员的部分为 28 000 元。

(5)应付利息均为短期借款利息，其中本期计提利息 11 500 元，支付利息 12 500 元。

(6)本期用现金购买固定资产 101 000 元，购买工程物资 300 000 元。

(7)本期用现金偿还短期借款 250 000 元，偿还一年内到期的长期借款 1 000 000 元；借入长期借款 560 000 元。

甲股份有限公司 2014 年度利润表见表 8-12。

表 8-12　　　　利　润　表　　　　会企 02 表

编制单位：甲股份有限公司　　　　2014 年 12 月　　　　单位：元

项　目	本期金额	上期金额(略)
一、营业收入	1 250 000	
减：营业成本	750 000	
营业税金及附加	2 000	
销售费用	20 000	
管理费用	157 100	
财务费用	41 500	
资产减值损失	30 900	

续表

项　　目	本期金额	上期金额(略)
加：公允价值变动收益(损失以“-”填列)	0	
投资收益(亏损以“-”填列)	31 500	
其中：对联营企业和合营企业的投资收益	0	
二、营业利润(亏损以“-”填列)	280 000	
加：营业外收入	50 000	
减：营业外支出	19 700	
其中：非流动资产处置损失	0	
三、利润总额(亏损以“-”填列)	310 300	
减：所得税费用	85 300	
四、净利润(亏损以“-”填列)	225 000	
五、每股收益：	(略)	
(一)基本每股收益		
(二)稀释每股收益		

利润表有关项目的明细资料如下：

(1)管理费用的组成：职工薪酬 17 100 元，无形资产摊销 60 000 元，折旧费 20 000 元，支付其他费用 60 000 元。

(2)财务费用的组成：集体借款利息 11 500 元，支付应收票据(银行承兑汇票)贴现利息 30 000 元。

(3)资产减值损失的组成：计提坏账准备 900 元，计提固定资产减值准备 30 000 元。上年末有坏账准备余额 900 元。

(4)投资收益的组成：收到股息收入 30 000 元，与本金一起收回的交易性股票投资收益 500 元，自公允价值变动损益结转投资收益 1 000 元。

(5)营业外收入的组成：处置固定资产净收益 50 000 元(其所处置的固定资产原值为 400 000 元，累计折旧为 150 000 元，收到处置收入 300 000 元)。假定不考虑与固定资产处置有关的税费。

(6)营业外支出的组成：报废固定资产净损失 19 700 元(其所报废的固定资产原值为 200 000 元，累计折旧为 180 000 元，支付清理费用 500 元，收到残值收入 300 000 元)。

(7)所得税费用的组成：当期所得税费用 92 800 元，递延所得税收益 7 500 元。

除上述项目外，利润表中的销售费用 20 000 元至期末已经支付。

要求：根据上述资料，采用分析填列的方法，编制甲股份有限公司 2014 年度的现金流量表。

甲股份有限公司 2014 年度现金流量表正表中各项目金额分析计算如下：

销售商品、提供劳务收到的现金=主营业务收入+应交税费(应交增值税——销项税额)+(应收账款年初余额-应收账款年末余额)+(应收票据年初余额-应收票据年末余额)-当期计提的坏账准备-票据贴现的利息

=1 250 000+212 500+(299 100-598 200)+(246 000-66 000)-900-30 000=1 312 500(元)

购买商品、接受劳务支付的现金=主营业务成本+应交税费(应交增值税——进项税额)+(应付账款年初余额-应付账款年末余额)+(应付票据年初余额-应付票据年末余额)+(预付账款年末余额-预付账款年初余额)-(存货年初余额-存货年末余额)-当期列入生产成本、制造费用的职工薪酬-当期列入生产成本、制造费用的折旧费、修理费

=750 000+42 466+(953 800-953 800)+(200 000-100 000)+(100 000-100 000)-(2 580 000-2 484 700)-324 900-80 000

=392 266(元)

支付给职工以及为职工支付的现金=生产成本、制造费用、管理费用中的职工薪酬+(应付职工薪酬年初余额-应付职工薪酬年末余额)-[应付职工薪酬(在建工程)年初余额-应付职工薪酬(在建工程)年末余额]

=324 900+17 100+(110 000-180 000)-(0-28 000)=300 000(元)

支付的各项税费=当期所得税费用+营业税金及附加+应交税费(应交增值税——已交税金)-(应交所得税期末余额-应交所得税期初余额)

= 92 800+2 000+100 000-(20 097-0)= 174 703(元)

支付其他与经营活动有关的现金=其他管理费用+销售费用

=60 000+20 000=80 000(元)

收回投资收到的现金=交易性金融资产贷方发生额+与交易性金融资产一起收回的投资收益

=16 000+500=16 500(元)

取得投资收益所收到的现金=收到的股息收入=30 000(元)

处置固定资产收回的现金净额=300 000+(800-500)= 300 300(元)

购建固定资产支付的现金=用现金购买的固定资产、工程物资+支付给在建工程人员的薪酬

=101 000+300 000+200 000=601 000(元)

取得借款所收到的现金=560 000(元)

偿还债务支付的现金=250 000+1 000 000=1 250 000(元)

偿还利息支付的现金=12 500(元)

将净利润调节为经营活动现金流量各项目计算分析如下：

固定资产减值准备＝900+30 000＝30 900(元)

固定资产折旧＝20 000+80 000＝100 000(元)

无形资产摊销＝60 000(元)

处置固定资产、无形资产和其他长期资产的损失(减：收益)＝−50 000(元)

固定资产报废损失＝19 700(元)

财务费用＝11 500(元)

投资损失(减：收益)＝−31 500(元)

递延所得税资产减少＝0−7 500＝−7 500(元)

存货的减少＝2 580 000−2 484 700＝95 300(元)

经营性应收项目的减少＝(246 000−66 000)+(299 100+900−598 200−1 800)

＝−120 000(元)

经营性应付项目的增加

＝(100 000−200 000)+(953 800−953 800)+[(180 000−28 000)−110 000]+[(226 731−100 000)−36 600]

＝32 131(元)

甲股份有限公司 2014 年度现金流量表如表 8-13 和表 8-14 所示。

表 8-13　　**现金流量表**　　会企 03 表

编制单位：甲股份有限公司　　2014 年　　单位：元

项　　目	本期金额	上期金额
一、经营活动产生的现金流量：		(略)
销售商品、提供劳务收到的现金	1 312 500	
收到的税费返还	0	
收到的其他与经营活动有关的现金	0	
经营活动现金流入小计	1 312 500	
购买商品、接受劳务支付的现金	392 266	
支付给职工以及为职工支付的现金	300 000	
支付的各项税费	174 703	
支付的其他与经营活动有关的现金	80 000	
经营活动现金流出小计	1 006 361	
经营活动产生的现金流量净额	365 531	
二、投资活动产生的现金流量：		
收回投资所收到的现金	16 500	
取得投资收益所收到的现金	30 000	
处置固定资产、无形资产和其他长期资产所收回的现金净额	300 000	
处置子公司及其他营业单位收到的现金净额	0	
收到的其他与投资活动有关的现金	0	
投资活动现金流入小计	346 800	

续表

项　　目	本期金额	上期金额
购建固定资产、无形资产和其他长期资产所支付的现金	601 000	
投资所支付的现金	0	
取得子公司及其他营业单位收到的现金净额	0	
支付的其他与投资活动有关的现金	0	
投资活动现金流出小计	601 000	
投资活动产生的现金流量净额	−254 200	
三、筹资活动产生的现金流量：		
吸收投资所收到的现金	0	
取得借款所收到的现金	560 000	
收到的其他与筹资活动有关的现金	0	
筹资活动现金流入小计	560 000	
偿还债务所支付的现金	1 250 000	
分配股利、利润或偿付利息所支付的现金	12 500	
支付的其他与筹资活动有关的现金	0	
筹资活动现金流出小计	1 262 500	
筹资活动产生的现金流量净额	−702 500	
四、汇率变动对现金的影响	0	
五、现金及现金等价物净增加额	−591 169	
加：期初现金及现金等价物余额	1 406 300	
六、期末现金及现金等价物余额	815 131	

表 8-14　　**现金流量表补充资料**

补 充 资 料	本期金额	上期金额
1. 将净利润调节为经营活动现金流量：		
净利润	225 000	
加：资产减值准备	30 900	
固定资产折旧、油气资产损耗、生产性生物资产折旧	100 000	
无形资产摊销	60 000	
长期待摊费用摊销	0	
处置固定资产、无形资产和其他长期资产的损失(减：收益)	−50 000	
固定资产报废损失	19 700	
公允价值变动损失(减：收益)	0	
财务费用(减：收益)	11 500	
投资损失(减：收益)	−31 500	
递延所得税资产减少(减：增加)	−2 500	

续表

补充资料	本期金额	上期金额
递延所得税负债增加(减：减少)	0	
存货的减少(减：增加)	95 300	
经营性应收项目的减少(减：增加)	-120 000	
经营性应付项目的增加(减：减少)	32 131	
其他	0	
经营活动产生的现金流量净额	365 531	
2. 不涉及现金收支的投资和筹资活动：		
债务转为资本	0	
一年内到期的可转换公司债券	0	
融资租入固定资产	0	
3. 现金及现金等价物净变动情况：		
现金的期末金额	815 131	
减：现金的期初余额	1 406 300	
加：现金等价物的期末余额	0	
减：现金等价物的期初余额	0	
现金及现金等价物净增加额	-591 169	

任务四　所有者权益变动表的编制

◎ 任务描述：

熟悉所有者权益变动表的基本结构，能独立完成所有者权益变动表的编制。

◎ 技能目标：

掌握所有者权益变动表各项目的填列方法。

◎ 知识目标：

1. 理解所有者权益变动表的概念和作用；
2. 熟悉所有者权益变动表的基本结构。

一、所有者权益变动表的概念

所有者权益变动表，是反映企业在某一特定日期所有者权益增减变动情况的报表，包括所有者权益增减变动的重要结构性信息，特别是要反映直接计入所有者权益的利得和损失。所有者权益增减变动表包括在年度会计报表中，是资产负债表的附表。具体格式见表8-15。

表 8-15 **所有者权益(股东权益)变动表** 会企：04 表

编制单位： 年 月 单位：万元

项目	行次	本年金额						上年金额					
		实收资本(或股本)	资本公积	盈余公积	未分配利润	库存股(减项)	所有者权益合计	实收资本(或股本)	资本公积	盈余公积	未分配利润	库存股(减项)	所有者权益合计
一、上年年末余额													
1. 会计政策变更													
2. 前期差错更正													
二、本年年初余额													
三、本年增减变动金额(减少以“-”号填列)													
(一)本年净利润													
(二)直接计入所有者权益的利得和损失													
1. 可供出售金融资产公允价值变动净额													
2. 权益法下被投资单位其他所有者权益变动的影响													
3. 与计入所有者权益项目相关的所得税影响													
4. 其他													
小计													
(三)所有者投入资本													
1. 所有者本期投入资本													
2. 本年购回库存股													
3. 股份支付计入所有者权益的金额													
(四)本年利润分配													
1. 对所有者(或股东)的分配													
2. 提取盈余公积													
(五)所有者权益内部结转													
1. 资本公积转增资本													

续表

项目	行次	本年金额						上年金额					
		实收资本（或股本）	资本公积	盈余公积	未分配利润	库存股（减项）	所有者权益合计	实收资本（或股本）	资本公积	盈余公积	未分配利润	库存股（减项）	所有者权益合计
2. 盈余公积转增资本													
3. 盈余公积弥补亏损													
四、本年年末余额													

二、所有者权益变动表的编制方法

本表各项目应当根据当期净利润、直接计入所有者权益的利得和损失项目、所有者投入资本和向所有者分配利润、提取盈余公积等情况分析填列。

(一)所有者权益变动表各项目的列报说明

(1)“上年年末余额”项目，反映企业上年资产负债表中实收资本(或股本)、资本公积、盈余公积、未分配利润的年末余额。

(2)“会计政策变更”和“前期差错更正”项目，分别反映企业采用追溯调整法处理的会计政策变更的累积影响金额和采用追溯重述法处理的会计差错更正的累积影响金额。

为了体现会计政策变更和前期差错更正的影响，企业应当在上期期末所有者权益余额的基础上进行调整得出本期期初所有者权益，根据“盈余公积”、“利润分配”、“以前年度损益调整”等科目的发生额分析填列。

(3)“本年增减变动额”项目分别反映如下内容：

①“净利润”项目，反映企业当年实现的净利润(或净亏损)金额，并对应列在“未分配利润”栏。

②“直接计入所有者权益的利得和损失”项目，反映企业当年直接计入所有者权益的利得和损失金额。其中：

“可供出售金融资产公允价值变动净额”项目，反映企业持有的可供出售金融资产当年公允价值变动的金额，并对应列在“资本公积”栏。

“权益法下被投资单位其他所有者权益变动的影响”项目，反映企业对按照权益法核算的长期股权投资，在被投资单位除当年实现的净损益以外其他所有者权益当年变动中应享有的份额，并对应列在“资本公积”栏。

“与计入所有者权益项目相关的所得税影响”项目，反映企业根据《企业会计准则第18号——所得税》规定应计入所有者权益项目的当年所得税影响金额，并对应列在“资本公积”栏。

③“净利润”和“直接计入所有者权益的利得和损失”小计项目，反映企业当年实现的

净利润(或净亏损)金额和当年直接计入所有者权益的利得和损失金额的合计额。

④“所有者投入和减少资本”项目，反映企业当年所有者投入的资本和减少的资本。其中：

“所有者投入资本”项目，反映企业接受投资者投入形成的实收资本(或股本)和资本溢价或股本溢价，并对应列在“实收资本”和“资本公积”栏。

“股份支付计入所有者权益的金额”项目，反映企业处于等待期中的权益结算的股份支付当年计入资本公积的金额，并对应列在“资本公积”栏。

⑤“利润分配”下各项目，反映当年对所有者(或股东)分配的利润(或股利)金额和按照规定提取的盈余公积金额，并对应列在“未分配利润”和“盈余公积”栏。其中：

“提取盈余公积”项目，反映企业按照规定提取的盈余公积。

“对所有者(或股东)的分配”项目，反映对所有者(或股东)分配的利润(或股利)金额。

⑥“所有者权益内部结转”下各项目，反映不影响当年所有者权益总额的所有者权益各组成部分之间当年的增减变动，包括资本公积转增资本(或股本)、盈余公积转增资本(或股本)、盈余公积弥补亏损等项金额。为了全面反映所有者权益各组成部分的增减变动情况，所有者权益内部结转也是所有者权益变动表的重要组成部分，主要指不影响所有者权益总额、所有者权益的各组成部分当期的增减变动。其中：

“资本公积转增资本(或股本)”项目，反映企业以资本公积转增资本或股本的金额。

“盈余公积转增资本(或股本)”项目，反映企业以盈余公积转增资本或股本的金额。

“盈余公积弥补亏损”项目，反映企业以盈余公积弥补亏损的金额。

(二)上年金额栏的列报方法

所有者权益变动表“上年金额”栏内各项数字，应根据上年度所有者权益变动表“本年金额”栏内所列数字填列。如果上年度所有者权益变动表规定的各个项目的名称和内容同本年度不相一致，应对上年度所有者权益变动表各项目的名称和数字按本年度的规定进行调整，填入所有者权益变动表“上年金额”栏内。

(三)本年金额栏的列报方法

所有者权益变动表“本年金额”栏内各项数字一般应根据“实收资本(或股本)”、“资本公积”、“盈余公积”、“利润分配”、“库存股”、“以前年度损益调整”等科目的发生额分析填列。

企业的净利润及其分配情况作为所有者权益变动的组成部分，不需要单独设置利润分配表列示。

三、所有者权益变动表的编制案例

【例8-6】承【例8-1】和【例8-2】，甲股份有限公司其他相关资料为：提取盈余公积24 770. 4元，向投资者分配现金股利32 215. 85元。根据上述资料，甲股份有限公司编制2014年度的所有者权益变动表，如表8-16所示。

表 8-16　　**所有者权益变动表**　　会企 04 表

编制单位：甲股份有限公司　　2014 年度　　单位：元

项　目	本年金额						上年金额					
	实收资本（或股本）	资本公积	减：库存股	盈余公积	未分配利润	所有者权益合计	实收资本（或股本）	资本公积	减：库存股	盈余公积	未分配利润	所有者权益合计
一、上年年末余额	5 000 000	0	0	100 000	50 000	5 150 000						
加：会计政策变更												
前期差错更正												
二、本年年初余额	5 000 000	0	0	100 000	50 000	5 150 000						
三、本年增减变动金额（减少以“–”号填列）												
（一）净利润					225 000	225 000						
（二）直接计入所有者权益的利得和损失												
1. 可供出售金融资产公允价值变动净额												
2. 权益法下被投资单位其他所有者权益变动的影响												
3. 与计入所有者权益项目相关的所得税影响												
4. 其他												
上述（一）和（二）小计												
（三）所有者投入和减少资本												
1. 所有者投入资本												

续表

项　目	本年金额						上年金额					
	实收资本（或股本）	资本公积	减：库存股	盈余公积	未分配利润	所有者权益合计	实收资本（或股本）	资本公积	减：库存股	盈余公积	未分配利润	所有者权益合计
2. 股份支付计入所有者权益的金额												
3. 其他												
（四）利润分配												
1. 提取盈余公积				24 770. 4	-24 770. 4	0						
2. 对所有者（或股东）的分配					-32 215. 85	-32 215. 85						
3. 其他												
（五）所有者权益内部结转												
1. 资本公积转增资本（或股本）												
2. 盈余公积转增资本（或股本）												
3. 盈余公积弥补亏损												
4. 其他												
四、本年年末余额	5 000 000	0	0	124 770. 4	190 717. 75	5 315 488. 15						

企业法人：（签章）　　　　财务总监：（签章）　　　　制表：（签章）

任务五　财务报表附注

◎ 任务描述：

了解财务报表附注的概念，熟悉财务报表附注的内容。

◎ 技能目标：

熟悉财务报表附注的内容。

◎ 知识目标：

1. 了解熟悉财务报表附注的概念和作用；
2. 理解财务报表附注的要求。

一、财务报表附注概述

附注是财务报表不可或缺的组成部分，是对在资产负债表、利润表、现金流量表和所有者权益变动表等报表中列示项目的文字描述或明细资料，以及对未能在这些报表中列示项目的说明等。

财务报表中的数字是经过分类与汇总后的结果，是对企业发生的经济业务的高度简化和浓缩的数字，如果没有形成这些数字所使用的会计政策、理解这些数字所必需的披露，财务报表就不可能充分发挥效用。

附注与资产负债表、利润表、现金流量表、所有者权益变动表等报表具有同等的重要性，是财务报表的重要组成部分。

报表使用者了解企业的财务状况、经营成果和现金流量，应当全面阅读附注。

财务报表附注披露的基本要求如下：

(1)附注披露的信息应是定量、定性信息的结合，从而能从量和质两个角度对企业经济事项完整的进行反映，也才能满足信息使用者的决策需求。

(2)附注应当按照一定的结构进行系统合理的排列和分类，有顺序地披露信息

由于附注的内容繁多，因此更应按逻辑顺序排列，分类披露，条理清晰，具有一定的组织结构，以便于使用者理解和掌握，也更好地实现财务报表的可比性。

(3)附注相关信息应当与资产负债表、利润表、现金流量表和所有者权益变动表等报表中列示的项目相互参照，以有助于使用者联系相关的信息，从整体上更好地理解财务报表。

二、附注披露的内容

附注应当按照如下顺序披露有关内容：

(一)企业的基本情况

(1)企业注册地、组织形式和总部地址。

(2)企业的业务性质和主要经营活动，如企业所处的行业、所提供的主要产品或服务、客户的性质、销售策略、监管环境的性质等。

(3)母公司以及集团最终母公司的名称。

(4)财务报表的批准报出者和财务报表批准报出日。

(二)财务报表的编制基础

具体包括：(1)会计年度。(2)记账本位币。(3)会计计量基础。(4)现金及现金等价物。

(三)遵循企业会计准则的声明

企业应当声明编制的财务报表符合企业会计准则的要求，真实、完整地反映了企业的财务状况、经营成果和现金流量等有关信息。以此明确企业编制财务报表所依据的制度基础。

如果企业编制的财务报表只是部分地遵循了企业会计准则，附注中不得做出这种表述。

(四)重要会计政策和会计估计

根据财务报表列报准则的规定，企业应当披露采用的重要会计政策和会计估计，不重要的会计政策和会计估计可以不披露。

1. 重要会计政策的说明

由于企业经济业务的复杂性和多样化，某些经济业务可以有多种会计处理方法，也即存在不止一种可供选择的会计政策。例如，存货的计价可以有先进先出法、加权平均法、个别计价法等；固定资产的折旧，可以有平均年限法、工作量法、双倍余额递减法、年数总额法等。企业在发生某项经济业务时，必须从允许的会计处理方法中选择适合本企业特点的会计政策，企业选择不同的会计处理方法，可能极大地影响企业的财务状况和经营成果，进而编制出不同的财务报表。为了有助于报表使用者理解，有必要对这些会计政策加以披露。

需要特别指出的是，说明会计政策时还需要披露下列两项内容：

(1)财务报表项目的计量基础。会计计量属性包括历史成本、重置成本、可变现净值、现值和公允价值，这直接显著影响报表使用者的分析，这项披露要求便于使用者了解企业财务报表中的项目是按何种计量基础予以计量的，如存货是按成本还是可变现净值计量等。

(2)会计政策的确定依据，主要是指企业在运用会计政策过程中所作的对报表中确认的项目金额最具影响的判断。例如，企业如何判断持有的金融资产是持有至到期的投资而不是交易性投资；又比如，对于拥有的持股不足50%的关联企业，企业为何判断企业拥有控制权因此将其纳入合并范围；再比如，企业如何判断与租赁资产相关的所有风险和报酬已转移给企业，从而符合融资租赁的标准；以及投资性房地产的判断标准是什么等，这些判断对在报表中确认的项目金额具有重要影响。

因此，这项披露要求有助于使用者理解企业选择和运用会计政策的背景，增加财务报表的可理解性。

2. 重要会计估计的说明

财务报表列报准则强调了对会计估计不确定因素的披露要求，企业应当披露会计估计中所采用的关键假设和不确定因素的确定依据，这些关键假设和不确定因素在下一会计期间内很可能导致对资产、负债账面价值进行重大调整。

在确定报表中确认的资产和负债的账面金额过程中，企业有时需要对不确定的未来事项在资产负债表日对这些资产和负债的影响加以估计。例如，固定资产可收回金额的计算需要根据其公允价值减去处置费用后的净额与预计未来现金流量的现值两者之间的较高者确定，在计算资产预计未来现金流量的现值时需要对未来现金流量进行预测，并选择适当的折现率，应当在附注中披露未来现金流量预测所采用的假设及其依据、所选择的折现率为什么是合理的等。又如，为正在进行中的诉讼提取准备时最佳估计数的确定依据等。这些假设的变动对这些资产和负债项目金额的确定影响很大，有可能会在下一个会计年度内做出重大调整。因此，强调这一披露要求，有助于提高财务报表的可理解性。

（五）会计政策和会计估计变更以及差错更正的说明

企业应当按照《企业会计准则第28号——会计政策、会计估计变更和差错更正》及其应用指南的规定，披露会计政策和会计估计变更以及差错更正的有关情况。

（六）报表重要项目的说明

企业应当以文字和数字描述相结合、尽可能以列表形式披露报表重要项目的构成或当期增减变动情况，并且报表重要项目的明细金额合计，应当与报表项目金额相衔接。在披露顺序上，一般应当按照资产负债表、利润表、现金流量表、所有者权益变动表的顺序及其项目列示的顺序。

（七）其他需要说明的重要事项

这主要包括或有和承诺事项、资产负债表日后非调整事项、关联方关系及其交易等需说明的事项，有助于财务报表使用者评价企业管理资本的目标、政策及程序的信息。

企业应当在附注中披露下列关于其他综合收益各项目的信息：

(1)其他综合收益各项目及其所得税影响；

(2)其他综合收益各项目原计入其他综合收益、当期转出计入当期损益的金额；

(3)其他综合收益各项目的期初和期末余额及其调节情况。

企业应当在附注中披露终止经营的收入、费用、利润总额、所得税费用和净利润，以及归属于母公司所有者的终止经营利润。

企业应当在附注中披露在资产负债表日后、财务报告批准报出日前提议或宣布发放的股利总额和每股股利金额(或向投资者分配的利润总额)。

附录

常用会计科目表

序号	编号	名　　称	序号	编号	名　　称
		一、资产类	25	1504	可供出售金融资产减值准备
1	1001	库存现金	26	1511	长期股权投资
2	1002	银行存款	27	1512	长期股权投资减值准备
3	1003	其他货币资金	28	1521	投资性房地产
4	1101	交易性金融资产	29	1522	投资性房地产累计折旧(摊销)
5	1121	应收票据	30	1531	长期应收款
6	1122	应收账款	31	1532	未实现融资收益
7	1123	预付账款	32	1601	固定资产
8	1131	应收股利	33	1602	累计折旧
9	1132	应收利息	34	1603	固定资产减值准备
10	1221	其他应收款	35	1604	在建工程
11	1231	坏账准备	36	1605	工程物资
12	1401	材料采购	36	1606	固定资产清理
13	1402	在途物资	37	1611	未担保余值
14	1403	原材料	38	1701	无形资产
15	1404	材料成本差异	39	1702	累计摊销
16	1405	库存商品	40	1703	无形资产减值准备
17	1406	发出商品	41	1711	商誉
18	1407	商品进销差价	42	1801	长期待摊费用
19	1408	委托加工物资	43	1811	递延所得税资产
20	1411	周转材料	44	1901	待处理财产损溢
21	1471	存货跌价准备			二、负债类
22	1501	持有至到期投资	45	2001	短期借款
23	1502	持有至到期投资减值准备	46	2201	应付票据
24	1503	可供出售金融资产	47	2202	应付账款

续表

序号	编号	名　称	序号	编号	名　称
48	2203	预收账款	68	5001	生产成本
49	2211	应付职工薪酬	69	5101	制造费用
50	2221	应交税费	70	5201	劳务成本
51	2231	应付利息	71	5301	研发支出
52	2232	应付股利	72	5401	工程施工
53	2241	其他应付款	73	5402	工程结算
54	2401	递延收益	74	5403	机械作业
55	2501	长期借款			**六、损益类**
56	2502	应付债券	75	6001	主营业务收入
57	2701	长期应付款	76	6051	其他业务收入
58	2702	未确认融资费用	77	6101	公允价值变动损益
59	2711	专项应付款	78	6111	投资收益
60	2801	预计负债	79	6301	营业外收入
61	2901	递延所得税负债	80	6401	主营业务成本
		三、共同类(略)	81	6402	其他业务成本
		四、所有者权益类	82	6403	营业税金及附加
62	4001	实收资本	83	6601	销售费用
63	4002	资本公积	84	6602	管理费用
64	4101	盈余公积	85	6603	财务费用
65	4103	本年利润	86	6701	资产减值损失
66	4104	利润分配	87	6711	营业外支出
67	4201	库存股	88	6801	所得税费用
		五、成本类	89	6901	以前年度损益调整

注：本会计科目表以工业企业和商品流通企业为例。

参考文献

1. 陈强．财务会计实务．北京：清华大学出版社，2010.
2. 吴建新．财务会计实务．南京：东南大学出版社，2009.
3. 梁建民．财务会计实务．北京：北京交通大学出版社，2008.
4. 刘景瑞，陈建春．会计岗位技能实务．北京：高等教育出版社，2010.
5. 李金茹，张瑶．新编财务会计．北京：电子工业出版社，2009.
6. 田家富．财务会计．武汉：华中科技大学出版社，2007.
7. 王宗江．财务会计．北京：高等教育出版社，2007.

全国高等会计职业教育系列规划教材

会计基础（第二版）
会计基础技能训练（第二版）
会计基础综合实训（第二版）
出纳实务（第二版）
财务会计实务（第二版）
财务会计技能训练（第二版）
财务管理实务（第二版）
财务管理技能训练（第二版）
成本会计实务（第二版）
成本会计技能训练（第二版）
纳税实务（第二版）
纳税技能训练（第二版）
审计实务（第二版）
审计技能训练（第二版）
会计综合实训（第二版）
会计信息化实务（第二版）
Excel在会计中的应用（第二版）
财经法规与会计职业道德（第二版）
行业会计实务（第二版）
经济法

欢迎广大教师和读者就系列教材的内容、结构、设计以及使用情况等，提出您宝贵的意见、建议和要求，我们将为您提供优质的售后服务。

联系人：柴 艺　　E-mail：charcoalchai@126.com

武汉大学出版社（全国优秀出版社）